新编语用学概要

A New Introduction to Pragmatics

U0783641

主编　何兆熊

编者　何兆熊　俞东明

　　　洪　岗　王建华

上海外语教育出版社

外教社 SHANGHAI FOREIGN LANGUAGE EDUCATION PRESS

图书在版编目（CIP）数据

新编语用学概要 / 何兆熊主编.

—上海：上海外语教育出版社，2000（2021重印）

ISBN 978-7-81046-746-9

Ⅰ.新… Ⅱ.何… Ⅲ.语用学 Ⅳ.H0

中国版本图书馆CIP数据核字（1999）第67697号

出版发行：**上海外语教育出版社**
　　　　　（上海外国语大学内）　邮编：200083
电　　话：021-65425300（总机）
电子邮箱：bookinfo@sflep.com.cn
网　　址：http://www.sflep.com
责任编辑：孙　玉

印　　刷：上海市崇明县裕安印刷厂
开　　本：850×1168　1/32　印张12.75　字数316千字
版　　次：2000年3月第1版　2021年3月第15次印刷

书　　号：ISBN 978-7-81046-746-9 / H · 644
定　　价：18.00元
　　　　本版图书如有印装质量问题，可向本社调换
　　　　质量服务热线：4008-213-263　电子邮箱：editorial@sflep.com

编 者 前 言

十年前,也就是 1989 年,我编著的《语用学概要》一书出版了。当时编写这样一本书是因为那时国外语用学研究的一股热浪已经波及到了国内,而国内却还没有一本比较全面地介绍这一新兴学科的专著,我国的研究人员在研究过程中、语言专业的学生在学习过程中都面临资料不足的问题。于是,我便根据手头所有的不多的资料,以及自己在研读过程中的心得体会,编写了《语用学概要》一书,旨在向国内的同行、学生介绍这一学科、提供方便。可以说,在过去的十年里,这本书达到了它原定的编写目的,对我国的语用学研究和教学都起到了积极的作用。

但过去的十年是语用学研究迅速发展的十年,在国外是如此,在国内也是如此。《语用学概要》出版后不久便显得有点落伍了。在我本人给研究生讲授语用学这门课程时也不时感到它的不足。于是便萌发了再写一本的念头。可是由于种种原因始终感到力不从心,无法如愿。但最终我还是下了决心,在几位年轻有为的学者的协助下,在有关部门的支持下,总算在尚不太晚的时候完成了这本《新编语用学概要》。

《新编语用学概要》和《语用学概要》之间的关系是显而易见的,它是在《语用学概要》基础上的拓展和更新。之所以用了《新编语用学概要》这个书名,而不是称它为《修订本》,是因为内容上的增拓已经超出了一般修订的幅度。我认为一个学科不论发展有多快,发展的步伐有多大,它总是拥有一些属于这个学科本身的最基本的理论、原则和概念,这些理论、原则和概念是任何一个想认真、系统地学习这一学科的人应该了解的。对一个学科,不能只知道它的现状和它的最新发展,而忽视它的历史渊源和发展过程。出于这一考虑,《新编语用学概要》基本上保留了《语用学概要》的全部内容,以此为基础作了增补和更新。

《语用学概要》原有七章,《新编语用学概要》扩展为十二章。其中完全新增加的有以下四章:第二章"意义和所指"、第七章"关联论"、第九章"跨文化语用研究"和第十二章"语用研究中的语料收集方法";原来的第五章"会话含义和会话原则"和第七章"会话结构"这两章经过充实和调整,在《新编语用学概要》中变为三章,即:第六章"合作原则和新格莱斯主义"、第八章"礼貌的语用研究"和第十一章"会话的语用研究"。其余各章的内容在不同程度上都作了增补、更新和调整。

《新编语用学概要》保留了语用学研究的一些传统题目,如言语行为理论、指示、前提等,同时力求把九十年代语用研究的新成就包括进去,把语用研究中出现的动态和认知这样的新趋势反映出来。当然,语用研究本身也是一个动态的概念,它本身一直处于发展、变化的过程之中。在这个意义上,任何一本这方面的专著总是滞后的。我写这本书并无先声夺人之意,我的宗旨还是和十年前写《语用学概要》一样,把语用研究中一些相对稳定的内容和成果、一些主要的理论和观点,就自己的所知和理解给国内对语用感兴趣的各方人士作一些介绍,为大家提供一点方便。人无完人,书也同样无完书,书中欠妥乃至谬误之处在所难免。写书既是给人看,也是给人评的,欢迎各方专家、同行、读者交流切磋,不吝赐教。

本书最终能成书出版要感谢上海市教育委员会将它列入上海市重点学科研究项目,要感谢上海外国语大学把它列入学校学术著作出版基金项目。在编写过程中,三位年轻有为并有志于语用学研究的学者给了我很大的支持。他们是浙江大学外语系的俞东明教授、浙江师范大学外国语学院的洪岗副教授、我的博士研究生王建华副教授。他们分别承担了以下各章的编写或改写:第二章"意义和所指"和第十一章"会话的语用研究"(俞东明),第九章"跨文化语用研究"和第十二章"语用研究中的语料收集方法"(洪岗),第六章"合作原则和新格莱斯主义"、第七章"关联论"和第八章"礼貌的语用研究"(王建华),在此对他们三位表示热忱的谢意。

何兆熊

1999 年 5 月

目　　录

第一章 绪 论

1.1 语用学的源起和发展

"语用"或"语用学"译自英语的 pragmatics 一词。在当今大量的语言学研究的论文、专著和资料中，"语用"已是一个极为常见的专门术语了。但把 pragmatics 译为"语用学"只是对这个词的狭义理解，只是把 pragmatics 这个词置于语言研究这个特定的范围里所作的理解。"pragma-"这个拉丁词根具有"做、行动"这一意思。从广义上说，pragmatics 指的是对人类有目的的行为所作的研究。如果作这种理解的话，或许该把 pragmatics 译为"行为学"更加恰当。人类有目的的行为涉及人的所信、目的、筹划和行为。Green (1989:3) 举了一个例子来说明这一点：救生员朝一个在水中挣扎的游泳者投去一个排球。救生员的这一行为无疑是有意识、有目的的行为；这一行为基于救生员的一个意图，即救人，和至少三个所信，即(1) 他相信游泳者需要救助，(2)他相信游泳者知道朝他投去的排球是用来救他的，(3)他相信游泳者知道怎样利用排球比水轻这一物理属性。在这三个所信中，第一个是有关游泳者的愿望的，第二和第三个所信是关于游泳者的所信。救生员能否达到救人的目的显然和他本人和被救助者的所信有关。人类的语言交际也是一种有目的的行为，人类怎样通过语言交际来达到自己的目的和救生员怎样来达到自己救人的目的有共同的地方。把 pragmatics 用来指对有目的的语言活动的研究，是对这一词语的窄义理解，把它译为"语用学"自然是很合适的了。但在学术界首先使用 pragmatics 这一术语的不是语言学家,而是哲学家。了解一下这一术语的源起,对我们认识语用学的本质和宗旨是有好处的。

在哲学研究中最早使用 pragmatics 这一术语的是本世纪的美国哲学家 C. Morris 和 R. Carnap。他们是在对符号学(semiotics) 的研究中介绍了 pragmatics 这一术语的。符号学是系统地研究语言符号和非语言符号的学科。他们总结了语言符号的逻辑—哲学研究方法,划分出了符号学研究的三个分支:符号关系学(syntactics)、语义学(semantics)和语用学 (pragmatics)。符号关系学研究符号之间的形式关系,语义学研究符号与符号所代表的事物之间的关系,语用学研究符号与符号解释者之间的关系。不难看出,从语用学到语义学,再从语义学到符号关系学,研究范围经历了一个逐步抽象化的过程。语用研究涉及到符号的使用者这一因素,语义研究则把这一因素抽象化了,只限于分析符号与其所指之间的关系,符号关系学则再进一步抽象了符号的所指,只分析符号之间的相互关系。与这逐步抽象的过程相反,从符号关系学到语义学,再到语用学,则是一个逐步具体化的过程。这个过程恰好和近代语言学研究的发展总趋势相一致。我们将在下面对这个过程作简单的回顾。

今天,语用学已经被公认是语言学研究的一个极其重要的分支了,但如上所述,语用学的历史并不长,一些语言学家和其他学科的学者们开始注意到语言的语用侧面并开始进行认真的研究大概是在 20 世纪的下半叶。然而,语用学研究的发展却是十分迅速的,它的崛起和发展是现代语言学的研究不断深入、研究范围不断扩大的必然结果。

和任何其他学科一样,现代语言学的研究也经历了一个不断探索、不断发展的过程。瑞士语言学家 F. de Saussure (1857—1913)被公认为现代语言学的奠基人,他在 20 世纪初出版的《普通语言学教程》一书被公认为标志着现代语言学的开端。他在该书中提出了语言研究的几对基本概念。其中有一对是语言(langue)和言语(parole)。语言是指语言体系本身,言语则指语言体系在实际使用中的体现。Saussure认为语言学所要研究的是语言,而不是言语,因为语言是一个受一定规则制约的体系,而言语则不是,只有语言才能经得起严谨的、科学的分析,而言语则不能。现代语言学的任务就是要对语言进行分析,寻找它的构成规则。Saussure给语言学的研究定下的这个基调统治了语言学界几十年。50年代后期,Chomsky提出的语言能力(competence)和语言行为(performance)之间的区分与Saussure的语言和言语之间的区分一脉相承,虽然他们两人对语言本质的理解不尽相同。

因此,在相当长的一段时间里,语言学家都致力于语言本身的研究,把语言的使用侧面排除在语言研究的范围之外。美国结构主义语言学的先驱Bloomfield(1887—1949)以及其后的一代语言学家着重对语言的音系和形态进行了分析,他们把音位(phoneme)和词素(morpheme)作为语言分析的单位,在他们看来,语言的句法结构十分抽象,语言学研究难以揭示它的奥秘。

50年代后期,Chomsky的语言理论使语言学研究大为改观。Chomsky把语言看作是一种抽象的机制(device),把语言解释为人类特有的一种内在的生理遗传,凡是脑部发育正常的人都具有语言能力,语言学研究所要揭示的就是人类的这种能力,而这种能力是完全独立于语言的使用之外的。Chomsky语言理论的中心是语言的语法性,即如何生成合乎句法规则的句子。这种以句法为中心的语言理论把语言的意义排除在语言研究之外。

Chomsky的语言理论盛行一时,影响很大,对于解释语言的句法结构是颇有说服力的一派学说。但语言是人们在交际中用以表达意义的工具。局限于研究语言的句法结构只能从一个侧面去描绘、解释语言,却无法解释复杂的语言现象。于是一些语言学家开始设法把对语义的研究结合到以句法为中心的语言理论中去。

70 年代初,有些语言学家试图把语义研究作为语言学研究的基础,来取代句法的中心地位,或是在这两种研究途径中寻找某种中间道路。不管怎样,对语言意义的研究在语言学研究中开始占有一席之地,语义学这门对语言的意义进行专门研究的学科从而也就迅速地发展起来。随着语义学研究的深入,越来越多的语言学家意识到了语境(context)在意义研究中的重要性,这是因为对于实际使用的语言来说,意义不是抽象的,而是和一定的语境紧密联系的,离开了使用语言的时间、地点、场合、使用语言的人、以及使用语言的目的等语境因素,便不能确定语言的具体意义,对语义的研究便算不上全面。于是,在语义研究中,人们开始考虑语境的因素。语境因素一旦进入了语义研究的范围,便为语用研究开辟了道路。语用研究进而迅速发展成为一门相对独立的学科。

对本世纪语言学发展的十分简单的回顾,可以粗略地归纳为形态→句法→语义→语用这样几个发展阶段。语用研究的崛起可以说是对 Chomsky 句法中心论的一种反动,它标志着语言学研究进入了一个新的阶段。语言学从 20 世纪初的一门只对人类语言的声音形态资料进行研究的、比较狭窄的学科,逐渐发展成为一门纵贯语言的形式、意义和语言使用的语境的、全面得多、宽广得多的学科。

上面粗线条的回顾是不全面的,因为它所谈及的大体上是 20世纪语言学研究在美国所经历过的几个主要发展阶段。虽说 Bloomfield、Chomsky 都是具有世界性影响的人物,但欧洲的语言学研究具有更悠久的历史以及自己独特的传统。在欧洲,尤其在英国,有一些卓越的语言学家提出了具有创见的语言理论和见解,这些理论和见解对促进语用学的产生和发展起了重要的作用。早在 20 世纪 30 年代,英国著名语言学家 J. R. Firth (1890 - 1960)就提出了关于意义的语境理论。在意义这个问题上,Firth 受到著名人类学家 B. Malinowski 很大的影响。Malinowski 观察研究了在原始部落中的语言使用情况，认为把语言看作是"行动的方式"比把它看作是"思维的工具"更为合适。这一学派富有代表性的口号是"语言寓于行为之中"和"意义见于运用之中"，离开了使用和语境，自然就谈不上语言的意义了。当代英国语言学家 M. A. K. Halliday 提出了一整套完整的功能主义的语言理论，它和 Chomsky 的语言理论背道而驰。Halliday 认为语言是一种社会现象，人类语言具有的普遍现象并非因为人类具有共同的生理遗传属性，而是因为在人类的社会活动中，语言具有共同的社会功能。功能主义的语言理论认为人类语言的现状和它的发展是由语言所担当的功能决定的，因此，对语言结构的描述和解释必须和语言的功能联系起来。功能学派的语言理论对语用学的发展显然起了推波助澜的作用。

语用学虽然是语言学的一个分支，但它的发展却不能完全归功于语言学家。一些哲学家的名字是和语用学的发展紧密地联系在一起的。哲学家对语言的兴趣源始于他们对语言逻辑的研究。他们发现严密的形式逻辑不能完全解释自然语言，自然语言似乎具有它自己不合乎形式逻辑的"逻辑"。哲学家以其特有的洞察力向我们揭示了语言交际的本质。20 世纪 50 年代末，英国哲学家 J. Austin 创立了言语行为理论(speech act theory)。这一理论在语用研究中具有重要意义，成了语用研究的核心理论。同时它对语言学研究的其他各个分支，如心理语言学、社会语言学、应用语言学等也都产生了持久的影响力。另一个名字是 H. P. Grice，这位美国哲学家从形式逻辑和自然语言的逻辑之间的差异出发，提出了人类会话活动的一条指导原则——合作原则(cooperative principle)，对解释人类的语言交际活动起了重大作用。

语言作为一种社会现象，也引起了社会学家的注意和兴趣。20 世纪 60、70 年代，美国的几位社会学家 H. Sacks、E. A. Schegloff 和 G. Jefferson 用社会学的研究方法对人们的日常会话进行了分析,试图找出自然会话的结构规律。他们的研究成果至今仍然是语用学文献的一个重要组成部分。此外,还有相当多的学者致力于话语分析,他们对话语进行分析所取得的成果也大大丰富了语用学的文献。

20 世纪 80 年代以来,语用学研究出现了明显的心理学偏向,从认知和心理活动出发去解释语言活动成了一个不可忽视的潮流。出现了象"关联论"这样的语言解释理论。

综上所述,从历时的观点看,语用学是现代语言学研究不断发展的结果。作为语言学研究的一个分支学科,语用学的出现标志着语言学的研究进入了一个新的阶段。从共时的观点看,语用学的形成和发展是各个学科领域的学者们共同努力的结果。作为人类社会最普遍、最常见的社会现象,语言交际不仅引起了语言学家的兴趣,也引起了哲学家、社会学家、心理学家等的兴趣。他们从不同的角度,通过不同的方法去观察、研究语言,从而大大丰富了语用学的文献宝库,促进了它的发展。从这个意义上说,语用学是一个跨学科的研究领域。

1.2　关于语用学的定义

和其他任何一门学科一样,语用学也应该有一个定义,但又和给任何一门学科下定义一样,要给语用学下一个全面、确切的定义并不容易。差不多每一本语言学的书都开宗明义地给语言学下了这样的定义:语言学是一门科学地研究语言的学科。毫无疑问,这个定义几乎是无懈可击的。但应该看到,这样一个定义具有极高的概括性:什么是语言? 又怎样对语言科学地进行研究呢? 对一个从未接触过语言学的人来说,这样的定义只能使他对语言学有一个十分抽象、十分模糊的认识。我们也许可以按照同一个模式来给语用学下定义:语用学是一门科学地研究语言使用的学科。这个定义同样是无懈可击的,但也同样是高度概括和十分抽象的。定义要有概括性,但同时也要有一定的具体性,过于概括或过于具体都会使定义失去意义。Levinson (1983: 6—27)列出了近十个语用学可能的定义,并对它们作了评论,我们不妨看一下其中几个:

定义1　Pragmatics is the study of those relations between language and context that are grammaticalized, or encoded in the structure of a language.

语用学是对在一种语言的结构中被语法化或编码的那些语言和语境之间的关系的研究。*

定义2　Pragmatics is the study of all those aspects of meaning not captured in a semantic theory.

语用学是对所有那些未能纳入语义理论的意义侧面的研究。

定义3　Pragmatics is the study of the relations between language and context that are basic to an account of language understanding.

语用学是对语言和语境之间对于解释语言理解来说是十分基本的那些关系的研究。

定义4　Pragmatics is the study of the ability of language users to pair sentences with the context in which they would be appropriate.

语用学是对语言使用者把句子和使这些句子得以合适的语境相匹配的能力的研究。

定义5　Pragmatics is the study of deixis (at least in part), implicature, presupposition, speech acts, and aspects of discourse structure.

语用学是对指示(至少是其中的一部分)、含义、前提、言语行为以及话语结构等各个侧面的研究。

虽然 Levinson 列出了一系列可能的定义,但他认为其中没有一个是十分令人满意的。诚然,和前面那个高度概括的定义相比,这些定义要具体得多,明确得多。但它们共同的不足之处是在不同程度上存在着片面性。定义1和定义3都把语用学看作是对语

---

* 汉译中的着重号为编者所加。下同。

言和语境之间的关系研究,但各有侧重点;定义4把语用学定义为
对语言使用者合适地使用语言的那部分能力的研究;定义2比较
概括,是从语义学和语用学的分工出发去给语用学下定义的;定义
5恰恰相反,是一个过于具体的定义,罗列了语用研究的一些主要
课题,却没有说明包括这些课题而不包括其他课题的依据是什么,
因而它没有揭示语用学的本质。

　　Levinson 列出的这种种可能的定义使我们看到了语用学这
门年轻学科的多面性。对自然语言进行研究,确实存在不同的出
发点,根据不同的侧重去给语用学下定义,自然会得到一系列都有
一定道理但又都有一定的局限性和片面性的定义了。因而,语用
学不像语言学那样有一个比较普遍地为人们所接受的定义,但这
并不等于说我们无法对语用学下定义。实际上,在任何提到"语用
学"这个术语的语言学专著或文章里我们几乎都可以找到作者对
它下的定义,当然这些定义也都在不同程度上表现出作者的偏向
和侧重,我们不妨摘抄几个:

定义6　Pragmatics is the study of linguistic acts and the contexts in
　　　　which they are performed.

(Stalnaker, 1972:383)

　　　　语用学是对语言行为以及实施这些行为的语境所作的研究。

定义7　Pragmatics is a theory which seeks to characterize how speakers
　　　　use the sentences of a language to effect successful communica-
　　　　tion.

(Kempson, 1975:84)

　　　　语用学是一种旨在描述说话人如何使用一种语言的句子来达
　　　　到成功的交际的理论。

定义8　Pragmatics is the study of language use and linguistic communi-
　　　　cation.

(Akmajian, 1979: 267)

　　　　语用学是对语言的使用和语言交际进行的研究。

定义9 Pragmatics can be defined as the study of how utterances have meanings in situations.

(Leech, 1983:x)

对语用学可以作这样的定义:它是对话语怎样在情景中获得意义的研究。

在90年代出版的语用学专著中,依然可以找到高度概括的定义,如Mey把语用学定义为"从使用者的角度出发去进行研究的语言科学"(Pragmatics is the science of language seen in relation to its users.)(1993:5),同时也能找到比较具体、反映出作者独特观点的定义。Thomas认为80年代初把语用学定义为对"使用中的意义"或"语境中的意义"的研究的说法虽然正确无误,但过于宽泛(1995:1—2)。在她的专著中,她把语用学定义为"对互动意义的研究"(meaning in interaction)(1995:22)。她的这一观点是以她的意义观为基础的,她认为意义不是词语本身固有的内在属性,也不是由说话人或听话人单方产生的;意义的建构是一个动态的过程,涉及说话人和听话人之间对意义的磋商,说话的语境,以及一句话语的意义潜能。

Yule所给的定义是:"语用学所关心的是说话人(或写作者)所传递的和听话人(或读者)所理解的意义"(Pragmatics is concerned with the study of meaning as communicated by a speaker (or writer) and interpreted by a listener (or reader))(1996:3)。在给出了以上的定义后,Yule对语用学的研究范围作了进一步说明。他认为语用学的研究可以归纳为以下四个大方面:(1)语用学是对说话人意义的研究;(2)语用学是对语境意义的研究;(3)语用学是对如何在字面表述之外传递更多的意义的研究;(4)语用学是对(交际者)相对距离的表达的研究。当然,这四个方面是相互联系的。

试图去比较各种不同的定义之间的优劣是没有意义的。它们的差别只不过是个侧重面和措辞的问题,它们的共同点是它们都围绕了语言交际中的意义这同一个中心。各种说法不一的定义的存在有利于加深我们对语用学这门学科的理解。

1.3 语用学研究中的两个基本概念——意义和语境

对语用学的各种定义,虽然措辞不同,侧重不同,但有两个概念是十分基本的,是任何一种定义都无法不涉及的:一个是意义(meaning),另一个是语境(context)。从发展的观点看,语用学的崛起是语义研究的发展和延伸的结果,因此可以说语用学是一种对意义的研究。但语用学所研究的意义不同于传统的、狭义的语义学所研究的意义,它所研究的不是抽象的、游离于语境之外的意义,而是语言在一定的语境中使用时体现出来的具体的意义。意义和语境这两个概念在语言学研究中十分重要,在语用学研究中更是如此。但这是两个比较难以捉摸的概念,也存在一些模糊的看法,澄清这两个概念对于开展语用研究十分必要,在这一节中我们将分别对它们进行阐述。

1.3.1 意义

意义究竟是什么? 这是多年来各家学者共同关心的问题。语言学家、哲学家、修辞学家、心理学家等都曾经设法解释"意义"(meaning)和与之相对应的动词"意指"(mean)。C. K. Ogden 和 I. A. Richards 在 1923 年出版的 *Meaning of Meaning* 一书中列出了"意义"这个词的 22 种意义。我们无意在此谈论这场对意义之意义的争论,但有一点是可以肯定的,即语言文字所表示的意义不是单一的。从语言研究出发,语言文字至少可以表示两个不同层次的意义,这两层意义分别构成了语义学和语用学的研究对象。我们所关心的便是语义学和语用学在意义研究上的分工。

传统的语义学家把意义看作是语言文字本身固有的属性,这种属性是内在的、固定的、不受外界因素如时间、地点等的影响。因此，像英语中的"dog"或汉语中的"狗"，在任何情况下都意指一种属于犬科的哺乳类家畜。对于一个完整的陈述句，传统语义学家所关心的是这个句子所包含的语义命题(semantic proposition)的真实值(truth value)，以及判断命题内容真实与否所必须满足的条件。如"It is cold in here"这样一句句子，对传统语义学家来说只是表达了"某一地点气温比较低"这样的命题内容。但是，是谁在什么时间、什么地点、在什么情况下、对什么人、为了达到什么目的使用了这句句子，这些则不在传统语义学的研究范围之内。排除了语言外因素的考虑，这句话在任何时候、任何地点具有一成不变的意义。

语用学则不同。从广义上来说，语用学把语言文字本身的意义和它们的使用者联系起来。除了要弄清一个单词、一句句子本身的意指外，语用学还要进一步弄清是谁在什么情况下用了这个词或句子，他想要达到什么目的，也就是说语用学要研究一个词、一句话在特定的语境中所具有的交际价值。像上面说的"dog"这个词，除了它固有的人尽皆知的所指之外，在特定的情况下，使用dog这个词的人可能是对听话人发出警告，也可能是在进行恫吓。同样，像"It's cold in here"这样的句子，除了陈述一个客观的气温情况外，说话人很可能是为了请听话人做点什么，比如关上窗、打开暖气、借件衣服御寒等。这部分意义显然不是存在于字面上的，但却是以句子的意义为基础衍生出来的，也就是人们常说的言下之意或弦外之音。这种言下之意正是说话人使用语言的目的所在。语用学要研究的正是这一种体现说话人意图的意义，也就是前面定义2所说的未能纳入语义理论的所有那些语义侧面。概括地说，语义学是对抽象于使用之外的语言意义的研究，语用学是对使用中的语言意义的研究。由此可见，对所谓"意指"有两种不同的理解，一种是"双价的"，即X意指Y；另一种是"三价的"，即说话人通过使用 X 意指 Y*，例如：

"dog"意指"一种犬科哺乳动物"（双价）

说话人通过"dog"意指"小心，有条狗！"（三价）

因此，语用学所研究的不是那种存在于词语、句子本身的、处于静态的意义，而是在一定语境中体现为行为的那一类意义。为了说明这一点，Leech 举了一个很好的例子。英语中称驴子为 donkey，亦可称 ass，因此可以说：

Donkey 意指 Ass。

但在一定的情况下，donkey 也可被说话人用以表达"把驴子赶走"这一层意义，而且这一层意义也能被听话人正确地领会。Leech 举了 Dickens 的小说《大卫·科波菲尔德》中科波菲尔德的姨妈 Miss Trotwood 叫女佣人 Janet 赶驴子的语言为例。这位老小姐家宅前面的草坪常受一群驴子的侵扰，每当这些不受欢迎的动物出现时，Miss Trotwood 便对 Janet 喊道："Janet! Donkeys!"在这个例子中，donkey 这个词所具有的意义不是语言本身所固有的，而是语言的使用者在一定的语境中赋予它的。这种意义就是语用意义。对于语用意义，Leech 归纳了三点：

(1) 它涉及说话人要表达某种意义的愿望，这种意义可能在字面上表明，也可能不在字面上表明。

(2) 从而，听话人对这种意义的理解很可能要依赖语境。

(3) 在这个意义上说，意义是行为的结果，它不是存在于静态之中的；它涉及作用（即说话人对听话人产生的某种效果）和相互作用（即意义是说话人和听话人在共有知识的基础上进行磋商的结果）。

(见 Leech, 1981:320)

Leech 还提出了四条标准，以判断对意义的讨论是否进入了

---

* "双价"和"三价"的提法是 Leech（1981）提出来的，他借用了化学价（valency）这个概念。

语用学的范畴：

　　(1) 是否涉及说话人或听话人；

　　(2) 是否涉及说话人的意图或听话人的理解；

　　(3) 是否涉及语境；

　　(4) 是否涉及通过使用语言所实施的行为。

(同上)

如果对上述四个问题的回答中有一个是肯定的，那么对意义的讨论便是在语用学的范畴里进行的。

　　对于语义学和语用学所研究的这两类不同的意义，许多学者在研究过程中都有所觉察，他们从不同角度对这两类意义作了区分。在语言学文献中极为常见的一种区分是对句子意义(sentence-meaning)和话语意义(utterance-meaning)的区分。要区分句子意义和话语意义，首先要区分句子和话语。句子是一个属于语法范畴的概念，它是所属语言的语法单位，它的构成需符合一定的语法规则，如英语的句子必须要有主语和谓语等。话语是语言交际的一种单位，它是具有一定的交际功能的最小语言单位，这个具有交际功能的最小语言单位可能恰好是一个语法完整的句子。实际上，在交际过程中大多数的话语都是以完整句子的形式出现的，例如："There is a dog at the gate. We'd better keep away."这两句完整的句子在一定的语境中便可能分别具有"警告"和"建议"的交际价值。也有不少话语是以省略了某些成分的不完整的句子形式出现的，例如："(There's) A dog (at the gate)!""(I order you to) Fire!"还有一些话语根本不是个句子，但它们的交际功能却是十分明显的，例如"Hello!"、"Hi!"、"Ouch!"、"Wow!"、"Good morning!"等。可见，句子和话语是两个不同的概念，它们是在人们从不同的角度去观察、研究语言时牵涉到的不同概念。和这两个概念相对应的两类意义之间的最根本的差别在于：句子意义是抽象的、孤立于语境之外的；话语意义是具体的，是和一定的交际条件密切相关的。可以认为话语意义是句子意义和语境相结合的结果。例如"John is still single",作为一句孤立的句子,它充其量只告诉我们关于 John 的婚姻状况,有的语义学家用 JOHN (BEING SINGLE)这样的方式来表示这句句子的语义意义。但如果把它看作是一句话语,那么在一定的语境中说话人说了这么一句话,除了向听话人传递这种语义意义之外,很可能带有别的意思,例如鼓励听话人去追求 John(如果听话人是个对 John 有好感,年纪又合适的单身女子)。

　　再举一个汉英对译的例子。汉语中的"饭吃过了吗?"翻译成英语是"Have you eaten?"我们把这句句子的语义内容用英语表达出来了,因此这两句句子具有完全相同的句子意义,但它们的话语意义却不一样。我们以汉语为母语的人都知道"饭吃过了吗?"是人们在吃饭时间用以打招呼的一种方式,也就是说作为一句话语它具有"致意"这种交际功能,说话人对于对方是否吃过饭并不真的感到兴趣;但和它语义上等同的英语句子"Have you eaten?"却并不具有这样的话语意义,英美人如果在吃饭时间讲这句话倒可能具有"邀请"、"建议"这样的交际价值。当然这里边有文化上的差异,但从这个例子可以看出,句子意义和话语意义分属两个范畴,同样的句子意义在不同的语境中可以具体体现出不同的话语意义,或者说可以具有不同的交际功能。不难看出,话语意义体现了说话人的说话意图,体现了说话人赋予句子的交际价值。综上所述,句子意义和话语意义的区别与语义学和语用学对意义研究的分工相吻合。

　　另一种对意义的区分是 Grice 从语言交际的本质出发所作的区分。Grice 把他所区分的两类意义分别称为自然意义(natural meaning)和非自然意义(non-natural meaning 或 meaning-nn),后者有时亦称说话人意义(speaker's meaning),Grice 的这一区分与我们上面所谈的句子意义和话语意义的区分本质上是一致的。

Grice 对非自然意义的表达作了解释,他认为,说话人(S)想要通过话语(U)来表达非自然意义(z),必须满足以下条件:

(1) S intended U to cause some effect z in recipient H

　　(说话人 S 意欲使话语 U 对受话人 H 产生某种效果 z)

(2) S intended (1) to be achieved simply by H recognizing that intention(1)

　　(说话人 S 意欲通过受话人 H 认识到上述意图(1)以达此目的)

(Grice, 1957, 转引自 Levinson, 1983:16)

从这一定义可以看出,Grice 把语言交际过程看作是说话人表达自己的意图(如让受话人形成某种看法,让受话人做某事等)和受话人领会这一意图的过程。当然,在交际过程中,双方交替担任说话人和受话人的角色,于是,这个表达意图——领会意图的过程就不断反复,这样交际就成功地进行下去。但是如果说话人辞不达意,或者受话人因种种原因未能领会对方的意图,那就会导致交际的中断。

Grice 指出,一句句子的意义是没有时间性的,但是,句子的意义并不总是和一个说话人在某一场合通过使用这一句子所要表达的意义相一致。孤立地看,"He's a fine friend"总是表示了"他很够朋友"这一意义,这是它的句子意义,是永恒的,没有时间性的。但是如果在你处于困境时,某人却舍弃不顾,拂袖而去,你对别人说"He's a fine friend",你所要表示的意义和句子的意义则截然相反,这就是 Grice 所说的非自然意义或说话人意义。

Thomas 对意义的层次提出了更加具体的区分,颇有特点,值得介绍。她把意义分为两大类:抽象意义和说话人意义;说话人意义又包含两个层次:语境意义(或称话语意义)和语势,即说话人的交际意图(1995:2)。Thomas 所说的抽象意义和我们上面所说的传统语义学对意义的认识并不完全一样,她把抽象意义看作是语言的意义潜能,也就是语言可能表达的意义。如以单词为例,一个一词多义的单词便存在多种可能的意义,如 handout 这个英语单词具有"讲义"、"施舍"这些意义潜能;coke 这个词具有"可口可乐"、"可卡因"、"煤的衍生物"这些意义潜能。在句子层次也是如此。句子中包含的各种指示性词项使得句子存在多种可能的意义。Thomas 举了下面这个摘自一部话剧的有趣的例子:

(1) A: The old man thinks he's in love with his daughter.

B:(*Appalled*) Good God! We're out of our depth here.

A: No, no, no — *he* hasn't got a daughter — the old man thinks he's in love with *his* daughter.

B: The old man is?

A: Hamlet, in love with the old man's daughter, the old man thinks.

B: Ha! It's beginning to make sense! Unrequited passion!

由于代词 he 和 his 的所指不确定,使第一句话具有好几种可能的意义。此外,语言结构本身也会使一句句子具有不止一种可能的解释,如:

(2) Tell us when we get to Birmingham.

把 when 理解为状语从句还是宾语从句,句子就会有两种不同的意义。

Thomas 的抽象意义指的不是词或句本身具有的单一的内在意义,而是词或句在游离于语境之外的情况下所具有的一组意义的集合,这种集合导致了语言的歧义。歧义的消除有赖于语境。在一定的语境中,一个词或一句话的多种潜在的意义中往往只有一种是合适的,其他的意义被排除了,歧义也就消失了。当在特定的语境中,词或句的歧义消失,说话人究竟想说什么变得明确时,我们便从抽象意义进入到语境意义或话语意义,也就是说话人意

义的第一层次。在语境意义确定后,需要进一步确定的是说话人的语势,也就是他的交际意图。例如:

(3) Is that your car?

这样一句话。当在一定的语境中这句话的语境意义得以确定后(如 that 指的是什么,you 指的是谁,car 指的是哪一辆小轿车,而不是火车车厢),听话人需要弄清楚的是说话人说这句话的目的是赞美他那辆车,还是嘲讽他那辆破车,是在令他把挡了道的车开走,还是想搭一下车。这些都是说话人的话语可能具有的语势,是说话人的交际目的所在,或者说是语言的交际意义。当然,一句话语又存在多种可能的语势,要确定说话人的意图究竟是什么,又得借助语境。

以上我们谈了对意义所作的几种区别,对这个问题不管通过什么途径进行探讨,其结果都是大体上区分出了两个层次上的意义:一种是按照一种语言的规则,通过语言符号来表达的独立于语境之外的句子意义;另一种是通过在特定的条件下,使用一句句子所表达的取决于语境的交际意义。前者来自语言本身的属性,是传统语义学的研究对象;后者的理解以前者为基础,但有赖于语境,是语用学的研究对象。

1.3.2 语境

从前一节可以看到,语境在语用学对意义的研究中有着极为重要的作用。那么什么是语境呢? 对语境的最狭义的理解是把它看作是语言的上下文,即一句句子在更大的语言段落中所处的位置。显然这种对语境的理解远不足以解释语言使用中的现象。使用语言进行交际离不开一定的客观条件和背景,语言活动总是在特定的时间、特定的空间、特定的情景、特定的人之间进行的。因此,对语境的确切理解必须考虑这些语言外的因素。虽然人们都本能地意识到语境的客观存在,但对语境究竟是由哪些因素构成的,却又很难作出十分明确的描述。语言学家从不同的角度对语言的使用进行研究,从而对语境也作出了不完全相同的解释。Lyons 认为语境是一个理论概念,构成语境的各种因素是语言学家从具体的情景中抽象出来的,这些因素对语言活动的参与者所产生的影响系统地决定了话语的形式、话语的合适性或话语的意义(见 Lyons,1977:572)。

　　语言体系本身是一种客观存在,它为语言使用者提供了一系列语言形式,包括各种音系形式、句法形式和词汇形式。语言使用者的语言能力决定了他对这些形式的掌握。但在一定情景中选用哪一种形式则是由每个使用者的交际能力决定的。比如说称呼同一个人有许多种不同的方式,可以连名带姓称他为 Peter Smith,也可以用称呼/头衔 + 姓,如 Mr. / Professor Smith,也可以用尊称 Sir,甚至 My lord,也可以只称其名 Peter,甚至用亲昵方式称他为 Pete,或根本不用姓名而称他为 mate。但并不是在任何情况下这些称呼中的任何一种都合适。实际上,在特定的情况下说话人只能选用其中的一、二种。又如,"死"这一动作在英语中有许多种表达方式,例如 die,pass away,join the majority,go the way of all flesh,be no more,pop off,kick the bucket 等,尽管它们的意义相同,但语体不同,说话人必须知道在一定场合应该选用哪一种。Lyons 是在讨论交际能力(communicative competence),尤其是它的第三组成部分,即判断某一句话语是否合适时,对语境进行阐述的。他认为一个说话人要能够正确判别话语的合适性,必须具备一定的知识,这些知识即是语境的具体体现,或者说这些知识构成了语境。Lyons 归纳了六种知识:

　　(1) 每个参与者必须知道自己在整个语言活动中所起的作用和所处的地位。

　　(2) 每个参与者必须知道语言活动的时间和空间。

　　(3) 每个参与者必须能够辨别语言活动情景的正式程度。

　　(4) 每个参与者必须知道对于这一情景来说,什么是合适的交际媒介。

(5) 每个参与者必须知道如何使自己的话语与语言活动的主题相适合,以及主题对选择方言或语言(在多语社团中)的重要性。

(6) 每个参与者必须知道如何使自己的话语与语言活动的情景所属的领域和范围相适合。

(见 Lyons,1977:574)

Lyons 以知识去解释语境,这是很有启发的。在语言研究这个领域里,对语境这个概念系统地进行探讨较早见于社会语言学家的论著之中。他们对语境的兴趣主要是出于要解释语言外的各种社会因素对语言表达方式选择的影响,以及如何确定在特定的交际情景中语言的社会合适性。他们关心的主要是语境对语言的制约作用。Lyons 对语境的解释大体上属于这一范畴,是以说明话语的合适性为主要目的的。对于语用学家来说,语境这个概念也非常重要,语用学要解释的是交际的参与者怎样相互理解对方的话语,为达到这个目的,语用语境所包括的内容要比 Lyons 对语境的解释更为广泛。交际双方要能够正确地相互理解使交际能顺利地进行下去,首先需要的是具有对所使用的语言的知识,即双方必须有共同的语言,这是最基本的;此外,在交际过程中双方必须了解语言交际的上文,也就是说必须知道前面讲过什么话。交际不是静止的,而是一个处于动态的、不断发展的过程。在这个过程中,交际的参与者不断产生话语,每一句话和前面已经说过的话必然存在联系,包括语义内容上和语法词汇上的联系,前一种联系常通过后一种联系得到体现,了解一句话和上文的联系对正确理解这一句话是必需的。除了语言知识之外,语境还包括了许多语言外的知识。构成语境的语言外知识可分成三大类:一是背景知识,二是情景知识,三是交际双方的相互了解。背景知识指的是常识,是人们对客观世界的一般了解,即百科全书式的知识。比如说一般人都知道人得了病要治疗,一般的小痛小病,吃点药就能治好;如果说要住院治疗,这就说明毛病有一定的严重性了;如果病

情危急,便需要马上用救护车把病人送进医院。这些都是人们的常识,正是基于这种常识,下面的对话才是合理的:

(4) A: How's he?

   B: A couple of pills will cure him.

(5) A:How's he?

   B: He will be hospitalized.

(6) A: How's he?

   B: An ambulance must be sent for at once.

尽管在三个例子中,B 似乎都没有直接回答 A 的问题,没有说某人的病情究竟如何,但基于双方共有的常识,B 的话都是对 A 的问题的恰当回答。背景知识也包括对交际双方所处的社会的文化规范、行为准则的了解,以及属于特定的文化的会话规则的了解。例如,中国文化视谦虚为一大美德,英美文化则不全然,因此中国人和英美人对别人的恭维和赞扬的反应不很一样,中国人总是对别人的赞扬表示否定,以示自己谦虚,而英美人却每每采取接受的方式,并感谢对方,以示友好。因此,对英美人来说,

(7) A: You speak beautiful English.

   B: Thank you. I had very good teachers in the university.

是十分自然、很可以理解的对话。反之,如果听到 A 的赞扬后,B 不按照英美的习俗大方地接受,而按照中国人的规范去否认,以表示谦虚:

(8) A: You speak beautiful English.

   B: No, no. My English is very poor.

这样反会使对方感到不可理解。这种由于缺乏共同的文化背景知识引起语言交际障碍的情况,在外语学习过程中屡见不鲜。

   第二类语言外知识即情景知识指与特定的交际情景有关的知识,这一部分知识和 Lyons 对语境的解释有许多相同之处,它包

括某一次特定的语言活动发生的时间、地点、交际活动的主题内容、交际场合的正式程度、参与者的相互关系、他们在交际活动中的相对地位、各人所起的作用等。

第三大类语言外知识是相互知识，也就是交际双方对对方的了解。这一语境构成因素在语用研究中具有十分重要的意义，也是语用意义上的语境与其他意义上的语境的一个重要区别。这种相互知识是指双方所共有的知识，非但双方要共有这种知识，而且任何一方还要知道对方是具备了这样的知识的，并且对方也知道自己是具备这种知识的。这种相互知识对语言交际来说十分重要，因为它是交际双方进行语用推理的基础。例如前面用过的那个例子："He's a fine friend"，说话人 A 自己固然知道他话中的"he"所指的那个人对他做了什么事，同时，B 也必须知道"he"对 A 做的事情，但这还不够，A 和 B 都必须知道"he"对 A 做的事是对方所知道的，并且对方还知道自己对这一点是了解的。只有在这个前提下，A 才可能对 B 说这样的话并相信 B 能从这句话的字面意义上推导出他期望 B 作出的"He's a bad friend"这样的结论。如果 A 认为这样的相互知识不存在，他就不能用这种间接的方式对 B 说话。

上面所谈到的各种语境因素可以归纳如下：

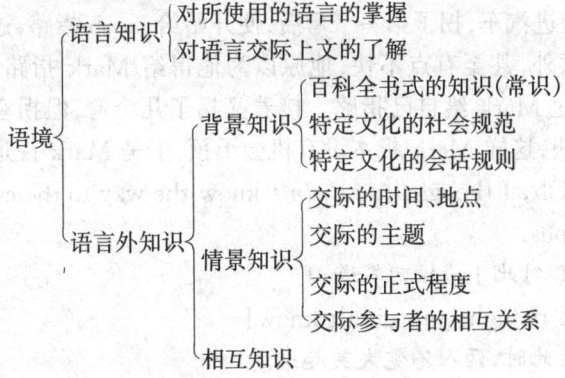

应该指出的是语境并不是一个静态的、凝固的概念，而是一个

动态的、发展的概念。交际本身就是一个动态的过程,在交际过程中,语境也随之而变。这并不只是指交际双方角色的不断轮换和更迭;有些语境因素相对来说比较稳定,例如背景知识,交际的时间、地点等,但有些因素却会变化,特别重要的是相互知识这一因素,它在交际过程中不断扩大,原来不为双方所共有的知识完全可能在交际过程中变为相互知识,成为进一步交际的基础。所以,所谓的共有知识不是一个一成不变的概念,而是在交际过程中不断发展和扩大的。

交际过程也是语境的建构过程。这一点已为越来越多的研究者所认识,并在自己的研究中加以应用。Mey 明确指出脱离了交际参与者之间的不断相互影响和作用来谈语境是没有意义的,正是交际的动态发展为我们提供了理解话语的线索(1993:9)。他举了下面这个例子来说明动态的语境对话语的理解所具有的作用:

(9)(两位语言学家 Jacob 和 Mark 从一所大学的讲演厅走出来,他们两人都不在这所大学工作,但 Jacob 以前来过这所大学,所以自认为校园里的路多少还认识一点。)

Jacob: Do you know the way back to the dining hall? We can go in my car.

Mark 坐进汽车,拐了第一个弯后,便开始给 Jacob 指路,这使 Jacob 大感意外,甚至有点不快,他原以为他得给 Mark 指路,而不是反过来让 Mark 给自己指路。接着又拐了几个弯,但拐弯的速度越来越快,这样 Mark 根本没有机会干预,于是 Mark 说道:

Mark: Oh, I thought you *didn't* know the way to the campus.

(对此 Jacob 回答道:)

Jacob: I thought *you* didn't know!

(此时,两人不觉大笑起来。)

(1993:9)

Mey 用这个例子想说明的是在这样一个交际情景中,像 Jacob 所说的 "Do you know the way back to the dining hall?" 这样一句话,借助传统观念上的语境,即到交际那一刻交际双方共有的知识,是无法正确地理解的。一开始 Mark 显然没有正确理解 Jacob 所说的话的"语势",把它理解为请他指指路的请求;通过交际活动本身(包括语言的和非语言的活动),Mark 终于发现自己误解了 Jacob 的原意,Jacob 的话是个真正的问题。

　　动态地理解语境除了对话语的理解有重要意义外,在交际过程中,发话者还能够有意识地"操纵"共有知识来建构有利于达到自己交际目的的语境。(参见何兆熊 蒋艳梅 1997)

1.4 语用学和语义学

　　通过对语用学的定义和对意义的讨论,语用学和语义学这两个相关学科之间的联系和区别已比较明确了。语义学是对意义的研究,语用学也是对意义的研究。如果对语义学作最广义的理解,也许可以把语用学对意义的研究纳入到语义学中去。但对语义学这个术语的理解,传统上是狭义的。德国哲学家 Frege (1848-1925)对语义学的解释很有代表性。Frege 认为逻辑语义学首先关心的是和真实值有关的那些意义范畴,在 Frege 看来,只有"思想"(thought)才可能具有真实值,也就是说只有"思想"才会有真实与否这个问题(Frege,1967:20)。从语言上来看,"思想"是和"句子"这个概念联系在一起的,"思想"就是句子的"意义"。但并不是所有的句子都表达了思想,有的句子不具有表达思想的那种意义,另外有些句子却表达了比思想更多的内容,还有些句子则本身不足以表达思想。Frege 注意到了这些事实,从而从语义中划出了一些给语义学研究带来问题的意义范畴,为语用研究提供了原材料。具体来说,被 Frege 认为不传达思想的句子,也就是不存在真实与否这个问题的句子,包括表达请求、命令、意愿、感叹的句子,以及除了 yes/no 问句之外的其他问句。Frege 并不否认这些句子具有意义,但他认为它们的意义不能和思想等同起来,只有陈述句和 yes/no 问句才表达了思想。Frege 所说的能表达比思想更多的内容的句子指的是能够影响听者或读者的感情、情绪、或激发人们想象的那些句子。这些句子既表达了一个或是真实或是不真实的思想,同时还能具有左右听者感情的作用。这是句子的感情意义,这一部分意义的存在并不影响句子思想的真实性或不真实性。这种富有感情意义的句子最多见于诗歌等文学语言之中,但也包括日常生活中那些没有明确地表示但却被暗示的那部分意义,就如"There is a dog at the gate"这样的句子既表达了可以判别其真实与否的思想——"门口有条狗",又可能具有警告或恫吓听话人这样的感情意义。实际上这些句子具有两重功能。Frege 所说的不足以表达一个思想的那种句子是指那些包括指示性词语(deixical expression)的句子,诸如指示代词、人称代词,以及某些表示时间和地点的副词等。这些句子所包含的全部词语并不足以表达一个完整的思想,因为对句中指示性词语的理解必须依赖对一些伴随的语言外因素的了解。例如对"He was born here ten years ago"这样的句子,如果不知道 he 指的是谁,不知道说话的地点和时间,便无法正确地理解这句句子。

　　语用学常被人比作是几十年前语义学家的废纸篓,语义学家把传统语义学无法解释的现象都扔进了这只废纸篓。这个比方不无道理。Frege 实际上便是把上面所说的三种句子扔进了这个废纸篓。虽然 Frege 本人没有用过语用学这个名称,但他在为语义学划定边界的时候,实际上也在为语用学划定范围。值得欣慰的是一些有识之士把这只废纸篓里的废纸加以整理,变成另一门学科的原材料。被 Frege 排除在语义学研究范围之外的这三种句子构成了语用学研究的三个主要课题。正是那种无所谓真实与否的句子,导致了言语行为理论的产生,并成了这一重要语用理论所要解释的语言现象;那种包含暗示意义的句子,是会话含义、间接语言所要解释的语用推理现象;第三种句子——本身不足以表达思想的句子,则可以通过对指示词项,以及对语境作用的研究加以解释。

语义学和语用学的共同点在于它们都是对意义的研究,但它们是在两个不同的层面上对意义进行的研究,这两种意义研究的关联性是十分明显的。应该说语义学对意义的研究是基本的,没有这一个层面的研究,很难进行第二层面即语用层面的研究。语用意义不能脱离语言本身固有的内在意义。语义学是对抽象语言能力的研究,语用学是对言语行为的研究,但是不应该忘记言语行为是语言能力的具体体现。

1.5 促使语用学发展的几个因素

如前所述,语用学的历史不长,大概始发于 20 世纪的 60、70 年代,但在最近的 20、30 年里,这门新兴的学科发展迅速,各家学者对语用研究的兴趣有增无减。是什么促使语用学发展得这样快呢? 可以归纳出三方面的动力。

首先,在传统的语言理论和对语言交际的解释之间存在着较大的距离。现代语言学的传统是研究语言结构本身,而把语言的使用排除在研究范围之外。这种语言理论的语义组成部分只能解释语言本身固有的意义,但对于语言如何在特定的交际场合用以表达特定意义,却是无能为力的。语言研究的深入发展把人们的兴趣从语言本身扩大到语言的使用上来。语用研究的发展填补了传统语言理论和对语言交际的解释之间的空白。语言使用中使传统语言学感到棘手的一系列现象,如暗示、含蓄、修辞格等都可以通过语用理论得到解释。比如下面几段小对话;

(10) A: I could eat an ox.

　　 B: Dinner will be ready in a minute.

(11) A：Hi, John!

　　　B：Hi! How are you doing?

　　　A：Say, what are you doing?

　　　B：Well, we're going out. Why?

　　　A：Oh, I was just going to say come out ...

(12) A：Do you know what that word means?

　　　B：Don't you have a dictionary?

它们都是十分真切、十分通顺的日常生活会话,B 对 A 所说的话作出的反应是十分得体、十分合适的。但如果单单从这些话的字面上去考虑,我们很难解释这些会话片段。在(10)中,A 的话无疑是不真实的,是一种夸张,但从字面看,充其量只能说 A 作了一个夸张的陈述。然而,从 B 的反应来看,他显然不是单从字面上去理解 A 所说的话,他正确地理解了 A 的含蓄,理解了 A 夸大其词的目的,即要表达"I'm very hungry"这个存在于字面之下的意义,从而对此作出恰当的反应。要对 B 的理解和反应作出满意的解释,是传统语言理论所不能及的,只有语用理论才能做到。在(11)中,A 的第二次发问"Say, what are you doing?"也并不是个仅仅起探询作用的问题,它还具有"我有个建议,或许我们可以一起去……"这个暗示,对此 B 是领会的,因此他除了从字面上回答了 A 的问题外,还问了个"Why?"这个"Why"是针对 A 的话中那部分含蓄意义的,他实际上是在说:"Why do you ask what I'm doing? Have you anything to suggest?"对此,A 也是心领神会的,所以他接着就讲出了他的建议。在(12)中,B 以问题对 A 的问题作出了反应,光从字面意义看,这是难以解释的。但从语用的角度去看,这两句话虽然具有相同的句法形式,但两者都不是寻求信息的问题。A 的问题实际上是个请求,相当于"Tell me what the word means"。B 的问题实质上是对这个请求的拒绝,相当于"Use your own dictionary to find out its meaning."。因此,从话语的交际值上去考虑,我们可以解释许多传统语义研究难以解释的现象。在语言交际中,类似上面这样的情况屡见不鲜,如果对这样普通的现象不能解释,就很难说我们的语言理论是完整的,从这个意义上说,语用理论填补了语言研究中的一大空白。

第二、作为对意义的一种研究,语用学是对语义学的补充和发展。语义学家在研究过程中遇到一系列对语境十分敏感的语义现象,如语言中的逻辑连接词、话语小品词等。这些问题使语义学家感到窘迫,但在语用学中却能得到比较令人满意的解释。这是因为语用原则可以系统地赋予话语本身字面所不具备的意义。这样,语用学在一定意义上简化了语义学。例如英语中一个极其普通的词"well",谁都知道这是个副词,基本意义是"好",如"He works well"。但把"well"解释为"好"仅仅是对这个词的语义释义。在实际使用的语言中,"well"常常出现在话语的开始处,在这种情况下,很难说"well"的意义是"好",它的确切意义要根据语境而定,如:

(13) A: How long have you known him?

B: Well, I should say about five years.

(14) A: Do you have an umbrella with you? It's raining.

B: Well, I never thought it would rain!

(15) A: Do you like chamber music?

B: Well, no, not really.

(16) A: How do you like this dress?

B: Well, the colour is nice.

很显然,在以上四例中,在 B 对 A 所作出的反应中的任何一个"well"都不能解释为"好",但我们不能说这个词没有意义,它的确切意义是由它所处的特定语境决定的。例如,根据上下文,在(13)中,"well"的作用是为说话人赢得一些思考的时间,它的意义相当于"请等一下,让我想一想"。在(14)中,"well"表示说话人惊奇的感情,因为下雨是他所没有料到的。在(15)中,"well"表示了说话人在发表自己的意见之前的踌躇,因为他认为 A 期待的是一个肯定的答复,但他的回答却是否定的,"well"似乎可以使对方为将听到一个自己不愿听到的反应作好思想准备。(16)中的"well"与(15)中的"well"相似,B 对 A 的反应显然是否定的,最多不过是个有保留的肯定。在这种情况下,"well"起到了缓冲的作用,使 A 不至于感到过分的不愉快。从这几个例子可以看出,well 非但具有意义,而且意义还很多样。还可以举出更多的例子来说明这一点。在 well 被用来表达说话人的一种语气或态度时,它的这类意义显然不是语义学所能驾驭的,只能从语用的角度来解释,因为语用把语言置于一定的语境中,把语言和它的使用者联系起来去研究它。

使语义学家感到头痛的另一个问题是英语中的逻辑连词,如and,or,but 之类。以 and 为例。形式语义学把逻辑连词 and 看作是和逻辑符号 & 等同的。但是 & 表示的逻辑连接是对称的,即 p & q = q & p。因此,He speaks English and she speaks French 与 She speaks French and he speaks English 应该同义,但在自然语言中,and 的功能远远超过逻辑符号 & 。它固然能表示上面这种对称的逻辑关系,但在更多的情况下,它表示的关系是不对称的,如:

(17) a. They married and had a child.

　　b. * They had a child and married.

(18) a. You ask him and he will come.

　　b. * He will come and you ask him.

(19) a. He was very ill and was sent to hospital.

　　b. * He was sent to hospital and was very ill.

显然,对这三对句子中的 a 句和 b 句都不是同义的,三个 b 句在不同程度上都有点异常。这是因为在这三个 a 句中的 and 都不相当于逻辑符号 & ,因此 and 前后的两个从句便不能随意调换位置。

实际上,在(17a)中,and 表示了时间的顺序,它相当于"and then";在(18a)中,and 表示了条件,整个句子的意义相当于"If you ask him, he will come";在(19a)中,and 表示了因果关系,难怪把 and 前后的从句交换了位置,造成因果颠倒,就显得十分异常了。and 的这种种意义并不是它本身固有的,而是语境和语言使用者赋予它的。人们根据常理,知道一般人是先结婚然后才生孩子,因此(17b)显得异常。当然,设想在某一种文化中,结婚和生孩子的次序是可以对调的,那么这两句话便可以被看作是同义的了。同样,人们都知道人生了病才送医院,生病是因,送医院是果,因此(19a)是正常的,如果把因果颠倒,便使人感到不解了。可见自然语言有自己的逻辑,它无法完全用形式逻辑来解释,语用学正是为寻求自然语言的逻辑所作的一种努力,在一定程度上它帮助语义学解决了这方面遇到的问题。

语用学之所以会比较迅速地发展的第三个原因是近年来崛起的功能主义语言理论在对语言现象的解释中常常需要求助于语用原则。传统的语言理论从语言本身去解释语言,即以一种语言现象来解释另一种语言现象。功能主义的语言理论则认为语言现象要以语言理论以外的原则去解释,即以外界因素去说明、解释语言结构。当代功能主义的代表人物 Halliday 认为:"功能主义对语言的研究首先要着重去调查语言是如何被使用的,即找出我们使用语言所达到的目的,以及我们是怎样运用说、听、读、写等手段来达到这些目的的。除此之外,功能主义对语言的研究还意味着从功能上去解释语言的本质,即去证实语言本身是否是由它的用途所决定的……"(1973:7)。不难看出,功能派语言学家所面临的任务和语用学家有共同之处。他们要解释语言常常需要借助一些语用原则。语用研究的成果帮助了功能主义者,反过来又促进了自身的发展。比如说,句法理论关心在语义不变的情况下,句子语法形式的种种变化,例如下面这组句子:

(20) Peter bought a car.

(21) It was Peter who bought a car.

(22) It was a car that Peter bought.

(23) What Peter bought was a car.

在语义学家看来,这些句子都是同义的,句法学家则要说明这些句子是同一深层结构经过不同转换的结果。语义学家和句法学家要做的仅此而已。但功能派的语言学家则要说明这些句子虽然语义等同,并具有同样的深层结构,但它们在交际中具有不同的功能,正是它们的不同功能,决定了它们不同的表层句法结构。但它们的不同功能要在不同的语境中才能体现出来。从语用的角度看,这些句子具有不同的前提。如(20)的前提是存在 Peter 这样一个人,说话人认识 Peter,而且他知道听话人也认识 Peter,他想告诉听话人的是 Peter 做了什么事。(21)的前提是有人买了一辆车,这一点说话人和听话人都是知道的,但谁是买主,听话人是不知道的,因此说话人强调了听话人感兴趣的那一部分内容,即 Peter 是买主,而不是别人。(22)和(23)的前提是一样的,双方都知道 Peter 买了一样东西,但听话人不知道他买的是什么。从这几个例子可以看出,说话人选用什么句法结构不是随心所欲的,功能主义语言学家从语言的用途去解释语言的形式,语用学家从语境、前提等语用因素去解释,因此功能主义语言学家和语用学家有一些共同的目标,他们的研究成果因而是相互促进的。

第二章　意义和所指 *

2.1　概述

在本书的第一章"绪论"中,我们曾经指出,"语用"这一术语,最早并不出现在语言研究的领域之内,而是出现在哲学研究的领域之中。同样,"意义和所指"这一对术语最早也并不出现在语用研究的领域之内,而是出现在语言哲学和哲学语义学,特别是形式语义学研究的领域之中。可以说,对"意义和所指"的语用研究是语言哲学和语义学研究不断发展的必然结果;越来越多的语言学家发现,对"意义和所指"只有结合话语的上下文和语境才能作出较充分的阐释和较准确的把握。本章中我们将首先扼要介绍语言哲学家和语义学家对"意义和所指"研究所取得的主要成果及其遇

---

* 意义(sense)和所指(reference)这两个哲学和语言学术语在国内出版的语言学和语言哲学著作中有不同的汉译名称。"sense"较常见的译名还有"系统意义"(王 寅 1993:297),"意思"(徐烈炯 1995:14)和"涵义"(涂纪亮 1988:30)等;而"reference"较常见的译名则有"指称(意义)","照应(关系)"(王 寅 op cit:297),"所指语义"和"参照"(李瑞华 et al 1987:533)等。为便于讨论,本章一般采用"意义和所指"这两个汉译名称,但有时也用其他几对译名,对上述几对译名不作严格区分。此外,本书讨论的"意义"(sense),也称系统意义或含义,它的内涵比本书绪论中讨论的"意义"(meaning)要小得多,主要指词语的字面意义,我们在字典中查到的每个词语的意义就是这种字面意义;而后者的内涵要丰富得多,它不仅包括词语的字面意义和所指意义(reference),而且还指词语和语句的认识意义、情感意义和语用意义等。

到的难题,然后着重介绍和评析语用学家在上述研究领域所取得的成果。

2.2　意义和所指的哲学研究

2.1.1　意义和所指的早期哲学研究

对"意义和所指"的哲学研究最早可以追溯到古代希腊。古希腊哲学家柏拉图在其《对话录》中就认为词的意义就是某个词所代表、所指示、所表示的世界上的实体,即所指对象(referent)。词即是事物的名称。比如"dog"这个词代表了属于这一类的实体。柏拉图的上述观点俗称"所指论"(referential theory)。最极端的"所指论"观点认为,词的意义就是它所指的事物,所指就是意义。上述看法显然是片面的。有许多词在世界上虽然没有所指对象,比如"神"、"鬼"、"love"、"dragon"等没有所指对象,但这些词都是有意义的。此外,并非所有的词语都能用来指称事物,虚词"和"、"因为"、"所以"等均不能用来指称。下列这两个短语"the Prime Minister of Britain"和"the leader of the Conservative Party"在1994 年所指的都是 John Major。它们的指称对象相同,但它们的意思是不一样的,前者不可以定义为后者,反之亦然。

德国哲学家和数学家 Gottlob Frege 首先发现了上述问题,他在《意义和所指》一文中提出了区分一个语言表达式的所指(reference)和它的意义(sense)的必要性。按照 Frege 的观点,所指即是一个符号指称的客观实体,而意义则是对符号的解释,这种解释由特定语言的语法所提供(Frege,1952:116)。可以用 Frege 提供的两个例子来说明二者的区别:名词短语"the morning star"的意义可以解释为"人们在清晨看见的一颗星",但这一名词的所指对象却是行星"Venus";名词短语"the present King of France"在 1999 年仍有明确的意义,但没有所指。

2.2.2　有关意义和所指的两种哲学理论

19 世纪和 20 世纪语言哲学家讨论较多的指称语主要有下列几种:(1)专有名词(proper names),如"苏格拉底、柏拉图、亚里士多德";(2) 确定性描述语(definite descriptions),如"the author of Waverly";(3) 普通名词(common nouns),如"water, gold";(4) 不确定性描述语(indefinite descriptions)。

语言哲学家在名称的,即专有名词的指称问题上主要有两种观点,即传统的所指论和因果的、历史的所指理论(Causal or Historical Chains Theory),持传统的所指论观点的语言哲学家有 Frege 和 B. Russell。传统的所指论认为,名称(names)具有各自的内涵和外延,即具有各自的意义和指称,例如"Aristotle"或"George Washington"既有意义又有所指;"Aristotle"这一名称的意义就是对这一所指对象的一组描述语:"the teacher of Alexander the Great, the well-known Greek philosopher born in Stagira ..."; 而"George Washington"这一名称的意义则是"the first president of the United States";名称的指称是由名称的意义所决定的。这种传统的所指理论长期以来处于主导地位。

因果的、历史的所指理论始于 20 世纪 60 年代后期,持这种观点的语言哲学家主要有 S. Kripke 和 H. Putnam 等。他们认为专有名词和表示类属的名词不具有意义,而是直接地和任意地指称其所指对象,无须通过对名称的意义先进行解释这一中介过程。换言之,人们在给事物命名时,并不依赖于对名称意义的了解和认识,也不依据于命名的对象所具有的某些特性,而是依据于历史文化链条的传递、依据于这一名字与某个命名活动保持着历史的、因果的联系。例如,"Aristotle"这一专有名词之所以被用以指称亚里士多德是由于公元前四世纪这位哲学家就已被人称为"Aristotle"的缘故并经历过历史文化这一链条而世代相传。正如 Kripke 所说:"一个名称的所指的确定方式并不重要,重要的是必须有一条传递链条;借助于它,说话人能知道每一个名称指称的是同一个所指对象"(1972:331)。

2.2.3　确定性描述语的两种用法及有关的讨论

60 年代 Donnellan 在其名作《指称与确定性描述语》(1966)一文中提出确定性描述语同时具有两种不同的用法,即归属性用法(attributive use)和指称性用法(referential use)。下列两个确定性描述语就同时具有上述两种不同的用法:

(1) the 1984 Democratic presidential nominee

(2) the man with the martini

作指称性使用时,说话人用确定性描述语这一方式来指称某一个特定的人或物,尽管他也可以用其他方式,如专有名词让听话人识别所指对象;而确定性描述语作归属性使用时,说话人是在把某种特性或属性归诸某个符合该确定性描述语的人或物,描述此人或物是如此这般的,可以不必知道到底哪个人或物符合该确定性描述语。如果例(1)是在 1984 年春天之前说的,这一确定性描述语就属于归属性使用,因为当时没有人知道谁会是民主党总统候选人,但如例(1)是在 1984 年民主党全国大会之后说的,每一位已知晓民主党总统候选人的人都会将其作为指称性使用;当然不排除有人仍将其作为归属性使用的可能性,前提是这些人忘了或根本就不知道民主党总统候选人是谁。应当指出,在一特定的语境里,一个确定性描述语作归属性使用时,它的描述功能得到充分发挥,它的指称功能也同样部分地得到了发挥;而当它作指称性使用时,其指称功能得到充分发挥,它的描述功能也同样部分地得到了发挥。上述两种功能究竟哪一种居于主导地位则最终取决于说话人的意图及交际双方对语境知识共享的程度。

Kripke(1972)提出将专有名词和普通名词作为固定的指称记

号(rigid designators)与确定性描述语作为非固定的指称记号(non-rigid designators)区别开来,并指出 Frege、Russell 等人的错误就在于没有了解二者的区别。所谓固定的指称记号指的是那些只具有单一的描述性意义的指称语,它们能将同一个指称对象从所有的可能世界中识别出来;而非固定的指称记号则只能将不同的人或物从不同的世界中识别出来,如"the pope"、"Miss America"、"the president of the United States"、"the King"等。上述指称语之所以是非固定的指称记号是因为它们的指称对象取决于其所处的现实世界或语境,比如,例(3a)中的"the Pope"是"Pius XII",例(3b)中的"the Pope"则是"John-Paul II"。同样,例(4)中两次出现的"the king"指的是两个不同的国王:

(3a) Before 1945, the Pope had discussed the situation of European Jews with many world leaders.

(3b) The pope survived an assassination attempt shortly after his election in 1978.

(4) The King is dead. Long live the King!

专有名词一般均是固定的指称记号。人名"John Stuart Mill"只能指称 19 世纪这位英国的哲学家和政治经济学家,无论它出现例(5)中的哪一种语境中:

(5a) John Stuart Mill published several important books before Karl Marx was born.

(5b) John Stuart Mill must be turning over in his grave.

(5c) If John Stuart Mill were alive, this would amuse him.

(5d) If John Stuart Mill had been drafted to go to Vietnam, he would never have written "A System of Logic".

当然,"John Stuart Mill"也可能指称另外一个同名同姓的人,但它仍是一个固定指称记号,只是它是在另外一个可能的世界中指称另外一个也叫"John Stuart Mill"的人罢了。它的指称功能的实现有赖于说话人和听话人都将其指称同一个人。

固定指称记号/非固定指称记号和指称性用法/归属性用法这两对术语在某种程度上有相同之处,但它们并不完全是一回事,非固定记号"the Pope"和"the tallest man in Ohio"在例(6)中是指称性用法,而在例(7)中则是归属性用法:

(6a) The Pope visited India in 1986.

(6b) The tallest man in Ohio came to the ball game.

(7a) If you have an audience with the Pope, you must kiss his ring.

(7b) Since 1805, the tallest man in Ohio has been allowed to live in the house rent-free.

综上所述,传统的所指论认为,名称具有意义和所指,或者内涵和外延,意义决定所指,内涵决定外延。这个观点基本符合人们的语言实践。因为我们在给某一事物命名或识别名称的所指对象时,一般都依据这一事物的某些特性或特征,看这些特征或特性是否符合这个名称的意义或内涵。名称的外延大致说来也就是名称可能的所指对象。因果的、历史的"所指论"否认专有名词和普通名词具有意义或内涵,认为命名活动不是在思想上把一组特性与一个名称联系在一起,而是依据这一名称与某个命名活动保持着因果的、历史的联系。这种观点也有其合理之处,但完全否定专有名词和普通名词的意义或内涵则过于极端,因为在日常生活中我们可以举出许多事例来说明专有名词或普通名词都是具有一定的意义和内涵的,最明显的例子就是书名,例如《现代语言史》、《欧洲美术史》等,它们的意义和内涵都是显而易见的;国名和机构名,如:"美利坚合众国"、"中华人民共和国国务院"等,它们的意义和内涵也是不言而喻的。

总之,上述两种"意义和所指"理论都有其可取之处,但也都有一些缺陷;最大的不足是 Frege、Russell 等人主要是从形式语义学的角度来研究名称或确定性描述语的意义及其与所指对象之间的语义关系,很少关注说话时的语境、说话人的意图等语用因素,抽象地讨论专有名词、普通名词和确定性描述语等语言成分跟外部世界的关系,有时给人一种印象,似乎语言表达式本身可以脱离话语的语境来指称客观实体,忘记了语言表达式的所指功能,必须由说话人借助于具体的语境知识才能够成功实施。语言表达式本身并不会指称客观实体。Donnellan 等人在研究意义与所指的问题时,虽然已注意到话语的语境、说话人的意向等语用因素,但在讨论确定性描述语的指称性用法和归属性用法时没有考虑说话人和听话人之间的相互作用和话语的上下文等语境因素,以至于不恰当地将确定性描述语的描述功能和指称功能作了非此即彼,泾渭分明的区分。我们以为,确定性描述语的上述两种功能在一般情况下总是紧密相连的;至于在特定的话语中哪一种功能发挥主导作用,只有充分考虑下列四个语境要素才能作出较充分的阐释:1)说话人,和 2)听话人(及其对意义和所指的相互磋商,3)话语发生的语境,4)语言表达式本身具有的表达语义的潜能(cf. 本章第 4节;俞东明 1997,1998)。

2.3 意义和所指的语义学研究

2.3.1 意义的语义学研究

语言学的语义学一般将词汇意义划分为两个不同但彼此互补的层面,即外延(denotation)和意义(sense),例如"dog"的外延即是客观世界中这类被称为"狗"的动物的总和。一个语言表达式的外延一般是固定不变的,而且独立于具体的话语语境之外,这一层语义存在于语言系统之内,独立于话语使用的特定语境。词汇的外延和词汇的所指意义形成鲜明的对比。所指意义通常处于变化不定的状态,而且随着语境的变化而变化。例如"dog"这个词语的外延总是表示同一类的动物或该类动物的特征,而短语"the dog"或"my dog"或"the dog that bit the postman"却是指称不同话语语境中这类动物的不同成员。因此,可以说,单个的词素没有所指,但可以用作指称语的组成部分而被用于不同的话语和语境中。词素"dog"一方面表示外部世界中的一类客观实体,另一方面它又以不同的方式跟其他词素相联系,如"hound"、"terrier"、"spaniel"等;词素"dog"和同一语言系统内其他表达式之间的这种关系一般被称作是一种系统意义关系(sense relation);同义关系和反义关系就是两种常见的系统意义关系。

从以上的讨论可知,一个语言表达式的系统意义实际上是一种存在于词汇之间的语内关系(inter-lexical and intralingual relations),它存在于语言系统内部,跟外部世界不发生直接联系,而外延则是语言表达式跟外部世界中客观实体不同类别之间的一种抽象联系,尽管它同样独立于话语使用的具体语境。意义和外延既相互区别,又互相联系。一般而言,外延越大,意义则越笼统、空泛和抽象,反之亦然。

应当指出的是,在自然语言中,词项的系统意义和外延均具有一定的不确定性,其边界往往带有一定的模糊性。然而,人们在现实交际中为什么并不会因为某些词项的系统意义和外延带有一定的不确定性和模糊性而出现理解困难,影响交际的成功呢?根据近年来兴起的认知语言学的看法,人们对客观实体的感知和把握主要是借助于大脑中业已积淀下来的、有关客观实体的"原型"(prototypes),人们所指的对象一般均符合某一事物的"原型"。词典中对词项的系统意义和外延加以描述时,依据的均是某一事物或概念的"原型"。例如,Longman 和 Collins 词典对"dog"这个词项下的定义就是以这类动物的"原型"为依据的:

　　(8a) a common four-legged flesh-eating animal, especially any of the many varieties used by man as a companion or hunting，working，guarding，etc.

(8b) domesticated canine mammal

在决定某一组事物或类似的概念中的哪一个属于"原型"时要看其跟人类的相关程度和是否存在于人类的心理现实之中而定。例如，英语中"mammal"和"furniture"分别是"dog"和"chair"的上义词，但"mammal"和"furniture"在人类大脑中没有"视觉原型"(visual prototypes)，因此，原型理论关注的重点是后者。原型理论对词汇语义学的实践价值也是显而易见的，它有助于人们关注词项和事物的典型和本质特征与属性，也有助于人们更好地把握词项的系统意义和外延意义(cf. Lyons 1995:96—101；俞东明1993)。

2.3.2 所指的语义学研究

语言学的语义学现在一般已将所指看作是依赖于特定语境的话语意义的一部分，它是一种存在于说话人与其在特定的情景中所谈论的对象之间的关系。因此，根据 Leech 提出的四条标准(Leech，1981:320)，对指称意义的研究实际上已进入语用学研究的范畴。虽然指称语的所指范围(referential range)是由指称语的意义和外延决定的，但它们的实际所指则取决于相关的语境因素；脱离了话语的现实语境，人们一般无法确定一个语言表达式的所指。

Lyons 认为，英语中的指称语主要由下列三类词组构成:1)名称(names)，如"Bill Clinton"，"John Major"；2)名词短语(noun-headed noun-phrases)，如"the president"，"the queen"；3) 代词(pronouns)，如"he"、"you"、"she"、"this"、"that" 等(1995:295—302)。

2.3.2.1 名称所指的语义学研究

语义学家通常将简单命题分析成两种表达式，即名称和谓词

(predicates)。名称用来识别和指称可能世界中的实体,并就这些实体作出陈述;谓词则用来赋予这些实体以不同的属性和特征,并就这些实体之间的相互关系作出有序的界定和刻画。上述做法在标准的谓词逻辑里已被高度形式化了。但令语义学家和逻辑学家感到棘手的是,名称仅仅是指称语的一种,而且从语义学的角度看,名称,特别是专有名词又跟其他指称语不同,在英语和其他许多语言里,它们一般没有描述性内容,即只有所指,而无系统意义或内涵。例如,"Napoleon"这个名称只是任意地跟无数实体(人、动物、船只等)联系在一起,这些不同的实体彼此之间毫无共同之处;因此,要给这些名称标示共有的属性和特征显然是徒劳的。诚然,在这众多的实体中,确有一种实体、概念或内涵由于历史文化的原因刚好跟"Napoleon"这个人联系在一起;也就是说,在缺乏具体的语境的情况下,说英语的人通常会将这一名称用来指称这位带有文化特性的"实体"——历史人物。这一名称也由于历史文化的原因带上了与这一历史人物有关的联想意义和伴随意义。但上述情形并不意味着"Napoleon"这个专有名词本身具有任何描述性内容或系统意义。总之,名称的所指及其属性的准确把握,必须结合特定的语境,有赖于说话人和听话人对所指意义进行磋商,进而成功地建构名称的所指。

2.3.2.2　名词短语所指的语义学研究

　　在英语和其他许多印欧语言里,表示客观实体类别的、单个的普通名词,如"man"、"horse"等一般不能用来指称;它们必须和其他修饰语,如定冠词、不定冠词、限定词、数量词等结合在一起构成名词短语才能实施其所指功能,而在其他一些语言中,情形并非一定如此。英语中的名词短语从语义学的角度,可以作不同的分类。哲学语义学讨论较多的一类就是本章第一节中提到过的确定性描述语;这些语言表达式一般是凭借其描述性内容来指称和识别某些特指的实体的,如"the man"和"John's father"。这些确定性描述语从语义的角度可以进一步切分成两个组成部分,一部分用来描述,如"the man"中的 man;另一部分则用来指称,在英语中用定冠词"the"来实施。用来指称的部分并不是借助描述该实体的、独立于语境的特性来指称和识别该实体的;而中心名词"the man"中的"man"对所指对象的系统意义只作了抽象的、泛泛的描述。

英语中最空泛的词之一当数"entity",它既可用来指称实在的事物,也可用来指称非实在的事物;它可以自由地跟形容词、名词、定语从句、介词短语等修饰语结合构成名词短语。但是,英语中绝大多数表示实体的名词跟"entity"这个名词有所不同,它们均依据其所表示的客观实体的本质属性而被归入不同的类别或范畴。例如,"thing"这个名词表示一类无生命的实体,既可以是抽象的,也可以是具体的;"person"这一名词则表示有生命的实体的一个次类,"human beings"则是它的"原型"成员。同样,动词、形容词、副词等也和名词一样,依据其系统意义的通指性(generality)或专指性(specificity)而被归入不同的类别或范畴。比如,"think"在类别上不同于"swim";"circular"不同于"clever"等。以上这些词项在外延的范畴或类别上的差异是建立在实体在类别、质量和过程方面的差异的基础上的;而对实体的差异的感知和识别依靠的是人类共有的认知能力。外延在范畴或类别上的差异会导致范畴的不协调(categorial incongruity)。例(9)中的两个句子就具有范畴不协调性:

(9a) Quadruplicity drinks procrastination.

(9b) Thursday is in bed with Friday.

从逻辑上说,切分成两部分后的确定性描述语往往会生成两种不同的前提,即存在型和范畴型。例如,无论谁在何种语境里使用了"the man or the woman",他实际上同时生成了上述两种前提,即这一所指对象是客观存在的,且属于"persons"这一特定的范畴。然而,哲学家和语言学家近来讨论最多的只是存在型前提;

原因是在以句子为基础的语义学描写框架中,违反了存在型前提的句子一般不会被认为有什么异常,如:

(10) The(present) king of France is bald.

这句话只有在法国没有国王的时期内才会被认为是违反了存在型前提而不能用来指称。违反范畴型前提的句子的异常情况则很容易被发现,如例(9)中的两句句子。

当然,并非只有确定性描述语涉及到存在性前提,所有不同类型的指称语都会生成存在型前提,这是因为指称,从根本上说,就跟实体的现实存在紧密相连,密不可分。很难想象,人们能实在地指称现实中不存在的事物。当然,这并不意味着人们不能成功地指称想象世界、小说世界、或假想世界中的实体。同样,人们也可以指称已去世的人;也可以用过去式的句子指称那些非现实世界中的人物,如:

(11) Socrates was condemned to death in 399 BC for allegedly corrupting the young man of Athens.

更有趣的是,人们常常在文学作品中或口语中用指称现实世界中的人的方式指称已去世的人,如:

(12) Socrates tells us (in the works of Plato) that no one does wrong knowingly or voluntarily.

值得注意的是,一个指称语的描述性内容的真假并不会影响指称行为本身,也不会使指称失效。在日常生活中,人们出于礼貌或其他原因,常常会用含有并不真实的描述性内容的指称语来指称人、动物或事物。Lyons 举了一个很有趣的例子:"x"虽已知道"z"是"y"的妻子和一位第三者的私生子(这一点"y"本人可能知道,也可能不知道),"x"仍然能用名词短语"y's son"成功地指称"z";或干脆用"your son"来跟"y"交谈(1995:300)。显然,指称语的描述性内容真实与否并不影响该指称语成功地实施其所指功能;这也说明,人类日常的言语交际受制于特定的文化习惯;"真实性准则"常常要让位于"礼貌"等社会交往习俗;Grice 的会话合作原则中的"质"准则并不适用于所有的语境(见本书第六章)。

从以上的讨论可以看出,确定性描述语的成功指称比专有名词更有赖于特定的语境和交际双方的合作,其指称功能很难在以句法为基础的真值条件语义学的框架内得到充分的描写和阐述,而必须在动态语用学的框架内进行,即充分关注交际双方对意义和所指的磋商与共建、话语的语境以及语言表达式本身具有的语义潜能(见 Thomas 1995;俞东明 1997,1999)。当说话人使用确定性描述语时,他是借助其指称部分向听话人表明正在实施的是一种指称行为,同时也给听话人一种暗示,即语言表达式的描述性内容部分会提供足够的语境信息,以便使听话人能成功地识别所指对象。

确定性描述语只是作为指称语的名词短语中的一个类别,另一类是不确定性描述语,如,"a man"、"a certain girl"等;还有一类是在形式语义学中被广泛讨论的名词短语,即量化名词短语,如,"all men"、"every girl"等。在对上述名词短语的指称进行形式化的语义研究过程中,研究者同样发现语境因素的重要性;Kripke(1972)甚至主张区分"说话人所指"和"语义所指",认为不确定性描述语或不定名词词组不起指称作用是说这类词组没有语义所指,但这并不排斥说话人用它们来指称他心目中的人或事物,如:

(13) John is friendly with a dog, and Mary is friendly with a dog.

2.3.2.3 所指的语义学研究中的难题

哲学和形式语义学讨论较多的一大热点和难题,即"所指封闭性"(referential opacity),也表明,没有语境因素的参与,指称语的所指问题是很难得到圆满的阐述的。所谓所指的封闭性指的是这样一种情形:两个指称相同的指称语互相替换并不总能保证这两个句子的真值条件固定不变:

(14a) I wanted to meet Margaret Thatcher.

(14b) I wanted to meet the first woman Prime Minister of
　　　Great Britain.

显然,两句的真值条件是不一样的,其原因只能从语用方面去
寻找。原因之一是专有名词"Margaret Thatcher"跟"Napoleon"
一样,其所指对象在现实世界中并非固定不变;在英国也许有许多
叫这个姓名的人,这样就造成例(14b)的描述性内容——"the first
woman Prime Minister of Great Britain"并不适用于这些同名同
姓的人。这一现象很普遍。由此可见,专有名词和其他名词短语
的所指的识别和确立均有赖于特定的语境。原因之二是:从语义
学的角度,"the first woman Prime Minister of Great Britain"这一
指称语既可作外延式的解释,即它是用来识别一个特定的人;也可
作内涵式的解释,即它不是用来指称,而是作为一个抽象的概念来
使用的,属于本章第 2 节讨论过的"归属性用法"。

除了专有名词和名词短语,英语中第三类主要用作指称语的
词类就是代词,如:人称代词,"I"、"you"、"we"等和指示代词,
"this"、"that"等。此外,英语的时态也可以归入"所指"这一范畴
加以研究。要对代词的意义和所指作出确切的理解更需要把它们
和语境(如交际的时间、空间和参与人等)联系起来;我们在本节中
有关所指的讨论也适用于代词,代词的意义和所指的讨论跟指示
(deixis)密不可分,这将在本书的第三章中详细论述。

我们在本节主要归纳了语义学对意义和所指研究的主要成
果。这类研究的主要不足在于它只是孤立地、静止地、机械地分析
词语的意义,没有注意考察人们在现实语境中使用语言时所产生
的多义性和变义性问题。总之,语义学对意义和所指的研究采用
的主要是一种静态的研究方法,没有充分注意到脱离了语言的具
体使用环境及其交际双方的参与和合作,意义和所指便处于不确
定状态。日常语言往往具有模糊性,即具有连续的、非离散的特

征。显然,以离散范畴为基础的意义和所指理论必然存在一定的局限性。

2.4 意义和所指的语用研究

意义和所指的语用研究可以说是意义和所指理论研究中的重大进展,它标志着从静态研究转向动态研究。这类研究最早可追溯到语言哲学中有关意义和所指理论中的"功用论"(Use Theory of Sense and Reference)。功用论者强调词语、词组以至语句的意义都跟其话语上下文有着密切的联系;他们所谓的语境还包括说话时的时间、地点、说话人的意图和目的、听话人的信念等并强调词语的意义在于其使用,在于其在一定语境中所完成的功能或所起的作用(涂纪亮 1993;1996)。

在 90 年代,语用学家对意义和所指作了更加深入、细致的研究(见 G. Green 1989;J. Thomas 1995;G. Yule 1996)。他们发现,不仅专有名词和普通名词的意义和所指必须借助语境才能得到充分的阐释,而且其他词语或语句的意义和所指的研究也只能在具体的语境中才能被准确地把握。这一节我们将主要归纳和评述语用学家对意义和所指研究所取得的主要成果。

2.4.1 意义和所指的不确定性

从本章的第 2 节和第 3 节的讨论可知,所谓"意义"实际上指的是一个词、短语、甚至一个句子自身的、处于静态的抽象意义(abstract sense),即字面意义;它不受外界因素,如语境等的影响,例如,词典中给词或短语下的定义就是典型的抽象意义。英语单词"handout"根据词典有三个基本的字面意义,即分别是"施舍物、广告单和讲座提纲"。脱离了语言使用的语境或话语场合,以上三个抽象意义便具有不确定性、不具有任何交际价值;但一旦进入具体的语境,"handout"便有了交际价值,排除了其不确定性和歧义性特征。例如，某一位学生向教师要"handout"，我们便马上可以确定在这一特定的场合，"handout"只能表示"讲座提纲"这一语境意义；同样，在另外一个场合，如一个乞丐向你要"handout"，其表达的语境意义也就截然不同了。除了单词或词组具有抽象意义，它也可能出现在句子这一层面上。Thomas（1995）举过这样一个例子："The Pearsons are on coke"。查一下当代口语词典，"coke"这一单词至少可以表达下列三种字面或抽象意义，即："coca cola"、"cocaine"和"coal derivative"；这样上述句子也就可能具有下列三种解释：

(a) The Pearsons are drinking Coca Cola.

(b) The Pearsons are using cocaine.

(c) The Pearsons are having solid-fuel heating.

至于上述句子究竟表达的是这三种意义的哪一种，则只能由该句子使用的具体语境来判断；如上述话语是在餐厅里说的，则很可能表示意义(a)；如出现在犯罪团伙的黑窝里，则很可能表示意义(b)；而如是指客厅里的情况，则又很可能表示意义(c)了。

由此可见，理解了一个词、短语或一句话本身的意义，即抽象意义，并不意味着就能理解其语境意义。语用学所研究的就是要把语言文字本身的意义和它们的使用者及使用场合联系起来。除了要弄清一个单词、一个句子本身的意指外，语用学还要进一步弄清是谁在什么情况下对谁用了这个词或句子；他想要达到什么目的，即实现一个词、一句话在特定的语境中所具有的交际价值，即语境意义。概括地说，语言学家一般认为语义学是对抽象于使用语境之外的语言意义的研究，语用学则是对使用中的语言意义，即语境意义的研究。

在日常语言交际中，尤其是在特定的语境中，有时会遇到这样的情况，即对说话人所说的每一个字、词的意义均能理解，但仍然无法听懂说话人所讲的话的意思究竟是什么，如：

（15）And just think, if he hadn't fallen out of bed, I'd never have found out about it!

上例中造成交际障碍的主要原因是由于我们无法确立"he"和"it"的所指意义。因此，要理解一段话语，我们不仅要理解其中字、词的意义，还必须搞清楚在某一特定的语境中代词的所指（即搞清楚 who 和 what is being referred to）。又如，英语中"Danger! Don't touch!"等表示警告的告示只有在读者搞清楚什么东西会带来危险而不能触摸的情况下才能起到实际作用或发挥其功能。脱离了具体的语境，我们无法确定"he"、"it"等指示代词的所指意义，也就无从理解话语所要表达的意义。除"he"、"it"等表示人称的指示词以外，英语中只有从语境中才能确定其所指意义的指示词还有下列几类：(a)方位指示词(place deictics)，如："here"、"there"、"this"、"that"；(b)时间指示(time deictics)，如："today"、"yesterday"；(c) 篇章指示词(discourse deictics)，如："the former"、"the latter"和(d) 社会指示词(social deictics)，如："Madam"、"Sir"、"your Grace"（详见本书第三章）。几乎所有的上述指示词如脱离它们的话语情景都会造成所指混乱或交际失误与障碍，有的还会引起严重后果。最典型的是莎剧《奥赛罗》中的一个例子。在第四幕第一场中 Othello 已怀疑其妻 Desdemona 对自己不忠并猜测 Cassio 就是 Desdemona 的情人；Othello 在该幕场中无意中听到 Iago 和 Cassio 之间的一段对话：

（16）She is persuaded I will marry her, out of her own love and flattery, not out of my promise... She was here even now; she haunts me in every place. I was t'other day talking on the sea-bank... She falls me thus about my neck.

早已被嫉妒心吞噬的 Othello 确信 Cassio 是在谈论 Desdemona；而实际上对话中的"she"是指一位妓女 Bianca。就因为人称指示词"she"的错指以致最终酿成了悲剧的发生;对指示词的所指的准确理解的重要性由此可见一斑。

2.4.2 语境和话语上下文的作用

2.4.2.1 在语境中确立意义

一般来说,对本族语者来说,凭借对话语和文化语境的了解,一般很容易确立一个词、短语或一句话的语境意义,能准确地从几种可能的意义中确定其中一种恰当、准确的意义;而对非本族语者来说,由于缺乏对对象国语言文化背景方面的知识,要准确理解语境意义并非易事,尤其是由于会话过程中话题的不断变换而造成无法确立其语境意义。请看下例:A 和 B 在讨论不同类型的计算机的优缺点,会话中用了"486"、"586"、"RS/6000"等术语,C 则坐一旁,没有参与交谈。过了一会儿,B 对 C 说:

(17) B: Do you know what fifteen fifteens are ?

C: No, I don't know much about computer hardware.

实际上,在上述对话中 B 是在问一个很基本的算术问题,而 C 由于没有了解话题的变换,以为话题仍然是有关计算机方面的,因而把"fifteen fifteens"理解成某一种计算机的名称,而不是简单的数字 fifteen。

当然,语境意义理解的障碍或失误的原因远不止上述一种,其他较常见的原因还有:1)同形同音异义词(homonyms),如前面说过的 handout,coke 等;这类误解对非本族语者来说是一种司空见惯的现象,主要是由于缺乏本族语者所具有那种特定的语境与文化背景知识。下面是另一个典型的例子:一位留学生在英国有一次读一篇有关经济方面的文章时遇到大写的英语单词"Round-about",百思不得其解,查遍了英语词典,只发现了如下三个基本意思:"traffic island"、"merry-go-round"、"indirect"。但在这一语境中这三个意思均不妥;后来问了一位英国教师,她说在这篇文章中该词是一种引语,暗指一个儿童电视节目"The Magic Round-about",这对英国人来说是一个家喻户晓的引语。2)同形异义词(homographs)也是造成语境意义理解障碍或失误的另外一个原因,例(18)后半句话的恶作剧效果就是利用同形异音异义词来获得的:

(18) In people's China the workers take the lead!

In capitalist England, the sods also take the iron, copper, floorboards and fillings from your teeth

3) 同音异形异义词(homophones)也是造成对语境意义误解的又一原因,特别是在日常口语中更是如此。请看下例:

(19) "He's ever so funny, my dad. He gave her a lovely silver bracelet, one of those *chased* ones."

Alan couldn't imagine how one bracelet could be more *chaste* than another, but he didn't ask.

2.4.2.2 在语境和话语上下文中确立所指

从本章第2节和第3节的讨论可以看出,哲学和形式语义学的研究给人一种印象,似乎词语本身会指称事物,可以不考虑说话人和听话人等语境因素。从语用学的角度看,所谓"所指"实际上是交际双方共同参与和合作实施的一种言语行为,即说话人或写作者通过使用语言形式或语言表达式让听话人或读者识别某一事物或人物。这些可用来指称的语言形式或语言表达式也就是我们在前面提到过的指称语,主要有下列几种:1)专有名词,如:"Shakespeare"、"Hawaii";2)确定性描述语,如:"the author"、"the singer"、"the island";3)不确定性描述语,如:"a woman"、"a beautiful place";4)代词,如:"he"、"she"、"it"、"them"。至于用上述哪一种指称语来指称人或物似乎取决于说话人对听话人所掌握的语境知识的推断;在面对面交谈的语境中,代词就能被说话人用来成功地指称人或物,如:"Take this";"Look at him!"(见本书

第三章)。当交际双方谈论的事物不在现场时,说话人则需要借助更复杂的名词短语/确定性描述语来指称人或物,如:

(20) "Remember the old foreign guy with the funny hat?"

显然,所指功能的成功实现一方面取决于说话人的交际目的和信念,即他必须先估计和推断使用哪种指称语才足以使听话人识别某一特定的人或物;另一方面听话人必须借助语境知识对说话人所意指的所指对象作出准确的推理和判断。词语和客观实体之间并不存在直接的联系,必须经过交际双方的共同努力才能实现语言的所指功能。在日常口头交际中,一种常见的情形是:有人一时不知道该用什么合适的名称来指称某人或物,但他仍能用一些模糊的语言表达式来实施所指功能,如:"the blue thing"、"that icky stuff"、"'ol' what's his name"等。当然,说话人这时主要是借助于听话人推断所指对象的能力。Yule(1996:18)举了一个有趣的例子,说明说话人可以临时想出一个"名字"来称呼所指对象;在例(21)中,Yule 的秘书就用一个临时杜撰的名字来指称一位常来他们办公室推销商品的男人。Yule 虽也不知道这人的姓名,但仍能知道他的秘书指的是谁:

(21) Mister *Aftershave* is late today

从以上的讨论可以看出,所指功能的成功实施并不取决于命名的客观和准确与否,而是取决于交际双方的合作、对意义和所指的磋商与推理,最终共同建构意欲指称的所指对象。

我们在本章中曾介绍了 Donnellan 提出的确定性描述语的两种用法,即归属性用法与指称性用法;这一区分的前提是所指对象一般是客观实体。然而,从语用的角度看,并非所有的指称语都指称客观实体,如例(22)中的"a man"和(23)中的"a woman with lots of money"既可能是一种指称性用法,也可能是归属性使用;而例(24)则说明不确定性描述语也可用来指称交际双方并不认识或实际上并不存在的人或物:

(22) There's a man waiting for you.

(23) He wants to marry a woman with a lots of money.

(24) We'd love to find a nine-foot-tall basketball player.

同样,确定性描述语也同时有上述两种用法,如例(25)究竟属于哪一种用法只能取决于说话人的交际意图及其对语境知识把握的情况:

(25) There was no sign of the killer.

如说话人已知道某人犯了杀人罪、跑进了一座大楼,但最终逃脱了,该句中的"the killer"就是一种指称性用法;否则,可能是一种归属性用法。从以上的讨论可知,哲学和形式语义学研究的一大不足就是以为语言表达式本身就会指称,没有考虑到这一事实:是说话人在特定的语境中才赋予语言表达式特定的指称功能,并使听话人相信,借助指称语能推断和识别双方认可的所指对象,尽管这些所指对象有时在现实世界中并不客观存在;典型的例子如:"the tooth fairy"、"Santa Claus"。按照语义学的观点,专有名词"Shakespeare"只能用来识别和指称某一位具体的人;而确定性描述语 "the cheese sandwich"只能用来识别和指称某种食品。上述观点显然是片面的,不符合语言使用的实际情形,如:

(26) *Shakespeare* takes up five feet of Dale's book shelves.

(27) a. Can I borrow your *Shakespeare*?

　　 b. Yeah, it's over there on the table.

(28) a. Where's the *cheese sandwich* sitting?

　　 b. He's over there by the window.

很显然,例(26)和(27)中的专有名词"Shakespeare"不是用来指人而是指物,例(27b)中的代词"it"证实了这一点。反之,例(28)中的名词短语"the cheese sandwich"却是指人而不是指物,这一点从例(28 b)中的人称代词 he 就可以得到证实。语境和听话人的推理显然决定了特定语境中说话人使用的专有名词和普通名词的所指对象。此外,在某一特定的言语社团或文化中,某些特定的指称语似乎总是可以用来识别某些特定的实体,例(26)和例(27)说明在英语文化中,作者的姓名总是可以用来指称其创作的作品;这一约定俗成的做法似乎也适用于艺术家、作曲家或音乐家等的姓名,如:

(29) *Picasso's* on the far wall.

(30) The new *Mozart* is more valuable than the *Bach*.

(31) My *Rolling Stones* is missing.

(32) *Brazil* wins World Cup.

(33) *Japan* wins first round of trade talks.

(34) We're going to see *Shakespeare* in London.

(35) I hated *Shakespeare* at school.

综上所述,在专有名词及其有关的事物之间似乎存在着某种语用联系;这种特定的语用联系使某一特定社会文化社团的成员能成功地通过专有名词来识别和推断特定语境中跟专有名词相关联的所指对象;例(32)-(35)表明,语境知识、话语上下文,特别是听话人的推理对识别所指对象均起着重要的作用。听话人之所以能够识别说话人所希望指称的所指对象,不仅借助于对指称语意义本身的理解,更有赖于指称语前后的话语上下文提供的线索。例(32)这一新闻标题中,专有名词"Brazil"即是一个指称语,而"wins World Cup"则是话语上下文的一部分,报刊的其他有关部分也是话语上下文的组成部分。显然,话语上下文限定了人们对"Brazil"的意义和所指几种可能的解释。所指的确立不仅仅只通过指称语就能做到;每个指称语只是提供了所指范围,即一组可能的所指对象,至于说话人意欲所指的是哪一个特定的对象则取决于说话人的交际意图、话语的上下文和听话人的推理,这是一个动态过程。例(36)和例(37)的指称语同样是"the cheese sandwich",但不同的话语上下文决定了其不同的所指对象,例(36)中

指食物,而例(37)中则指称某人:

(36) The cheese sandwich is made with white bread.

(37) The cheese sandwich left without paying.

当然,话语上下文只是语境的一部分,社会情景(context of situation)和社会文化语境(context of culture)对人们如何识别和解释所指对象也起着十分重要的作用。"餐馆"这一语境以及这一语境中有关人员的言语习惯对例(37)中所指对象的识别同样起着举足轻重的作用。如果我们知道了下列三个例子的语境分别是医院、牙医诊所和宾馆,就很容易识别和推导其所指对象:

(38) The heart-attack mustn't be moved.

(39) Your ten-thirty has just been cancelled.

(40) A couple of rooms have complained about the heat.

在本章的第 2 节和第 3 节我们曾经指出,哲学和形式语义学对意义和所指的研究主要是在词语和单句的层面进行的;同样,早期语用对人们通过语言来达到自己的目的研究也是从单句开始的(何兆熊 1997)。随着研究的深入,对所指的语用研究也开始从单句向整体扩展,因为在大部分的口头和书面交际中,所指行为的成功实施并不总是通过一个人说一句话,有时是通过说一段话来达到目的。说话人在第一次提到某人或事之后,在后面的话语中总会使用不同的语言表达式来照应提到过的人或事,如:

(41) In the film, a man and a woman were trying to wash a cat. The man was holding the cat while the woman poured water on it. He said something to her and they started laughing.

从上例可知:英语中用作初次指称的词项往往是不定名词短语,如"a man"、"a woman"、"a cat";而确定性名词短语,如"the man"、"the cat"、"the woman"及代词,如"it"、"her"、"they"等则常用作前指照应(anaphoric reference)。

值得注意的是,前指照应语照应的事物有时可能跟先行词语表示的事物已有所不同,如例(42)中前指照应代词"them"实际上应解释为"the six peeled and sliced potatoes";它显然跟首次使用的指称语"six potatoes"已有所差异:

(42) Peel and slice six potatoes. Put them in cold salted water.

英语篇章中,除了上述这一前指照应模式(anaphora)外,还有一种与此截然相反的模式,即逆向照应模式(cataphora),如:

(43) I turned the corner and almost stepped on it. There was a large snake in the middle of the path.

上例中代词"it"先出现,它的所指必须在下面的名词短语"a large snake"出现后才能确立;这类模式远不如前指照应常见,只能偶尔在故事和小说中出现,其目的也许是为了制造一种"悬念"。

英语中能用作前指照应的指称语除了代词,如例(44a),也可以是确定性名词短语,如例(44b),还可以是零形回指(zero anaphora or ellipsis),例(44c)便是典型的一个例子。

(44a) Peel an onion and slice it.

(44b) Drop the slices into hot oil.

(44c) Cook for three minutes.

从例(44c)可知,使用零形回指时,说话人实际上省略了前面使用过的同一个语言表达式,所指对象的识别主要借助听话人的推理;这也表明所指行为的"合作",即由交际双方共同实施这一语用特征。同样,听话人遇到先行词语和照应语之间无明显、直接的关联时,则必须由自己作出符合上下文和语境的推理和判断,以建立二者之间的连贯,如:

(45a) I just rented a house. The kitchen is really big.

(45b) We had Chardonnay with dinner. The wine was the best part.

(45c) The bus came on time, but he didn't stop.

显然,听话人对例(45a)的理解须作出如下推理:"If x is a house, then x has a kitchen";同样,对例(45b)的正确理解也有赖听话人作出如下十分具体的推理:"Chardonnay is a kind of wine."。听话人对(45c)的把握也须作出以下推理:"A bus has a driver."。上述几例中,说话人显然以为听话人会自然而然地作出上述推理,而不必提供过多的冗余信息。

从本节的讨论,我们可以得出如下结论:语用学家对意义和所指的研究避免了哲学和形式语义学家将词语和语句的意义和所指看成是静态的、以为它们是词语或语句本身固有的这一不足。意义和所指的语用研究将意义的生成和所指的确立看成一种社会行为,因而十分关注话语上下文、语境和社会文化等因素;充分注意交际双方在动态的社会交往过程中对意义和所指的磋商、推理和建构。总之,意义和所指的语用研究大大深化了人们对这一对哲学、语义和语用范畴的认识,有助于人们对其进行更加全面而深刻的把握和阐释。

第三章 指 示

3.1 指示的含义和用法

3.1.1 指示的语用含义

　　指示(deixis)是语用学研究的一个重要课题,这是因为语言中存在指示这一语言现象充分说明了语言和使用语言的语境之间的密切关系。指示这一术语指的是在言语活动中,尤其是在有一名说话人和至少一名听话人参与的这种典型的语言交际活动中,对参与者所谈及的人物、事物、事件、过程和活动等作出确切的理解都必须把它们和某些语境构成要素(如交际的时间、空间等)联系起来这一现象。出现这一现象是因为在语言中存在一些词项和语法范畴,它们的所指或意义离开了特定的交际语境便无法确定。指示是一个带有普遍性的语言现象,在任何一种语言中都存在,不同语言中用于指示的词项和语法范畴也大同小异。在英语中,这些词项和语法范畴包括人称代词、指示代词、定冠词以及一些表示地点和时间的副词, 如 here、there、now、then 等。这些词项统称为指示词项或指示词语 (deixical items)。除了这些指示词项之外,还有其他具有指示功能的词语,这在下面将会提到。具有指示功能的语法范畴在英语中主要是指动词的时态。

　　在交际过程中,指示词所提供的信息对确切理解话语无疑是十分重要的,这可以从以下这个例子清楚地看到:

　　(1) I'll be here again in half an hour.

脱离了语境孤立地看这句话,可以说它没有传递任何信息,因为离开了产生这一句话的语境,我们无从知道是谁将在什么时候再一次到什么地方来。句中的 I 和 here 分别是人称指示词项和地点指示词项,表示时间的状语 in half an hour 虽然本身不是一个指示词项,但对它的理解是要以说话的时间(即指示词项 now 所表示的时间)为基点去推算的,因此,离开了语境,对这样一个短语也同样无法确定它的意义。

类似的情况在语言交际中比比皆是。在食品包装上,一些不负责任的生产厂家常常给我们留下这样一句话:

(2) 保质期三个月。

但是却不注明食品的生产或包装日期,消费者无从知道这三个月该从哪一天算起,"三个月"这个指示性的时间状语在缺乏必要的语境的情况下无法向交际对象传递明确的信息。

在第一章里我们摘引了 Levinson 在书中讨论的几个语用学的可能的定义,其中定义 1 所说的"被语法化或被编码的那些语言和语境之间的关系"(见第 7 页),具体来说,指的是语言和语境之间的关系在语言体系中的反映。这个定义未必全面,但它向我们显示了指示在语用研究中的重要地位。

指示是一个人类语言中带有普遍性的现象。除了英语和汉语之外,在我们所熟悉的其他语言如法语、德语、俄语、日语中,语言和语境的关系通过词汇化和语法化的手段在语言结构中都得到了体现。我们可以合理地推测,在世界上众多的那些我们尚未进行充分研究、比较陌生的语言中,同样可以找到这样的反映。人类语言的这一普遍现象应该怎样解释呢? 这可以从人们进行交际的典型方式中找到答案。人类语言交际的方式多种多样,但最原始、同时又是最典型的方式是这样的:由一人对一人或一人对多人通过听和说的渠道进行交际,所有的参与者身处同一交际情景,相互之间除了能听得见之外,还必须看得见,这样,他们便能看到对方在交际过程中所使用的副语言特征(paralinguistic features），如手势、体势、眼神、面部表情等，在整个交际过程中，参与者轮流担当信息发出者和信息接受者的角色。

随着社会的发展和进步，人类的交际方式变得多样化了，在科学技术高度发展的当今世界上更是如此。除了面对面的交谈外，可以通过书写、打电话、发电报、发传真、发电子邮件等各种方式，也可以通过广播和电视等现代化的大众传播媒介，但最典型的方式仍然是最原始的方式，即面对面地交谈。

从语言发展的角度看，任何语言都是先见于口头交际，然后才产生其书写体系的，这是公认的事实。追溯到远古时期，这种面对面的口头交际是人类的祖先进行交际的唯一方式。这种交际方式塑造了人类的语言，在相当程度上决定了人类语言的结构，使之能满足人类语言交际的需要。任何一种人类语言都经历了这个发展过程，因此，在任何一种语言中都能找到反映出这种交际双方相互听得见、相互看得见的典型的交际方式的指示词项和语法范畴，因而，指示便成了人类语言的一种普遍现象。

在现代社会中，人类的交际方式趋于多样化，但最常用、最基本的仍然是这种面对面的相互交往。有不少话语在典型的交际情景中是很好理解的，但一旦被游离于交际情景之外，其意义就会变得难以捉摸。试想闭上眼睛"看"电影或者"看"电视剧，我们一定会听到许多不睁开眼睛就听不懂的对白，像以下这样的话：

(3) 这东西别放这儿，放那儿去。

(4) 不是这个，也不是这个；就是这个，就是这家伙抢了我的钱包。

如果只听不看，便会不知所云，可见身临其境对语言理解的重要。如果有人面对面地对你说 I'll arrive tomorrow noon，你对他的到达时间不会有任何疑惑。但如果一位粗心的友人从地球的另一端(比如说从纽约)给你拍来一封电报，电文是：

(5) ARRIVING 11:30 AM TOMORROW

你得化一番功夫才能搞清楚他究竟什么时候到达上海。引起麻烦的原因是我们常说的时差,发报人和收报人身处地球两端,相隔千里之遥,对于 TOMORROW 究竟指哪一天,11:30AM 确切指的是哪一时刻,身处纽约和身在上海的人各有各的理解。

使用和理解指示词语必须有一个明确的参照点(point of reference)。在语言交际活动中,这个参照点都集中在说话人身上,处于交际活动中心的人是正在说话的那个人,说话人正在说话的时间是中心时间,说话人在说话时所处的地点是中心地点,说话人与其他参与者之间相对的社会地位也是以说话人的社会地位为中心点的。因此,语言中一整套指示词语是以说话人,即以"我"为中心组织起来的。

3.1.2 指示词语的两种用法

指示词语有两种用法,一种是手势型的用法(gestural usage),另一种是象征型的(symbolic usage)。这一对术语是 Fillmore 在 1971 年的一篇论文中首先使用的。

姿势性指示词语通常和副语言特征一起使用,例如用手来指点、甩一下头、使一个眼色等等。要理解这样使用的指示词语,必须要知道说话人在说话的同时使用了什么副语言手段,例如下面这样的话语:

(6) *He's* not the president. *He* is. *He's* the secretary.

(7) Put the piano *here*. No, not *here*, but *here*.

如果光听到有人说这些话,但看不到他说话时的情景,我们便搞不清究竟谁是校长,谁是秘书;同样也搞不清钢琴究竟该放在哪里。要正确理解姿势型的指示词语就得身临其境,既闻其声,又见其人。或者通过某种方式,如放录像来重现当时的交际情景。因此,姿势型指示词语的理解完全依靠原来的真实交际情景。

与此不同,象征型的指示词语在使用时不一定有手势、眼色等的伴随,对它们进行理解也无须重现交际的真实情景,所需要知道的往往只是包括交际活动发生的时间、地点在内的更大范围的时间和地点以及参与者。具备一定的语境知识,我们不必身临其境,也不必重现交际情景便可以理解以下各例中的指示词语了:

(8)　*This* city is highly congested.

(9)　We can't afford a holiday abroad *this* year.

(10)　*You* can come with me if *you* like.

如果我们知道 (8)是在上海说的,那么不论说话的地点是在人民广场还是在徐家汇, this city 必指上海无疑;只要知道(9)是在1998 年说的,不管是在 1 月还是在 12 月,this year 总是指 1998 这一年;如果 (10)是你的一位朋友对他的孩子说的,那么 you 必然指他的孩子。

3.1.3　指示词语的非指示用法

前面我们一直在使用"指示词语"这一术语,好像语言中有一些词语是专司"指示"这一职能,并仅仅具有这一职能的。但事实并非如此。所谓指示词语只是说这些词语在某些情况下具有指示功能,但这并不等于说,这些词语不可以作为非指示性的词语来使用。这也就是说,同一词语可以既具有指示性的用法,又具有非指示性的用法。从上面我们所举的例子可以看出,指示词语的理解依赖于语境,它的所指(referent)存在于语境之中,如上面(6)、(7)、(8)中的 he、here 和 this 便是这样。同样这三个词语也可以作为非指示性的词语来用,这时,它们的所指存在于它们出现的文篇(上文或下文)之中,如:

(11)　Peter studies Japanese. *He* wishes to go to Japan some day.

(12)　"Shut up!" *This* is what he said to me.

(13) We were led into a big room. *Here*, it was said, the composer gave his first recital at the age of 7.

在这三句中,he、this、和 here 这三个词的所指都可以在上下文中找到,它们分别是 Peter、"Shut up" 和 in a big room。由此可见,在语言中表示所指有两种方式,一种是,词语所指的实体存在于文篇之中,如以上的例 (11)、(12)、(13) 所示,这一词语和它的所指之间的关系称为"文内照应"(endophoric reference);另一种是,词语所指的实体存在于文篇之外,即存在于语境之中,如以上的例(6)、(7)、(8)、(9)、(10)所示,这一词语和它的所指之间的关系称为"文外照应"(exophoric reference)。

文内照应是构成句子与句子之间,篇章的一部分与另一部分之间粘连(cohesion)的重要语法、语义手段之一,是构成篇章连贯性的一个重要因素。这种存在于篇章内部的语法联系不涉及语言外的语境因素,大体属于篇章分析的研究范围。语用学研究所关心的是词语的文外照应关系,因为这是一种存在于语言和语境之间的关系,词语的这一种用法源出于语境,它们的使用和理解又都有赖于语境。我们把某些词语称为指示性词语是因为这些词语在很多情况下具有文外照应功能,但这并不等于说这些词语不能具有文内照应的功能,只是它们的不同用法体现了词语的不同功能。

此外,应该注意,有些词语还有一些用法既不属于文外照应,又不属于文内照应,也就是说它们的所指既不存在于语境之中,又不存在于文篇之中,例如英语中 we 和 you 用以泛指人的用法,here 和 there 在习惯用语"Here you are","There we go"中的用法等等。试比较下面各组例句中第一句和第二句中指示词语的用法,第一句包含一个用于文外照应的指示性词语,同一词语在第二句中的用法则既不是文外照应,又不是文内照应,而是第三种用法:

(14) What did *you* say?

You will be fined if *you* spit or litter.

（15）Let's go *now*.

Now, what shall we do?

（16）*That's* a nice little cottage.

I was busy the whole day；I did this and *that*.

（17）Is Mary *there*?

There we go.

综上所述,一些具有指示功能的词语既可用于文外照应,又可用于文内照应;用于文外照应时,有姿势型和象征型两种用法,用于文内照应时,具有粘连的作用。此外,它们还可能会具有其他用法。

3.2　指示的类别

3.2.1　人称指示

在我们所知的大多数语言中都存在着由三个人称构成的人称代词体系,如英语中的 I（we）、you（you）、he、she、it（they）;汉语中的我(我们)、你(你们)、他、她、它(他们)。

英语语法中所用的 person（人称）一词来源于拉丁语的 persona,这个拉丁词是希腊语中"戏剧角色"一语的翻译。当初语法学家从戏剧词汇中借用了这一词语,想必他们看到了现实生活中的语言活动和舞台上的表演之间的类同之处:戏剧中的主角为第一人称,次于主角的角色则为第二人称,这两个角色之外的则均为第三人称;在现实的语言交际中,正在说话的那个人处于交际的中心地位,是生活戏剧中的主角,听话人则是次于主角的角色,但这个角色是必不可少的,有人说话就必须要有人听,否则就构不成生活中的戏剧,即语言交际了,但除了说话人和听话人之外的其他人却不是绝对不可少的,而是可有可无的。此外,第一、第二人称在一个交际情景中是特定的,正在说话的一方总是以第一人称来指自己,听话的一方则总是以第二人称来表示,在交际过程中,说话者和听话者不断更迭,这两个角色不断进行交换;但第三人称不是特定的,它可以指说话人和听话人之外的任何一个人,这个用第三人称表示的人可能和说话人、听话人同处于交际情景之中,也可能不在交际情景中出现。

在由三个人称构成的人称代词体系中,第一、第二人称(包括单复数)的指示功能基本上是文外照应。我们之所以说"基本上"是因为如前所述,所谓"指示性词语"并非完全没有非指示性的用法。第一、第二人称的所指总是存在于语境之中,而不存在于文篇之中;但在个别情况下,也会出现第二人称代词的所指既不存在于语境之中,又不存在于文篇之中,如例(14)第二句中的 you,这是第二人称代词的一种非指示性的特殊用法。反之,第三人称代词(包括单、复数)在大多数情况下用于文内照应,但这并不排除他们能用于文外照应的可能,有时它们的所指存在于语境之中,如例(6) 中的 he。

以上所说的是人称代词用法上的一般情况。但在实际使用中,各个人称代词的所指和用法并不像上面所说的那样简单、那样明确。有时会出现一些从语义上看似乎是异常的现象。这些现象只能从语用的角度借助语境去解释。下面举几个例子。

1) 在一些语言中存在两种第一人称的复数形式:一种不包括听话人在内,另一种则包括听话人在内。汉语便是一个例子,汉语中的"我们"和"咱们"之间大体上就存在着这种差别:

(18) 您安心养病吧! <u>我们</u>过几天再来看您。(不包括听话人)

(19) 您安心养病吧! 等您病好了,<u>咱们</u>一块上西山去玩。(包括听话人)

但这并不绝对,"我们"有时也可以把听话人包括在内:

　　（20）我们都是有几十年教龄的老教师,应该能理解学生的心
　　　　　　情。（包括听话人）
但除了在某些方言中,"咱们"似乎不能用作不包括听话人在内的
复数第一人称。

　　这两种不同的第一人称复数之间的差别在英语中没有直接的
反映,但间接地在 let us 和它的缩略形式 let's 之间的差别上反映
出来。let us 可能包括听话人,也可能不包括,有时会因此而引起
歧义：

　　（21）*Let us* know the time of your arrival. （不包括听话
　　　　　　人）

　　（22）*Let us* try again. （可能包括、也可能不包括听话人）
Let's 却总是包括听话人在内,如：

　　（23）*Let's* go to the cinema. （包括听话人）
因此不能说：

　　（24）　* *Let's* go to see you tomorrow.

　　2）我们都知道,说话人指自己一人时用单数第一人称 I,但
we 这个第一人称的复数形式却未必总是被两个或更多的人在说
话时用以指自己。在许多情况下,we 被一个说话人用来指他自己
以及他认为他所能代表的其他人。他究竟代表了谁,听话人可以
从语境中找到答案;说话人也相信,这一点对听话人来说应该是清
楚的。例如,一所大学的校长在对来访的外宾表示欢迎时可以说：

　　（25）We are very happy that you have come to visit our uni-
　　　　　　versity.

　　此时, we 可以理解为包括校长本人以及在场的学校其他领
导和师生等;也可以更广义地理解为校长本人以及该大学的全体
教职员工和学生;因为,在这样一个场合,校长完全有权代表全校
人员对外宾表示欢迎。从这一点看,第一人称的单复数形式在表
示指示意义时有所不同,但复数形式的这种用法仍然是指示性的,

因为它的所指存在于语境之中。

3)用复数第一人称代替单数第一人称来指说话人自己的情况,在英语和汉语中都不少见:

(26) 在这篇论文中,<u>我们</u>将介绍一种新的教学方法,这种结合了结构法和交际法两者长处的教学法是<u>我们</u>多年从事英语教学的经验总结。(说话人本人是该论文的唯一作者)

(27) *We* have been observing the phenomenon for years, but at this stage we are still unable to be very specific about its nature or its cause.

这种用复数形式来指说话人本人的情况,大多见于说话人谈到自己在某方面所取得的成就时,这显然是说话人谦虚的表现,似乎在说他所取得的成就不完全归功于他个人。因而,在谈到过失或缺点时,便完全不可能这样用,否则便成了推委了:

(28) *我们抽烟,不小心把被子烧着了。(说话人是唯一抽烟的人)

(29) * *We* were driving too fast and knocked the kid down. (说话人是当时的驾车者)

4)用复数第一人称来指听话人的情况也时有出现,如:

(30) 我们大学生应该有理想,讲道德,做精神文明建设方面的楷模。

说这句话的人当然可以是一名大学生,这时,"我们"属于包括说话人和听话人在内的用法;但说话人也完全可能不是一名大学生,而是一名长者,说话的口吻语重心长,体现了老一辈对年轻一代的关心和期待,此时用"我们"显得亲切。如果说话人把"我们"换成"你们",听上去就有点教训人的口吻了。

5)在某些交际情景中,说话人不用第二人称"你"或"you",而用一个指称第三人称的名词短语来指听话人。这种情况在汉语和英语中都存在：

（31）宝宝乖，宝宝快别哭。

（32）Who has frightened *our baby*?

如果把这两句中的"宝宝"和"our baby"分别改为"你"和"you"，说话口气上的差异应该是很明显的。

6）类似的情况还有，说话人不用"我"，而用一个名词短语来指自己：

（33）宝宝乖，宝宝快别哭，妈妈带你上街去买糖糖。

（34）这回你就听老师一句话吧！

这样说话显然显得亲切。

以上所举的这些例子表明人称代词的用法并非所想的那么简单，时而会发生一些看上去是违反了人称指示词基本用法的情况，这些现象只能从语用的角度去解释，在特定情况下说话人对指示方式的特定选择表明了说话人对听话人的态度、情感和相互关系。

除了第一、第二人称代词外，英语中的呼语（vocative）也是指示性词语。呼语包括姓名、头衔、基于社会地位的称呼，以及第二人称代词 you 等。呼语可出现在句首或句末，或作为插入语出现在句子中间：

（35）*Ladies and gentlemen*, may I have your attention, please?

（36）Tea or coffee, *sir*?

（37）Did you say, *doctor*, that there is nothing to be done?

（38）Hey, *you*, stand behind the line

（39）I'm afraid, *dear*, you'll get lost.

呼语的作用是说话人向听话人表明，他（们）已被选定为他的交际对象。

3.2.2 时间指示

在交际中,人们总要谈及各种各样的事物、动作和活动,有的已经发生,有的正在发生,有的将要发生。语言中必须具有用以表示时间的词语和表达方式或语法范畴。"时间"本身是一个极为抽象的概念,它不可触及,无法捉摸。如果时间有一个始端、有一个终极的话,我们无法确定它始于何时,又将在何时终止。因此,人们无法把时间的起点或终点作为参照点来计算时间,为此,为了表示时间,人们不得不武断地、人为地选定一些参照点,作为计算时间的依据。例如,现在全世界通行的历法,便是以耶稣诞生的那一年作为计算时间的起点的,故称"公元……年",或"公元前……年"。古代罗马人则把罗马城建城的那一年(公元前 753 年)作为起点来计算年代。此外,以君王即位,以及以各种被认为是重大的政治、历史事件作为起点来计算时间的也极为多见。其他以重大事件作为参照点的表达方式有"战前"、"战后"(通常指第二次世界大战前或后,但朝鲜半岛上的人则很可能用来指 20 世纪 50 年代初发生在朝鲜半岛上的那场战争),"解放前"、"解放后"(指 1949 年中华人民共和国成立之前或之后)、"文革前"、"文革后"等等。可见,人们用以计算时间的参照点都是人为地自行选定的。

在语言活动中,指示性的时间表达是以说话人在说话的那一刻作为参照点来计算和理解的。当然,除此之外,也存在非指示性的绝对的时间表达方式。

在英语中,指示性的时间表达方式包括以说话的那一时刻作为参照点的一些副词和状语短语,如 now、today、yesterday、tomorrow、soon、recently、two days ago、in three minutes、from now on、right away 等等。其中 now 和 today 分别指说话的那一时刻和说话的那一天,其他的则以说话的时间为基点往前或往后进行推算。如 yesterday 和 tomorrow 分别指说话的前一天和后一天,… ago 和 in … 这两个表示时间的短语则分别从说话的那一刻或那一天往后和往前推算。

除了副词和状语短语之外,英语动词的时态这个语法范畴也是一种指示性的时间表示方式。现在时和过去时,包括进行体和一般体,分别表示动作的发生与说话同时或先于说话的时间。英语中一系列表示将来时间的动词形式则说明动作发生在说话时间之后。因此,在句中没有时间状语的情况下,动词的时态可以表示出动作发生的大略的、相对的时间:

(40) Mum's *cooking* in the kitchen.

(41) I *made* this model plane myself.

(42) I'*m going* to see the dentist.

英语动词的现在时有一种用法,叫做"历史现在时"(historical present),也就是用现在时的动词来描述过去发生的事情。这是一种手法,说话人利用现在时态表示与现时相近的指示方式,把原来有一定时间距离的历史事件"拉回"到现时,人为地缩短了实际存在的时间距离,产生栩栩如生的叙述效果,给听话人以身临其境的感觉。

与现时有距离的事件则用过去时表示,这种时间距离的极端情况是所谈及的事态、动作、行为的非现实性,也就是说这些事态、动作、行为根本不存在或者根本没有发生过。这或许可以解释为什么英语用动词的过去时形式来表示假设、虚拟:

(43) If I were twenty years younger...

(44) Were I in your place...

(45) Had they come to the party...

这是对说话人心理的一种验证,在他看来这些事态和动作与现实之间的距离大到根本无法逾越,于是他便用了过去时这个表示时间距离的时态。

在大多数语言中,非指示性的时间表达是以日、夜、星期、月份、季节、年份等自然周期和钟点为基础的。它们所表示的时间可以说是不受说话时间影响的绝对时间。不论说话人在什么时候说 in 1789,他所指的都是同一年份,即法国大革命爆发的那一年。不管是昨天、今天,还是明天,我们都可以用"On the 6th of August, 1945, Hiroshima was utterly destroyed by the first atom bomb used in wartime"这样一句话来描述发生在同一天的可悲的历史事实。不过,所谓绝对时间也还是具有相对性的,因为,如前所述,时间本身是一个相对的概念,年份本身的计算就是相对的。对我们这些已经习惯了以耶稣的诞生年代为起点来计算年份的人,1945 年就意味着公元 1945 年,或者说是耶稣诞生后第一千九百四十五年,换了别的人,比如说一个习惯以罗马城建城的那一年为起点来计算年份的人,1945 年就是另外一个年份了。

但非指示性的时间表达和指示性的时间表达毕竟还是有差别的。指示性的时间表达的参照点存在于当前的具体交际情景之中,离开了这一具体的情景,这种时间表达所表示的时间就无法确定。如"我半小时后回来"这样一句话,如果不知道是什么时候说的,那就无法确定说话人究竟什么时候回来。非指示性的时间表达的参照点虽然还有相对性,但它不存在于当前的、具体的交际情景之中,因此,离开了这个交际情景,它表示的时间相对来说依然是明确的。

除了上述这两种时间表达方式外,还有一些时间表达方式是这两者的结合,这主要是指 this 和 that 这两个指示性的代词加上 week、month、year、morning、evening 等,或加上星期中的某一天或某一个月份的名称所构成的复合型的表示时间的短语。这种复合型的时间短语有时含有歧义,这是因为像 week、month、year 这些词既可作为历制的一个单位来使用,也可以作为一个度量时间的单位来使用,例如 year 这个词,作为历制单位,this year 指的是包括说话时间在内的 1 月 1 日到 12 月 31 日的那一段时间,作为度量时间的单位, this year 指的则是从说话的那一天算起的 365 天这样一段时间。在一般情况下,在 this week、this month、this year 中的 week、month 和 year 是作为历制单位用的,因此,在同一个星期的星期一和星期六我们都可以用 this week 来指这个星期:

(46) I plan to finish this chapter *this week*.(在星期一说)

(47) I have finished this chapter *this week*.(在星期六说)

当 this 后面跟的是一个月份的名称或者是一天中的三段时间(morning、afternoon、evening)中的一段时,它所表示的分别是包括说话时间在内的那一年中的某一月份,或者包括说话时间在内的那一天的上午、下午或晚上,如在 1997 年的 1 月或 12 月说话人都可以用 this August 来指这一年的 8 月,因此,下面这两句话都可以说:

(48) We're going to Qindao *this August*.

(49) We had a good time in Qindao *this August*.

同样,this morning 可以在说话这一天内的任何一段时间来指这一天的上午:

(50) *This morning* we are going to learn a new lesson.(在早上说)

(51) We learned a new lesson *this morning*.(在下午或晚上说)

任何语言中都存在指示性和非指示性这两种时间表达方式,但应该注意的是,比较起来指示性的表达方式是基本的。从人们习得母语的过程看,孩童总是先学会使用指示性的时间表达方式,如"现在、今天、明天"等等,然后才掌握使用非指示性的时间表达方式,如几点钟、星期几、几月几日等等。在我们日常使用语言进行交际的过程中可以看到,在存在选择的情况下,人们往往优先选用指示性的时间表达方式。因此,如果今天是星期四,说话人和听话人相约次日再见,他通常会说:

(52) We'll meet again tomorrow.

而不大会说

(53) We'll meet again on Friday.

同样,如果会议8点钟开始,说话时间是7点55分,那么人们大凡会说:

(54) The meeting will begin in 5 minutes.

一般不说:

(55) The meeting will begin at eight o'clock.

这两种表达方式的选择和说话时间与所要表达的时间之间的距离有关。一般来说,距离越小,用指示性表达方式的可能越大;反之,这个距离越大,用指示性表达方式的可能越小。如例(52)(53)所示,说话时间是星期四,要表达下一天,人们多用 tomorrow,而不用 on Friday;但如果要表达再下一天,那么用 the day after tomorrow 和用 on Saturday 的可能性则不相上下;如果要表达再下一天,英语已经没有 *the day after the day after tomorrow 这样的表达方式,只能用非指示性的表达方式 on Sunday 了。当然,在汉语中我们还有"大后天"这样的说法。此外,在决定这种选择时,语体也是一个重要因素,一般来说,语体的正式程度越高,使用非指示性时间表达方式的可能性越大,反之,则越小。

还应该指出的是,有些非指示性的时间表达方式并非完全没有指示性的含义。例如 six o'clock 这样的钟点表达方式,属于非指示性的时间表达方式,但实际上 six o'clock 这样的一点时间也并非是绝对的,它所表示的时间是因说话人所处的不同时间区域而异的,东京的 six o'clock 和上海的 six o'clock 就不是同一时刻。为此,有时说话人有必要在钟点后面附上他所采用的时间参照点,即他所说的时间是以哪一个时间区域为依据的,如 23:00 Greenwich Mean time, 16:00 Austrian Eastern time, 7:45 local time,北京时间20点整。

在讨论时间指示时,我们还要注意所谓编码时间(codingtime，简称 CT）和接收时间（receiving-time，简称 RT）这两个概念。编码时间指说话人将其想要传递的信息进行编码的时间，也就是说话时间；接收时间指听话人收到说话人所发出的信息的时间。在大多数情况下，这两个时间几乎一致；声音的速度很快，即便说话人和听话人相隔几十米，这两个时间之间的差别小到完全可以略去不计。这种近似同时性给使用和理解指示性时间表达方式带来很大方便。但两个时间之间的差别也可能十分明显，例如，隔了几天才能到达收件人的信件，预先录制的广播节目、电视节目等等。上面举过的那个 ARRIVING 11：30 AM TOMORROW 那样的电报之所以费解，就是因为粗心的发报人忽略了 CT 和 RT 之间的差别。

3.2.3 方位指示

时间和空间这两个概念有不少相似的地方。就像时间没有始端、没有终极那样，空间也是没有界限的。要表示时间，必须武断地规定一些参照点，同样，要表示人或物在空间的位置，也必须以其他的人或物为参照点，才能确定某人或某物的相对位置。如果以语言活动的参与者作为表示方位的参照，那么这种方位表示方式是指示性的，如：

(56) Open the window *behind you*, please!

(57) I want to borrow *this* one, not *that* one.

(58) The railway station is about 5 kilometres *from* here.

如果以其他事物或固定的空间位置为参照点，那么这样的方位表达方式是非指示性的，如：

(59) Japan lies *to the east of China*.

(60) The railway station is about 5 *kilometres from the centre of the city*.

时间指示与空间指示之间有一个重要区别。前面说过，在多数情况下,CT 和 RT 是一致的,或者可以认为是一致的,但在语言活动中,交际双方却永远不可能处于同一空间位置。且不说在原始时代,我们的祖先在劳动生活中常常需要从一个山头朝另一个山头喊话,即使在现今社会中最为常见的面对面的交际场合,交际双方之间多少总保持着一定的空间距离。现代科学技术的发达大大增加了交际双方之间可能存在的空间距离。因此,毫不奇怪,在许多语言中都存在两套分别以靠近说话人和离开说话人为依据的表示空间位置的词语。在英语中,最普通的表示空间位置的指示性词语包括方位副词 here 和 there,指示代词 this 和 that ,以及相应的动词 come、go 和 bring、take。显然这几对词都是以说话人为轴心,分别按照静态和动态组织起来的:

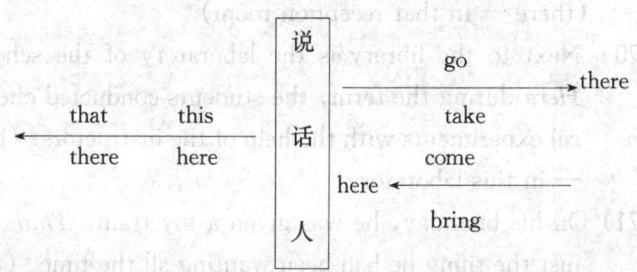

靠近说话人的位置用 this、here,相对来讲离说话人远的位置则用 that、there;朝着说话人的位置移动用 come 和 bring,离开说话人而远去用 go 和 take ,例如:

(61) *This* desk is a bit shaky.

(62) It's cold out *there* .

(63) *Bring* a dictionary when you *come* next time.

(64) *Take* an umbrella when you *go* .

(65) I can't imagine living *there* (in *that* part of the country/world).

(66) I don't like *this* shirt. Can you fetch me *that* one over

there?

当然也存在交际双方把自己看作是一个整体的情况,尽管两人之间存在一定的空间距离,但他们可以不考虑这一点,而把两人所处的方位作为空间的参照点,例如:

(67) Shall we go out *there*?

(68) We were *here* last night.

除了作为指示性词语使用外,here、there、this、that 这四个词还常常用于文内照应,起粘连作用,应该注意区别这两种用法;下面是这些词语用作粘连词项的例子:

(69) We were taken into a reception room. *There* we were warmly welcomed by the president of the institute. (there — in that reception room)

(70) Next to the library is the laboratory of the school. *Here* during the term, the students conducted chemical experiments with the help of the instructors. (here — in this laboratory)

(71) On his birthday, he was given a toy train. *That* was just the thing he had been wanting all the time. (that — the toy train he was given)

这些方位指示词看上去比较简单,但在具体用法上有时会出现一些异常的情况。例如 there 这个词,它的指示意义是"远离说话人的地方",但"远离说话人的地方"可能"靠近听话人",但可能同时也远离听话人。因此,像"How are things there?"这句话便有两种可能的解释,一种是指远离说话人,但靠近听话人的地方;另一种是远离说话人,同时也远离听话人的第三个地点。

"this"和"that"这一对词的用法也不像想象的那么简单,它们的根本区别在于所指之物是靠近说话人还是远离说话人。但在某些交际语境中,这种空间距离上的差别显得不那么重要,this 和

that 之间的这种差别就淡化了。例如,当一个人在急切地寻找一样东西时,他的注意力完全集中在他所要找的东西上,这东西和他的相对距离显得并不那么重要,所以一旦找到了,下面这两句话在英语里都可以说:

(72) *This* is the one.

(73) *That* is the one.

在日常英语的不少交际情景中,我们常常可听到"I'm coming"这样一句话,如:

(74) A: Hurry up, Pete. We're leaving.

B: Go ahead. *I'm coming*.

(75) (Someone knocks at the door)

(*I'm*) *coming*!

(76) (On the telephone)

A: Inspector, someone is found murdered here in the street corner.

B: O.K. *I'll be coming* right away.

类似的用法在汉语中也极其普通。从语用上说,"I'm coming"或者"我就来"这种说法应该说是异常的,因为,come/来的语用意义是指朝着说话人的位置移动,说话人本身怎么可能朝自己移动呢? 语用学家对这种语用上似乎是异常的现象作了解释,他们把这一用法解释为"礼貌的方位转移",即说话人在说话时不以自身为参照点,而把方位参照点转移到听话人所处的方位上去了,这是礼貌的表现,这样,实际上的"I'm going"在语言文字上体现为"I'm coming"。

"come"这个词的另一种语用上显得异常的用法是,有时说话人既不以自身的方位为参照点,也不以听话人的方位为参照点,而是以两人之中任何一个人的家宅所在之处为参照点,但在说话时,两人都不处于这一方位。例如:

(77) I *came* over several times to your place , but you were not in. (以听话人的家宅所在为参照点)

(78) We are organizing a party at our place. Will you be *coming*? (以说话人的家宅所在为参照点)

语用学家认为这是"以家宅为基础"(home-based)的一种特殊用法,即以说话人或听话人的家庭所在地为指示的参照点。说话人身处自己的家宅之外(如在办公室),用 come 来表示去他家的动作比较好理解。不论是谁,不论他在说话时身处何方,他都可以把自己本身和自己的家连为一体,因此,在汉语中,当说话人在自己家宅之外邀请别人去自己家时,"有空去我家玩"和"有空来我家玩"都可以说。但说话人在指听话人的家宅时用 come,这种转移参照点的情况,也许是出于礼貌的考虑,也许是为了增加两人之间的亲近感。

上面我们先区分了两组表示方位和空间的指示词语,它们都以说话人所处的空间位置为参照点,一组用于表示近于说话人的位置或朝说话人的位置移动,另一组表示远于说话人的位置或朝着离开说话人的方向移动。然后,我们又举了一些例子来说明在选用指示词语时说话人并非总是以此为原则,不时会出现一些与这条原则背道而驰的情况。我们对这些异常情况作了解释。实际上,决定方位指示词语选择的并不完全是实际距离,在相当程度上是说话人心目中的心理距离。"心理距离是空间指示的语用基础"(Yule,1996 :13)。实际距离和心理距离在不少情况下是一致的,但也会出现不一致的情况。Yule 举了下面这个例子:说话人闻到一股香水味,但他不喜欢这种香水的气味,尽管这气味就在他鼻子底下,实际的空间距离很小,但他的评论很可能是:" I don't like that", 而不是"I don't like this"。

可见,方位指示词语的选用并非简单地以空间距离为基础,它可以表示说话人的心态、情感等。Brown & Levinson (1978)在讨论表示礼貌的语言策略时也注意到了这一点。说话人自觉、不自觉地在利用使用指示词语过程中的心理基础,来缩短自己和听话人之间的心理距离,或者说是感情距离,以表示友好、亲近和礼貌。他们举了下面这几个例子:

(79) *This / That* was a lovely party. (在告别时说)

(80) *This / That* is a man I could trust.

(81) *Here / There* is a man I could trust.

他们认为在表示近距离(如 this、here)和表示远距离(如 that、there)的指示词语均可接受的情况下,前者表示出更多的介入和同感。

同样,come 和 go 的选择也能表示类似的差别:

(82) *Come/Go* and meet me at my favourite restaurant in Conduit Street.

(83) Oh, you're acting in Othello tomorrow night, are you?
— I'll *come/go* and watch you from the gallery.

他们认为在以上这两个例子中,用 come 把说话人(在例 82 中)或听话人(在例 83 中)和一个地点联系起来了。在两个例子中,如果用 go 都会产生疏远的效果,非但如此,在(83)中用 go 甚至是很不礼貌的表示。

上面仅举了几个例子,类似这种语用上似乎是异常的情况,在实际使用的语言中还有,我们要注意观察,并作出分析和解释。

英语中用介词短语来表示方位是极为常见的。大多数的介词短语属于非指示性的方位表示。如 (59)中的 "to the east of China" 和(60)中的 "five kilometres from the centre of the city",又如以下两句中的介词短语:

(84) There is a picture of the family *on the wall of the sitting-room*.

(85) I met him *in the Grand Theatre*.

但有些介词短语所表示的方位却完全是指示性的,它们所表示的意义和说话人所处的位置很有关系,如:

(86) Bob is the man to the left of Mark.

Mark 左边的那个人究竟是谁取决于说话人是面对 Bob 和 Mark, 还是身处 Bob 和 Mark 的后面。

又如:

(87) There is a mouse behind the table.

桌子本身并没有前后之分,因此"behind the table"只能理解为离说话人较远的桌子的那一边的后面了。

但对另一些介词短语可作指示性的理解,也可作非指示性的理解,这是因为作为参照点的物体本身有前后之分,如:

(88) The cat is behind the car.

按照非指示性的理解,不论说话人和汽车的相对位置如何,猫总是在汽车尾部的后面;按照指示性的理解,则要看说话人所处的位置了。如果他站在汽车的车头前面,那么猫在汽车尾部的后面,如果他站在汽车的一侧,那么猫就在汽车的另一侧。同样,对"They are hidden behind the train"也可以有不同的理解。

3.2.4　定冠词 the 的指示用法

在前面讨论时间指示和方位指示的过程中,我们都提到了 this 和 that 这两个代词的指示作用。这两个词的使用和它们所表示的意义和语境之间的关系是十分密切的,离开了一定的语境,这两个词的所指就会变得模糊。

英语中的定冠词 the 和这两个指示代词具有类似的作用。"the"本身没有语义内容,在它的多种用法中,有一种是用来表示某一个人或某一事物是特定的,是可以通过某些信息来加以确定的,这种信息可能存在于篇章的上下文之中,也可能存在于语境之中。换言之,the 的所指可能是文内的,也可能是文外的,如:

(89) By chance the sponge diver found a sunken ship. The ship was said to have been struck by lightning. （文内所指）

(90) Look at the boy! What is he doing? （文外所指）

从词源上来说,the 是从 that 演变而来的。this 和 that 的方位意义很明确。以说话的人、说话的时间、说话人所处的方位为参照的依据,接近参照点的用 this, 远离参照点的用 that。在这方面,the 是中性的,它没有这种明显的方位意义,它既可作 this 来理解,也可作 that 来理解,这可以从下面这句句子看出来:

(91) I like *the* one here; I don't like *the* one there.

"the" 在这两句句子中的所指是通过 here 和 there 这两个方位指示副词来确定的,the one here 相当于 this one, the one there 相当于 that one。

指示的两大类型,姿势型和象征型在 the 的用法上也体现出来, 如:

(92) Do you know *the* man over there?

这句话中的 the 是姿势型的指示词项,说话人如果不用手指,不用头表示方向的话,他至少得用眼睛看一看那个人所处的方向,否则便难以向听话人表示清楚他指的是哪个人了。但像下面这句句子:

(93) What do you think of *the* garden?

如果问话时,交际双方都身处同一花园之中,那么这个 the 的指示用法就是象征型的,它不需要借助任何副语言手段。

用 the 来指示天地之间独一无二的事物,或者在一定范围中唯一的人或物,其实也是 the 的象征型用法的一种, 如:

(94) *The* sun is a red burning ball.

说这话时,说话人无需用手指着太阳,因为对全地球上的人来说,只存在一个太阳。又如:

（95）*The* government is taking measures to check the rising prices.

（96）*The* prime minister is on holiday at the moment.

（97）Have you been to *the* capital recently?

各句中的 the 分别用以指说话双方所在国的政府、总理和首都,这些在每一个国家中都是独一无二的,因此 the 的这种用法属于象征型的用法。

"the"是英语中一个十分特殊的词,在汉语中没有和它对应的词。"the"的种种用法可以简单地归纳如下:

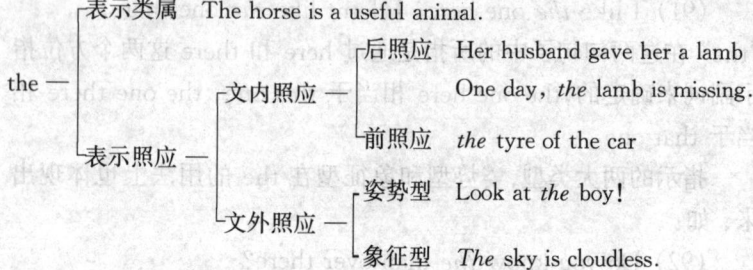

定冠词是一个出现频度很高的词,我们要注意它的各种不同用法,语用学研究所关心的是 the 的指示用法,也就是它的文外照应的用法。

3.2.5　篇章指示和社会指示

上面所讨论的人称、时间、方位指示是三种最基本、最普遍的指示,在任何一种语言里都明显存在用于这三种指示的词项和语法范畴。这三种指示最清楚地反映了语言的使用和语言结构之间的关系,反映出了语言的使用和理解对语境的依附。在这一节里,我们将讨论另外两种似乎不那么典型的指示:篇章指示和社会指示。

3.2.5.1　篇章指示

篇章指示指的是一句话中某些词语被用于指包含这句话在内

的整个篇章的某一部分,或用来表明这句话语和同一篇章中其他话语之间的关系。在人称指示、时间指示和方位指示中,参照点分别是说话的人、说话的时间和说话人所处的方位;在篇章指示中,参照点是正在被产生的话语在整个篇章中所处的位置。用于篇章指示的词项和短语表示了这一句话语和同一篇章中其他话语之间在相互位置或语义上的关系。

英语中用于篇章指示的词语大体上有三类: 1)指示代词 this 和 that; 2)在篇章中用以表示某一话语和上文之间语义关系的一些词语和短语,如多数出现在话语开始位置的 but、therefore、in conclusion、to the contrary、still、well、besides、above all 等等; 3)用于时间指示的一些形容词, 如 last、next、preceding、following、previous 等。由于篇章的部分与部分之间存在着空间的关系,篇章又是随着时间的推移而展开的,因而用于篇章指示的词语有两类 1) 和 3)分别与空间指示词语和时间指示词语相类同,另一类则被说话人用于表示他认为话语之间存在的语义关系。

在篇章中指示代词 this 和 that,可用来指某一实体,但也可用来指篇章中一句话语的上文和下文的某一部分, 如:

(98) *This* is what he did to me. He ripped my shirt and hit me on the nose.

(99) They had a car accident. *That* was the worst we could expect.

在这两句中, this 和 that 分别指下文中所说的"他对我所干的事", 以及上文中所讲到过的"他们的汽车出了事故"这两段话语。this 和 that 的这种文内照应的用法是十分普通的。统计数字表明,this 和 that 的这种篇章指示的用法比它们用来指上下文中某一实体,即代替某一单个名词的用法更加多见。

用于篇章指示的第二类词语并不陌生,在口语和笔语中都不乏使用这类词语来表示上下文之间语义关系的例子:

(100) I prefer to stay at home. It's cold outside. *Besides*,
　　　it's going to snow, I'm afraid.

(101) Normally we do not enroll students under the speci-
　　　fied age. *However*, your case will be treated as an
　　　exception.

　　这类词语对篇章的连贯性所起的作用在传统的修辞学中已经作了比较透彻的研究。对这类词语语用学的研究和传统的研究不同,传统的研究一般把这类词语表示的关系看作是句与句之间的语义关系,语用研究则把这种关系看作是语言使用者认定的语句之间的关系。

　　第三类词原用于表示时间指示,但由于篇章是随着时间的推移而展开的,因此,时间的先后也同样能在篇章的发展上体现出来,所不同的只是参照点的不同。the last paragraph、the next sentence、the following section、the previous words 等,都是以目前正在被在产生的话语为参照点去推算的。

　　篇章指示和前三种指示(即人称指示、时间指示和方位指示)有一个很根本的区别。前三种指示的参照点分别是说话人、说话的时间和说话人在交际时所处的空间位置。这些参照点都存在于语言之外的语境之中;而篇章指示的参照点都存在于篇章的语言之中。这就使我们对于篇章指示的语用性质产生疑问。实际上,由于篇章指示所表示的文篇内部句子与句子之间、句子与一部分篇章之间、或篇章的一部分与另一部分之间的关系,着重研究篇章结构的语言学家已经把这一类指示方式纳入了他们的研究范围。Halliday 和 Hasan 在 *Cohesion in English* 一书中便把 this 和 that 用于指部分篇章的用法,以及 last、next 之类词列入"照应"(reference) 这一类英语的粘连手段中去;属于第二类的那些表示篇章内各个部分之间语义关系的单词和短语则是促成篇章连贯的重要语义手段,Halliday 和 Hasan 把它们归为一大类,称之为"连接"(conjunction)。当然,对于这同一语言现象也可以从语用学的角度去进行研究。归根到底,篇章是人创造的,篇章的意义不是它本身固有的,而是人赋予它的,篇章中一部分与另一部分之间在空间、时间和意义上的关系也是由篇章的创造者来确定的。譬如上面例(98)和(99)中 this 和 that 的用法。语法上并没有规定指上文必须用什么,指下文必须用什么。实际上 this 和 that 这两个词用来指上文和下文的都有。用哪个词取决于说话人在说话时对所指事件的心理距离。同样,下面这两句话语义上截然相反,但两句话都能成立,这是因为说话人对两个相邻的分句之间的语义关系完全可以有不同的看法:

(102) He is an Englishman, therefore, he is brave.

(103) He is not an Englishman, therefore, he is brave.

3.2.5.2 社会指示

社会指示指语言结构中能反映出语言使用者的社会面目和相对社会地位的那些词语和语法范畴。具体说来,社会指示可以反映出以下这几方面的情况:1)语言活动参与者的社会面目;2)说话人和听话人之间相对的社会地位;3)说话人和所谈及的人之间相对的社会地位。社会指示的参照点是说话人本身的社会地位,听话人和被谈及的人的社会地位是相对说话人的社会地位而言的。

在现代英语和其他主要的欧洲语言中,社会指示并不典型。但在一些亚洲语言(如日本语、朝鲜语、爪哇语)中,社会指示却十分典型。这些语言中存在"敬语"(honorifics)这样的语法形态体系,它可以体现出交际参与者之间、说话人和所谈及的人之间相对的社会地位。在这些语言中,哪怕表达很普通的思想内容,说话人可以根据交际对象的不同社会身份,采用不同的语言结构,而不直接提及听话人。也就是说,在不采用能表明听话人社会地位的某种称谓情况下,从说话人所选用的语言表达方式中可以看出两人之间相对的社会地位。像这样的社会指示手法,在英语、多数欧洲语言和现代汉语中恐怕都不多见。

在交往中,人们对于相互之间相对的社会地位总是比较敏感的,对于对方是否对自己表示了应有的尊敬、是否表示了应有的亲近总是特别关心。这也许就是为什么在大多数的语言中存在两种不同的第二人称单数形式的缘故,如法语中的 tu 和 vous,德语中的 du 和 Sie,意大利语中的 tu 和 Lei,西班牙语中的 tu 和 vos,汉语中与此相对应的"你"和"您"。这两种不同的第二人称单数形式的基本区别是:对于社会地位高于自己、需要对他表示尊敬的人用相当于汉语中"您"的那一种形式,对于社会地位低于自己的人用相当于汉语中的"你"的那一种形式,社会地位大体相当的人之间该用什么形式则取决于其他社会因素的考虑(见 Brown & Gilman)。值得注意的是,在现代英语中,这种可以对听话人直接表示出敬意的第二人称尊敬代词形式已经消失了。多数欧洲语言中的这种差别,来源于拉丁语中的 tu 和 vos,故社会语言学家把它称为 T/V 差别。在语言的发展过程中,不少欧洲语言保留了这一差别,但英语却逐渐失去了这一差别。在古英语中曾经存在过 thou 和 ye 这两个 T/V 形式,后来 you 取代了 ye,兼有表示敬意的第二人称单数和第二人称复数这两种用途。但到了现今,you 失去了它表示敬意的用法,成了表示第二人称单复数的同一形式。因此,社会指示在英语中并不典型。可以说英语中只有两种社会指示方式。一是通过选用不同的称呼来表示说话人和听话人之间的关系。例如,对一个姓名为 David Brown 的人,可称他为 Sir David Brown,或 Mr. Brown,或根据他的职业或学衔称他为 Dr. Brown, Professor Brown,也可以比较随便地称他为 David,甚至更亲昵地称他为 Davy 或 Dave,从说话人所用的称谓上可以看出他认为自己和被称呼者之间的相对的社会关系。另一种方式是使用只限于某些具有特殊身份或地位的人的正式称呼,如英语中对法官称 Your honour, 对总统称 Mr. President，对大使、总督称 Your Excellency 或 His (Her) Excellency。但这些只限于为数不多的人。

　　英语中的这两种社会指示方式和前面提到的某些亚洲语言中的社会指示有本质的不同。在那些语言中，社会地位的差别在语言体系中得到反映，语言体系中存在某些语法范畴，可以用来反映这种差别。但在英语中，连最起码的人称代词 T／V 差别也消失了，剩下的只是一些可供说话人选择的一套称呼。决定这一选择的是一系列社会因素，是社会语言学家感兴趣的问题。因此，严格来说，现代英语中是不存在社会指示这一语用现象的。

第四章　言语行为理论

言语行为理论是语用学研究中一个十分重要的理论,它旨在回答语言是怎样用之于"行",而不是用之于"指"这样一个问题,体现了"言"则"行"这样的语言观。这一理论在 20 世纪 50 年代末由哲学家首先提出,在此后的 20、30 年间,在语言学界产生了很大的影响。对这一理论本身的合理性、它的理论意义和实际应用价值,语言学家作了大量的研究,在语言学界一度出现了一个言必称"行为"的局面,语言学的研究得到了深入和拓展,语言学文献大为丰富。这一理论无疑为我们对语言本质的理解和解释提供了一个新的视角。如今,对这一理论曾经有过的争议已渐渐平息,言语行为理论在语言研究中的地位已经确立,这一理论已经深入人心,在各种语言科研中"行为"这一概念常被用作研究的基点。了解这一理论的源起和它的基本内容对语用研究具有重要意义。

4.1　言语行为理论的源起

4.1.1　Austin 对言有所述和言有所为的区分

言语行为理论的创始人是英国哲学家 J. Austin。哲学家历来所持的一种假设是:陈述之言(statement)的作用或是描述事物的状态,或是陈述某一事实,两者必居其一,别无他用,而陈述之言所作的描述或陈述只能是真实、或是谬误。哲学家历来所关心的只限于陈述的可验证性(verifiability),即如何验证某一陈述是真实的,或是谬误的,以及如何规定一个真实的陈述必须满足的条件等。Austin 虽然是个哲学家,但他对哲学界语言研究中的这种传统的观点提出了怀疑。他认为"许多陈述之言只不过是'伪陈伪述'(pseudo-statement),人们所说的许多话语貌似陈述,但它们根本不以坦直地记叙或传递有关事实的信息为目的,或是仅是部分地以此为目的"(1962:1)。据此,Austin 首先区分了两大类话语:言有所述(constative)和言有所为(performative)。言有所述的话语是可以验证的,即或是真实,或是谬误;言有所为的话语都是不能验证的,它们无所谓真实或谬误,因为它们是被用来实施某一种行为的。Austin 用了四个著名的例子来说明这类话语:

(1)"I do."(用于结婚仪式过程中)

(2)"I name this ship Elizabeth."(用于船的命名仪式中,当说话人把香槟酒瓶朝船尾掷去时)

(3)"I give and bequeath my watch to my brother."(用于遗嘱中)

(4)"I bet you sixpence it will rain tomorrow."(用于打赌)

在特定的情况下,特定的人说这些话实际上构成了某些行为的实施。换言之,说话人在说这些话的时候不是在作陈述或描述,而是在完成某一动作——如结婚、命名、遗赠、打赌。当然,Austin 所举的这四个例子都是用于某些习俗化的活动中的话语,但这种通过说话来做某一件事的情况并不限于这些习俗化的活动,如"I promise ..."、"I warn ..."、"I apologize ..."、"I welcome ..."等等。在说这些话时说话人分别在实施"许诺"、"警告"、"道歉"、"欢迎"等动作。

使"言"成功地有所"为",即通过言语成功地实施某一行为,Austin 认为有三个条件必须满足,他称这些条件为"恰当条件"(happiness conditions)。

首先,说话者必须是具备实施某一行为的条件的人,例如,能给一条船命名的人必须是被授予这一权力的人,并非任何一个人对着一艘船扔香槟酒瓶,口中说"I name this ship..."便能给这条船命名;在一个实行一夫一妻制的国家里,一个有妇之夫,不管在牧师面前说多少遍"I do"仍不能和另一个女子合法地结婚。除了说话人必须具备一定的条件外,还必须存在一条尚未命名的船,"命名"这一行为才可能成功地得以实施;说话人必须有一块表,他才可能把它赠给他人。

第二个条件是说话人对自己要实施的行为必须抱有诚意。如果一个人口中说"I promise…",但心中却丝毫没有去履行自己诺言的诚意,那么这样的许诺自然只是一句空话,说话人只不过是滥用了言有所为的句式而已。

第三个条件是说话人对自己所说的话不能反悔。例如,在作出了真诚的许诺后便不能食言,在对某人说了"I welcome you"后便不能非礼相待。

Austin 所提出的三个条件,显然并不成熟,也不完善,但却给后人的进一步工作打下了基础。

4.1.2 言有所为的话语的语言特征

在提出了言有所述和言有所为这一区别后,Austin 感到有必要找出"语法标准,或词汇标准,或语法—词汇标准"(1962:67),以判断一句话语属于言有所述还是言有所为。

Austin 提出了用以表达言有所为的两种句法形式。第一种是以第一人称单数为主语,现在时态、陈述语气、主动语态动词为谓语的话语,诸如"I promise…"、"I object…"、"I agree…"、"I swear…"。这种句法形式可用 I ＋ VP 来概括。其中的动词称为"行事动词"(performative verb)。这个动词的存在使得这一话语所实施的行为的性质明确无疑,这个动词本身的词义表明了话语所实施的行为。Austin 所规定的"第一人称单数"、"现在时态"、"陈述语气"、"主动语态"等条件都是十分必要的,缺一不可。如果其中一个条件未能满足,那么这个话语便不是 Austin 所说的言有所为的话语了。例如"He promises…"、"I promised…"等都不是说话人实施"允诺"这一行为的话语,它们只能是对"某人作允诺"和"本人曾作过允诺"这些事实的陈述,因此,它们不是 Austin 所说的言有所为的话语。

Austin 提出的另一种句法形式是与"I + VP"相对应的被动形式,即第二人称作句子的主语,加上现在时态、陈述语气、被动语态的谓语动词,如:

(5) Passengers are requested to cross the line by the foot-bridge only.

Austin 认为这一句话所实施的行为与"I request you (passengers) to cross the line by the footbridge only"所实施的行为是相同的,都是"请求",而在实际使用中,这种形式要比第一种形式普通得多。

显然,Austin 提出的这种句法标准虽然不无道理,但却是很不严密的,因为他的句法公式也可以包括像"I take a cold bath every day"、"I jog ten miles every Saturday"、"I like to drive fast cars"、"I now beat the eggs till fluffy"这样的话语。很显然,这些话语都不属于言有所为的那一类话语,虽然表面上和"I promise …"之类的话语相同,但本质上却不相同。于是,Austin 提出了在符合上述句法形式的话语中插入"hereby"这个词,以此来判断某一动词是否是行事动词,从而判断这句话语的性质。如果加入"hereby"后,话语通顺,那么这是一句言有所为的话语;加入"hereby"后,话语变得不通顺了,那么它便不是一句言有所为的话语了。因此,"I hereby warn you …"、"I hereby inform you …"都是言有所为,但﹡"I hereby shave my face every night"、﹡"I hereby listen to the news every day"则不是言有所为。

看起来,把 Austin 的句法标准和词汇标准结合起来我们便可以容易地判别言有所为的句子了。但是事实上远非如此简单。不

难发现,在请求别人关门时,除了可以用合乎 Austin 提出的句法
—词汇标准的"I (hereby) request you to close the door"和"You
are (hereby) requested to close the door"之外,还有许多种不同的
方式,如:

    (6) Will you close the door?

    (7) Can you close the door?

    (8) Do you mind closing the door?

    (9) I'd like you to close the door.

    (10) It's a bit drafty here.

    (11) Close the door.

    (12) The door, please!

这些话语都实施了请求听话人关门的行为,但却不符合 Austin 提
出的语言标准,其形式的多样、灵活,使人感到似乎无法找到一个
单一的标准。这使 Austin 陷入困境。最后,他作出了这样的结
论:要使一个话语言有所为,这一话语并不一定要符合两个标准句
式中的任何一个。"Shut the door"和"I order you to shut the
door"实施了完全一样的言语行为,甚至于就"The door"这样一个
名词,有时也能起到和"I order you to shut the door"同样的作用。
再则,在实际使用语言中,I + VP 这样的句式并不很常用,我们
在请求别人做某一件事时,很少说"I request you ..."更多的倒是
用那些不包含"request"这个行事动词的句式,例如"I would like
you to ..."、"Can you ..."、"I wonder if you ..."、"Would you
mind ..."等等。因此,Austin 认为可以把带有明确的行事动词的
句子看作是说话人想通过所说的话毫不含糊地表明自己所要实施
的言语行为的特定形式,除此之外,也可以(实际上是更经常地)使
用其他不那么明确、不那么特定的语言手段来达到实施某一行为
的目的。这些语言手段在英语中包括"语气"(如"Shut the
door")、小品词(如"Therefore, X",用以代替"I hereby conclude

that X")、语调等。除了语言手段外,更为重要的应该说是"语境"。"语境"最有助于判断某一话语的特定作用。

Austin 在寻求言有所为的话语的语言形式方面所作的努力似乎是徒劳的,但他至少从反面作出了结论:对语言功能的判断,不能单纯以语言形式为依据。Austin 从而向我们提出了语用学研究中的一个重要问题,即语言的形式和语言的交际功能的关系问题,对这个问题的探索几乎贯穿了语用学的全部研究。

4.1.3 Austin 的"三种行为"模式

Austin 虽然提出了言有所述和言有所为的区别,但在进一步的探讨中,他自己发现这一区别并不尽令人满意。一个理由无疑是因为他未能找到区别这两类话语的句法形式上的标准。如上所述,言有所为的话语可以通过多种形式出现,但它最基本的形式 I + VP 却并非是它的区别性特征。这一形式显然不能把以"I state …","I assert …"等开始的话语排除出去,但按照 Austin 的区分,这类话语无疑是属于言有所述一类的,它们的作用是陈述,具有可验证性,这就是说言有所述和言有所为的话语可能具有同样的句法形式。

另一个更重要的原因是 Austin 发现他所提出的言有所为的三个恰当条件似乎同样适用于言有所述的话语,也就是说,言有所述的话语和言有所为的话语一样,也要满足这三个恰当条件。他举了三个例子来说明这一点。第一个例子是,某人说:

(13) All John's children are bald, but John has no children. Austin 指出这是一个自相矛盾的、也就是不恰当的言有所述的话语,这个情况和某人说"I bequeath my watch to you, but I haven't got a watch"类似。通过话语成功地实施行为的第一个条件是必须存在实施这个行为的合适的对象,没有手表,便谈不上遗赠手表。同样,言有所述的话语必须有陈述或描述的对象,如果

John 没有孩子,自然根本不可能对他的孩子作什么陈述了。

Austin 举的第二个例子是,某人说:

(14) That cat is on the mat, but I don't believe it is.

Austin 认为这一情况类似某人说"I promise to be there, but I have no intention of being there"。成功的言有所为的第二个条件是说话人必须具有诚意,缺乏诚意则不能有所为;同样,Austin 认为说话人必须相信自己所作的陈述或描述是真实的,如果对自己所说的话都不能相信,那么说话人所作的陈述显然是不能成立的。

Austin 的第三个例子是,某人说:

(15) All the guests are French and some of them aren't.

说话人显然否定了自己前面说过的话,在 Austin 看来,这与作了许诺然后食言这种"反悔"现象十分相似,因此,言有所为的第三个条件——"不可反悔",也同样适用于言有所述。

从上面的三个例子可以看到,如果恰当条件得不到满足,便不能通过话语成功地实施某一行为;同样,如果恰当条件得不到满足,所谓言有所述的话语也无法达到陈述或者描述的目的。这两类话语具有这一个共同的特征,再加之缺乏能区别这两类话语的语言特征,终于使 Austin 认识到言有所述,归根结底,也是一种言有所为,即实施"陈述"这一行为。于是,Austin 终于摒弃了最初的言有所述和言有所为之分,开始致力于建立一种新的模式来解释人们通过语言所实施的各种行为,根据这一模式,"陈述、描述等行为只是许许多多种言外行为中的两种,它们并没有什么特殊之处。"(1962:147)

根据 Austin 的新模式,一个人在说话的时候,在大多数情况下,同时实施了三种行为:言内行为(locutionary act)、言外行为(illocutionary act)、和言后行为(perlocutionary act)。

言内行为指的是"说话"这一行为本身,它大体与传统意义上的"意指"相同,即指发出语音、音节、说出单词、短语和句子等。这一行为本身并不能构成语言交际,但在实施这个行为之中,我们通常实施了一个言外行为,有时还同时实施了言后行为。

言外行为是通过"说话"这一动作所实施的一种行为,人们通过说话可以做许多事情,达到各种目的,如传递信息、发出命令、威胁恫吓、问候致意、解雇下属、宣布开会等等。这些都是通过言语来完成的动作。言外行为寄寓于言内行为之中。

言后行为是指说话带来的后果,例如,通过言语活动,我们使听话人受到了警告,或者使听话人接受观劝,不去做某件事,或者使听话人去做了我们想让他去做的事等等。

言内行为和言外行为的区别在于前者是通过说话表达字面意义,后者是通过字面意义表达说话人的意图。说话人的意图一旦被听话人领会,便可能带来后果或变化,这便是言后行为。当然说话人的意图未必一定被听话人领会,或者听话人虽然领会了说话人的意图,但却不按照这一意图去行事,因此,言后行为不一定会发生,有时这就会导致交际的失败。在这三种言语行为中,语用研究最感兴趣的是言外行为,因为它同说话人的意图一致。说话人如何使用语言表达自己的意图,听话人又如何正确理解说话人的意图,这是研究语言交际的中心问题。因而,在 Austin 提出了这三个包括三种行为的言语行为理论后,学术研究的注意力都被吸引到言外行为上来了。人们通过语言能做什么事情?人们又怎样通过语言来做这些事情?这些是学者们探求的中心问题。Austin 对第一个问题,作了一个粗略的回答,但并不十分令人满意。第二个问题,则基本上是由 Austin 之后的学者来回答的。

4.1.4 Austin 对言外行为的分类

Austin 对言外行为作了分类,他分了五大类型:裁决型

(verdictives),行使型(exercitives),承诺型(commissives),行为型(behavitives),阐述型(expositives)。裁决型的言语行为用以陈述某种发现,这类言语行为是可以被验证的,如 assess、estimate、diagnose、take it、interpret as 等等。行使型行为包括行使权力、权利,或施加影响、压力等,appoint、vote、order、warn、advise 等均属此类。承诺型的行为是说话人对未来行为的许诺和承担,如 promise、undertake、side with 等。行为型用于表明说话人所采取的态度,如 apologize、commend、congratulate、challenge 等。最后一类是阐述型,这一类行为的目的在于说明所说的话语在整个交际中的作用,如 I conclude、I illustrate、I assume、I agree 等。Austin 的分类是十分粗糙的,它的最大的缺点在于缺乏一个明确的分类标准,实际上他并不是在对言外行为进行分类,而是在对行事动词进行分类。Austin 推断,在一本英语词典中可以找到一千多个这样的行事动词。显然,Austin 的分类缺乏科学性和系统性,因此并没有被广泛地被接受,却招致许多学者的批评。

　　Austin 在提出了言语行为理论后对这个理论的各个侧面进行了一系列探讨。尽管他的一些看法并不成熟,有些观点提出后又被他自己否定了,但无可否认他是这一理论当之无愧的创始人,他的一些看法为后来的研究奠定了基础。了解 Austin 所做过的工作对理解这一理论是很有必要的。Austin 在提出这一理论后不多几年就去世了,他没有来得及对这个理论进行充实和修订,但这一理论提出后,在语言学界引起了巨大反响,成了语言学研究的一大热门。各家学者议论纷纷,各抒己见,大大发展了这一理论。其中最突出的要数 Austin 的学生、美国语言学家 J. Searle。下面我们将比较集中地谈 Searle 对言语行为理论的发展。

4.2　**Searle 对言语行为理论的发展**

4.2.1　Searle 对言语行为的认识

　　如果说,Austin 把言语行为理论看作是对孤立的话语的意义的研究的话,那么 Searle 则把这一理论提高为一种解释人类语言交际的理论。Searle 认为使用语言就像人类许多其他的社会活动一样是一种受规则制约的有意图的行为(见 1969)。每当我们讲话时,我们便是在按照使用语言成分的规则施行着各种各样的言语行为。Searle 认为语言交际的最小单位并不是人们通常所认为的那样是单词或句子等语言单位,而是言语行为,因此,语言交际过程实际上就是由一个接一个的言语行为构成的。每一个言语行为都体现了说话人的意图。因而从言语行为理论出发对语言交际的研究包括两大方面,一是要说明说话人如何根据一定的规则来施行自己所想要实施的言语行为,另一方面还要解释一个接着一个的言语行为如何构成连贯的、有意义的语言交际。Searle 本人在第一方面做了不少工作。

　　言语行为理论是一种对语言的意义进行研究的理论。它源起于哲学家对意义的研究。那么这种对意义的研究与传统的语义学家对意义的研究有什么关系,有什么区别呢? Searle 对这个问题的回答是:不需要区分两种意义的研究,即一种对句子意义的研究,一种对言语行为的研究,这两种研究实际上是结合在一起的。Searle 认为言语行为理论属于 Saussure 所说的"语言"这一范畴。言语行为的实施必须遵循语言的规则,因而必然牵涉到语言的许多形式特征,但 Searle 认为,任何纯粹研究这些形式特征的理论都是不完整的,还必须说明这些特征如何被用来实施了一定的言语行为。任何一句话,在一定的语境中必定实施了一定的言语行为;反之,任何一个言语行为都必须通过某一句话语方能实施。因此,言语行为是句子意义的一种功能。在 Searle 看来,这两个方面如此紧密地结合在一起,很难说对句子意义的研究和对言语行为的研究是两个各自独立的研究,而应该把它们看作是同一个研究的两个不同的侧面。Searle 的这种看法有一定的代表性,但并不为所有人所接受,当时有相当一部分学者对此持有异议,这一点可参阅本章的第三节。

4.2.2　Searle 对命题内容和言外行为的区分

Austin 提出了言外行为这一看法,但他没有把一句话所实施的言外行为和这句话的内容联系起来。Searle 在研究话语时注意到了一句话的命题内容(propositional content)和它的言外行为之间的关系。一句话的命题内容由两个部分构成:所谈及的人或物和对这个人或物所作的谈述。Searle 用了下面的一组例子来说明命题内容和言外行为之间的关系:

(16) 1) Will John leave the room?

2) John will leave the room.

3) John, leave the room.

4) Would that John left the room?

5) If John will leave the room, I will leave also.

(1972:140)

Searle 认为这五句话具有相同的命题内容,它们都谈及了 John 这个人,都谈述了 John's leaving the room 的动作,但是很显然,在不同的场合,这五句话分别实施了五种不同的言外行为。在一般情况下,第一句提了个问题,第二句是对未来的一种猜测,第三句是个请求或命令,第四句表达了说话人的愿望,虽然这种形式比较陈旧,第五句是一种假设。

命题内容的两个构成成分和传统语法中句子的主语和谓语相吻合。所谈及的人或物通常用专有名词、名词词组、代词等有所指的词语来表示,例如 John、daddy、his sister、that cat on the mat、flying planes 等等。这个有所指的词语的作用是选出说话人将要谈论的人或物来。句子的谓语是对这一词语所表示的人或物进行的论述。哲学家把话语的这一部分内容称为谓词(predication)。哲学家传统地认为只有以陈述句形式出现的声言(assertion)才有谓词。对这一点,Searle 表示了异议,他认为这样便抹杀了声言和其他言外行为的类同之处,因此,在他看来,John will leave the room 和 Will John leave the room;John,leave the room 一样,都具有相同的谓词。

根据命题内容这一构想,Searle 把 Austin 的言内行为再进一步分成两个组成部分:话语行为(utterance act)和命题行为(propositional act)。话语行为指的是说出单词、句子这一行为,命题行为指的是通过所指词语和谓词所实施的"谈及"和"谈述"这两种行为。

从 Searle 所举的例子可以看出实施不同言语行为的不同话语可能具有同样的命题内容,那么对同一个命题内容,我们应该做什么样的理解呢? Searle 似乎回到了 Austin 曾一度试图回答、但却未能回答的言语行为的语言标准是什么这一老问题上来了。Searle 的回答是一句话的言外之力(illocutionary force)可以通过一定的语言手段来表明,在英语中,这些语言手段包括词序、重读、语调、标点符号、语气等,当然也包括 Austin 曾提出过的行事动词。Searle 本人仅提出了一些可以依赖的语言手段,但并没有作进一步的探讨,对于这个形式与交际功能的关系问题,离开了对语境的考虑是不可能得到满意的回答的。

至此,应该清楚的是每当我们通过讲话来表达一个命题内容时,这一命题内容必定能实施一个言语行为;但应该注意的是,并非所有言外行为都要通过命题内容来实施。像"Hello"、"My God"、"Ouch"等这些"话",并没有命题内容可言,但无可否认它们都实施了一定的言外行为。

4.2.3 实施言语行为的规则

既然 Searle 把使用语言看作是一种受规则制约的社会行为，那么应该遵守的是哪些规则呢？要有效地达到交际的目的，诸如作出承诺、提出请求、表示歉意等，有哪些条件必须满足呢？Austin 曾提出过实施言语行为的三个恰当条件，在此基础上，Searle 作了进一步的阐述，使它们更完善了。

在制约人们社会活动和行为的各种规则中，Searle 首先区分出两大类型：调节性规则（regulative rules）和构成性规则（constitutive rules）。调节性规则调节独立地存在于规则之外的行为或活动，例如调节人际关系的礼仪规则，调节车辆运行的交通规则等。如果违反某些礼仪规则，人与人之间的关系依然客观地存在，只是会互相之间缺乏礼仪而显得不友好、不和谐而已；同样，没有交通规则的调节，各种车辆仍然可以运行，只是容易发生事故而已。构成性规则则不同，遵守构成性规则本身便构成了或产生了某种形式的行为或活动，违反了构成性规则，这种行为或活动便不存在了，因此，这种行为或活动依赖于构成性规则。打排球的规则、踢足球的规则、下棋的规则等都是构成性规则。排球规则规定不能用头顶球，不能用脚踢球，不能连击；足球规则规定不能用手去击球，不能抱着球跑等都是构成这两种球类活动的规则。违反了这些规则，排球便不成其为排球，足球也不成其为足球了。象棋规则也是如此，如果马不走"日"字，相不走"田"字，小卒子未过河便横走，那么这就不再是下中国象棋了。

Searle 认为，从文字的表达上看，调节性规则常可用祈使句的形式，即"要做……""不要做……"来表示，例如，"每天早上第一次见到人时要道早安"，"在马路上骑自行车要靠右边骑"。构成性规则常可用"X 即是 Y"这种形式表达，例如，"把球踢进对方球门即算得一分"，"在'将'处于被吃地位时即构成将军的局面"。Searle

区分这两类规则的目的是要说明使用语言这一种社会活动所应遵守的是构成性规则,也就是说如果我们通过语言来实施某一行为,例如命令,我们必须遵守某些规则,如果我们违反了其中一条规则,我们便不能有效地发出命令,我们便有可能是在提出请求或发出邀请,或者实施了别的什么行为了。

Searle 以"许诺"这一言语行为作为例子,制定了具体的规则。他首先明确了实施这一行为所需要满足的条件,然后再根据这些条件去制定必须遵守的规则。下面是 Searle 为实施"许诺"这一行为所明确的 9 个条件(见 1969: 57—61):

条件 1 存在正常的语言输入和输出的条件

这是指进行任何认真的语言交际所必须具备的条件,例如交际双方必须具备共同的语言,双方在交际上没有障碍,没有一方是聋子或患有失语症等。

条件 2 说话人通过所说的话表达一个命题

表达命题是绝大多数的言语行为都必须满足的条件,这一条件旨在把命题从整个言语行为中抽出来,以便在以后的分析中可以集中在"许诺"这一言外行为的特点上。

条件 3 在表达命题时,说话人言及一个他自己将要做的动作

作出许诺无疑要涉及一个将来的行为,并只可能是一个将来的动作,我们只能许诺在将来去做一件事,不能许诺在过去做一件事,而这一将来的行为只能由说话人自己去做,不能由别人去做,否则说话人便不是在作许诺了,因此,只有"I promise I will do it"是许诺,"I promise I did it"和"I promise he will do it"都不成其为许诺。

条件 4 说话人所许诺要做的事,是符合听话人的意愿的,说话人也相信,他所要去做的事是符合听话人的意愿的。

这一条件把许诺和威胁之类的言语行为区分开来。许诺是说话人答应为听话人做一件事,而威胁则是说话人对听话人做一件事。如果说话人许诺要去做的那件事是听话人并不想他去做的,

或者说话人不认为他所许诺的事是听话人所愿意他去做的,那么这个许诺也就不是个完美的许诺了。因此,"(I promise) I will bring you the books you want"是个标准的许诺,"I will set your house on fire"在一般情况下便不会是个许诺,而更可能是威胁或恫吓。至于"I will come again"是许诺还是威胁则要看听话人是否欢迎说话人来了。

条件5　说话人和听话人都不认为说话人所许诺要去做的事是他通常要做的

我们许诺别人要做的事应该是一件我们通常不做、但为了听话人的利益而特意去做的事,如果有个人平时天天回家吃晚饭,那么他没有必要说"I promise to come back for supper tonight"这句话,如果他的确说了这句话,那正说明他平日大多数是不回家吃晚饭的,而家里人却希望他能回来一起吃饭,只有在这样的情况下,这句话才算得上是个许诺。因此,如果一位丈夫对他的新婚妻子说"I promise not to desert you in the next week",这位新娘一定会感到愕然。

条件6　说话人意欲去做他所许诺的事

这一条件把具有诚意的许诺和不诚心的许诺区分开来。说话人是否真有诚意去履行自己的诺言是实施许诺这一行为的重要条件之一。

条件7　说话人意欲通过说话把自己置于做某一件事的义务之下

许诺这一条件的基本特征就是说话人自觉地承担起做一件事的义务,这一条件把许诺以及属于这一类的言语行为和其他类别的言语行为区别开来。

条件8　说话人要使听话人知道,他所说的话应该被理解为他把自己置于做某一件事的义务之下,为此,说话人想使听话人通过对他所说的话的意义的理解来认识他的意图。

说话人说话总是为了达到一定的言外效果,为了对听话人产生他所期望的效果,他要使听话人认识他的意图,为此,听话人必须认识到说话人所使用的语项通常是和产生那样的效果联系在一起的。这一条件实际上是指听话人必须具有所使用的语言的语义能力,这样他才能认识到说话人所说的话通常具有把某人置于某一义务之下的作用。

条件 9 在条件 1—8 存在的情况下,说话人和听话人所使用的语言的语义规则应能使说话人正确地真诚地说出他所要说的话。这就是说,根据所使用的语言的语义规则,说话人所说的话是被用以作出许诺的。

很明显,在这九个条件中,有些条件是成功地实施任何一种言语行为所需要具备的一般条件。条件 1、2、8、9 便属于这类一般条件。它们规定了进行语言交际所必须具备的客观条件和语言本身所需具备的条件。任何两个人在进行语言交际时,不论说话人想要达到什么目的,不论他想实施什么言语行为,交际双方必须具有共同的语言,具有语言交际必须具备的客观条件,说话的一方必须能够按照所使用语言的规则成功地表达自己的意图,听话的一方也必须能够按照所使用语言的规则正确地领会说话一方的意图。其他的几个条件,即条件 3—7 却是成功地作出许诺所必须满足的,是许诺这一言语行为所特有的条件,正是这些条件的满足使许诺有别于其他言语行为。Searle 进一步把这几个条件归纳为四类条件:

1. 命题内容条件(propositional content condition)

说话人言及一个他自己将要去做的动作

2. 准备条件(preparatory condition)

说话人相信他所要做的事情是符合听话人的利益的,但这件事并非是他经常所做的

3. 诚意条件(sincerity condition)

说话人意欲做这一动作

4. 根本条件(essential condition)

说话人承担起做某一件事的义务

不难看出,这四个条件分别包括了上面所说的条件 3、条件 4 和 5、条件 6 和条件 7。这些条件是作出许诺所必须满足的。

在明确了这些条件的基础上,Searle 制定了相对应的必须遵守的规则:

1. 命题内容规则

命题出现在一句句子或比句子更大的语段之中,这一命题言及说话人将要做的一个动作

2. 准备规则

　　a）听话人愿意说话人做这一动作,而不是不愿意他去做这一动作,说话人相信听话人愿意他去做这一动作

　　b）说话人和听话人双方都清楚,说话人通常不做这一动作

3. 诚意规则

说话人真心实意地想做这一动作

4. 根本规则

说话人所说的话使他自己承担了做某一动作的义务

这些就是 Searle 认为说话人想通过语言来作出许诺所必须遵守的规则。这四条规则具有普遍意义,对于其他的言语行为,我们也可以从这四个方面去制定具体的规则。以"请求"这一种行为为例。当说话人想通过说话来实施"请求"这一行为时,他应该遵守以下这四条规则:

1. 命题内容规则

说话人言及一个听话人将要做的动作

2. 准备规则

　　a）说话人相信听话人有能力做这一动作

　　b）说话人和听话人双方都不认为这一动作是听话人通常所要做的

3. 诚意规则

说话人真心想要听话人去做这一动作

4. 根本规则

说话人设法使听话人去做这一动作

当然,"请求"是一大类言语行为中的一种,同属这一大类的各种言

语行为之间还有某些方面的差别,比如说"恳求"就有别于"命令"。因此,对某一种具体的行为,我们可以对这四条规则作相应的更改和变动。如果说话人要命令听话人做某一件事,那么在准备条件中就应该加上一条:"说话人对听话人具有某种权威",在根本条件中也应该加入"说话人通过他对听话人所具有的权威来设法使他做某一动作"这一条。从四个方面去考虑,便可以制定出其他各类言语行为的制约规则。

4.2.4　Searle 对言外行为的分类

如前所述,Austin 曾对言外行为作过分类,但由于种种原因,他的分类并不尽如人意,反招致了许多批评。Searle 对言外行为的分类是以对 Austin 的分类所作的批评为基础的。Searle (1976)指出 Austin 的分类有六个不足之处: 1) 混淆了行事动词和言外行为, 2) 所列出的动词并非都是言外行为动词, 3) 各个类别之间的重复过多, 4) 同一类别中过于混淆, 5) 许多归于某一类别的动词不符合该类别的定义, 6) 缺乏一个贯穿始终的分类规则。Searle 认为最大的缺点是其中的第 6 点,其他各种弊端均源于此。因此,Searle 首先做的是规定比较明确的分类标准。他找出了不同的言语行为相互区别的 12 个侧面,其中最重要的是以下 3 个:言外之的(illocutionary point),适从向(direction of fit)和所表达的心理状态(expressed psychological state)。

言外之的* 指一类言外行为所具有的共同的目的。例如从

---

*　言外之的和前面讲到的言外之力(illocutionary force)本质上是相同的,都是指说话人通过说话所想要达到的目的。不同的是,言外之的侧重于说话人的主观目的,言外之力侧重于所说的话在一定的语境中客观上所具有的交际价值。在一般情况下,这两者应该是一致的。另一个不同之处是,言外之的比言外之力概括得多,符合同一根本条件的言外行为都具有同样的言外之的,如命令、规劝、警告、请求、恫吓等等,但它们却具有各自不同的言外之力。

广义上说命令、请求、忠告、威胁等都具有同样的目的，即设法使听话人去做某事；许诺、起誓等则不同，这一类言外行为的目的是说话人承担义务做某事。不难看出，不同的言外行为之间在言外之的上的区别与它们的根本条件相对应。说到底，根本条件是对言外行为进行分类的最重要的基础。但是具有相同的言外之的的言外行为会有不同程度的强度或力度。例如，"I swear that Bill stole the money"与"I guess that Bill stole the money"具有相同的言外之的，即陈述说话人认为是真实的情况，但力度明显不同，前者所表达的说话人的信仰要比后者强烈得多。我们可以把这种总强度或力度称为语势（force）*。

适从向指言外之的带来的后果，指言语和客观世界之间的关系。有的言外行为使说话人所说的话与客观现实相符，有的言外行为相反，使客观现实与说话人所说的话相符。也就是说，在所说的话和客观现实之间存在不同的适从方向，或是话语去适从客观现实，或是客观现实去适从话语。如陈述、描述的适从向是从话语到客观现实，因为说话人所作的陈述或描述之类应符合客观现实，这种适从向用上指的箭头↑来表示；请求、许诺等言外行为的适从向则是从客观现实到话语，因为客观现实要按照说话人所说的话去变化，这种适从向用一个下指的箭头↓来表示。

说话人在实施一个言外行为时总会对话语中所包含的命题内容表示出自己的态度和心理状态。例如，说话人在对某一命题内容做声言、陈述甚至猜测时，他都对这一命题内容表达了相信，只是在程度上有差别；当说话人在许诺、起誓、威胁时，他都表达了做某一件事的意愿；当他提出请求、发出命令、作出建议时、他都表达

---

　　*　在讨论这一点时，Searle 用了 force 这个词，但要注意它和 illocutionary force 中的 force 不尽相同。这里的 force 相当于 strength（力度、强度），故称"语势"，以别于言外之力。

了他想要听话人去做一件事的愿望。不难看出,所表达的心理状态与言外行为的诚意条件是一致的。

以上面所说的三个方面为主要依据,Searle 把言外行为分成五个大类:1) 阐述类(representatives),2) 指令类(directives),3) 承诺类(commissives),4) 表达类(expressives),5) 宣告类(declarations)。

阐述类的言外之的是使说话人对所表达的命题的真实性作出承许,也就是说他必须相信自己所说的话的真实性;这一类言外行为的适从向是从话语到客观现实;所表达的心理状态是相信。英语中用于这一类型的最普通的行事动词是 state、assert、claim 等。有些动词具有更强的语势,如 swear,语势较弱的有 guess、hypothesize 等。这一类言外行为具有可验证性,大体上与 Austin 最早区分的言有所述的话语相一致。

指令类的言外之的是说话人试图让听话人去做某一件事;它的适从向是客观现实适从话语;所表达的心理状态是希望或者愿望。英语中常见的属于这一类别的行事动词有 beg、request、advise、invite、suggest、insist、order、demand 等,它们具有明显的语势。目的在于探询信息的问题可算是一种特殊的指令,因为说话人提出问题便是要让听话人作答。

承诺类的言外之的是使听话人对某一未来的行为作出许诺;适从向是从客观现实到话语;所表达的心理状态是意欲。常见的行事动词有 promise、undertake、vow 等。这一类和指令类具有同样的适从向,但它们在言外之的的这个侧面上相异。

表达类的言外之的是对命题内容中所表明的某种事态表达说话人的某种心理状态。这一类言外行为没有适从向,因为它们不存在适从向这个问题,说话人既不想通过说话来引起客观世界的改变,也无需使自己的话语符合客观现实。命题内容的真实性是实施这一类言外行为的前提。例如,当我们因为踩了别人的脚而道歉时,我们说话的目的既不是要陈述踩了别人的脚这个事实,也不是作出许诺去踩他的脚,踩了别人的脚这一动作的真实性已经被确认,我们只是要对客观事实表示自己的态度或心理状态而已。属于这一类别的行事动词包括各种表达不同心理状态的动词:apologize、congratulate、thank、sympathize、condole 等。

最后一类即宣告类的言外之的是使客观现实与所表达的命题内容一致。因而,这一类型的适从向明显地是使客观现实符合所说的话语,但它与指令类和承诺类不同,宣告类的言外行为使客观现实按照所说的话语发生的变化是即刻的、瞬息之间的,几乎在说话的同时,这种变化便随之发生了。这使我们想起 Austin 的"I do"、"I name ..."等那 4 个著名的例子。除此之外,在日常生活语言中还能找到不少这类说了话就带来变化的宣告类的例子:

(17) I declare the meeting open.

(18) I fire you.

(19) I appoint you chairman of the committee.

宣告类是一类比较特殊的言外行为,要成功地实施一个宣告类的言语行为,往往涉及到一些语言外的习俗或一套语言外的构成规则。例如说话人和听话人在这一语言活动中必须是身处某一地位的人。前面曾说过,一个有妻子的男子无论在牧师面前怎么说"I do",也无法和另一个女子结婚;也并非随便什么人说了"I name the ship ..."就可以给一条船命名。同样,能够成功地通过说"I fire you"来解雇别人的人必须是具有这种权力的人。也只有特定的人,如大会主席,才能通过说"I declare the meeting open"来使会议开始。

在宣告类中,Searle 还分出了一个副类,他称之为阐述性的宣告(representative declaration)。这一副类与阐述类有一个共同点,即它牵涉到说话人对真实性的判断,也就是说他和阐述类具有同样的根本条件,但同时它又具有宣告类的绝对的语势。在某些场合,不仅需要对客观事实作出判断,而且需要一个具有权威的人对客观事实作出相关的裁决。球场上的裁判、法庭上的法官便是这样的人物。裁判认为球出界,他便可以把它判为"界外球"(You are out!),法官认为某人有罪,他便可以把他定为"有罪"(You are guilty)。裁判和法官都应该相信自己对客观的判断是正确的,他们在宣布自己裁决的这一瞬间又引起了客观世界的变化。当然,从逻辑上说,裁判和法官都可能说谎,也就是说在裁判明知球没有出界的情况下,把球判为界外,在法官明知某人无罪的情况下把他判为有罪,这一点是这一副类有别于其他宣告类行为的地方,在实施其他宣告类的行为如命名、宣战、指派、解雇时,不存在说话人说谎的问题。

Searle 对言外行为的分类可归纳成以下表格:

言外行为	言外之的(根本条件)	适从向	心理状态(诚意条件)	代表性的行事动词
阐述类(representative)	说话人对某种情况的真实性作出承诺	↑话语→客观世界	相信	assert, state, swear, guess 等
指令类(directive)	说话人试图使听话人做某事	↓客观世界→话语	希望、愿望	request, advise, order, demand 等
承诺类(commissive)	说话人对一个将来的行为作出许诺	↓客观世界→话语	意欲	promise, undertake, vow 等

（续表）

表达类 (expressive)	说话人对某种客观状态表达自己的心理状态	无	根据不同的事实而异,遗憾、感激、悲伤、庆贺等。	apologize, thank, regret, congratulate 等
宣告类 (declaration)	引起命题内容与现实之间的关联	↓客观世界 →话语	?	name, appoint, declare 等
阐述类宣告 (representative declaration)	同上	↓客观世界 →话语	相信	

　　Searle 对言外行为的分类具有一定的科学性,但这样的分类是相当概括的。人们使用语言所实施的言语行为究竟有多少种,有人估计过有一千种以上,要把这许许多多种言语行为归纳成若干个大类,当然很难保证做到个个都能"对号入座",有时难免会有牵强附会的情况。但应该说,Searle 的分类基本上是成功的,自从这一分类问世以来,虽然各家反应褒贬不一,但它仍然是比较有影响的、比较广泛地为人们所接受和应用的一种分类。虽然在 Austin 之后,对言外行为作过分类的并非 Searle 一人,但其他的分类大体上是以 Searle 的分类为基础作一些修改和补充,并不见有突破性的创新。Hancher（1979）罗列了 Vendler,Ohmann 和 Fraser 的分类,除了使用的术语不同之外,他们的分类和 Searle 的分类相比,大体上只是个分类粗细程度

上的不同而已,并不见得跳出了 Searle 分类的框架。例如
Vendler 把 Searle 的指令类分成行使类(exercitive)和疑问类
(interrogative)两个属类;Fraser 也同样地把 Searle 的阐述类、
指令类和宣告类分出属类,他把阐述类分成声言行为(acts of
asserting)和评价行为(acts of evaluating),把指令类分成请求行
为(acts of requesting)、建议行为(acts of suggesting)和合法化
行为(acts of legitimizing)等;为了把言语行为理论应用于文学
风格分析,Ohmann 的分类更细。Hancher 本人的分类基本上
和 Searle 的一样,唯一不同的是 Hancher 指出一个值得注意的
事实,即有些言外行为涉及到双方,因为这些行为实际上是两种
行为的结合,最明显的是 inviting、offering。Searle 把 inviting
归于"指令类",但 Hancher 认为,当说话人发出邀请时,他不仅
在对听话人发出指令,同时也在实施一个承诺类的行为,在邀请
别人的同时,说话人自己也在承诺一个将来的行为,Hancher 因
而分出了承诺型的指令(commissive directive)这样一个属类。

  Searle 在二十多年前提出的言外行为的分类迄今为止仍然是
公认比较合理的分类,在当今的语言研究中他的分类依然被大多
数学者接受和引用,"指令类"、"承诺类"这样的字眼在学术论文和
著作中还常常可见。

4.3　意义和言外之力的关系

  言语行为理论从行为的角度来看语言活动,根据这一理论,人
们每说一句话都在实施一种言外行为,这句话所具有的言外之力
体现了说话人说话的意图。一句话的意义和它的言外之力之间的
关系是怎样的呢?

  意义和言外之力之间存在着三种可能的关系:1) 意义和言
外之力是一句句子的两个范畴,它们相互独立,但又相互关联;
2) 句子的言外之力是句子意义的一部分,它可以纳入到意义中

去，或由意义决定；3）句子的意义取决于句子可能具有的言外之力。

Austin 是持第一种观点的代表人物。Austin 对言内行为和言外行为的区分本身就体现了他对句子意义和言外之力的区分。Austin 认为句子的意义由字意和所指构成，一句话中的单词、短语都表达了字意，句中有些单词或短语的所指则通过语境得以明确。句子字意的传达是通过言内行为来完成的，字意的表达和理解要依靠语言的句法规则和语义规则。在一定的交际情景中，一句话必然具有一定的言外之力，但是句子的言外之力不能看作是句子字意的必然结果，因为同样一句句子在不同的语境中会有不同的言外之力。例如"I'm coming tomorrow"，既可能是个许诺，也可能是个陈述、警告、恫吓等，它究竟具有什么样的言外之力取决于语境以及特定语言的使用规则，然而他的字意和所指却始终如一。因此，可以说言内行为必须遵循一定的语言规则，它的结果是产生符合某种语言的句法、语义规则的句子，而言外行为则必须满足一定的恰当条件，它的结果是产生符合某种语言的使用规则的具有一定交际功能的话语，可见，言内行为和言外行为是各自具有一套制约规则的两种不同的语言行为，因此应该予以分别对待考虑。

持第二种观点，即认为言外之力决定于意义的人也不在少数，Searle 便是其中之一。这一派的基本观点是句子的言外之力寓于句子的意义之中。他们认为每句句子都有一定的潜在的言外之力，这些潜在的言外之力是句子意义的一个组成部分，一句句子所能够用来实施的言外行为是这句句子的意义的一种功能。在一定的语境中，一句句子所具有的言外之力取决于句子中所采取的"言外之力指示手段"（illocutionary force indicating devices），这些手段包括使用明确的行事动词，但更常用的则是词序、重读、语调、语气、标点符号等。除此之外，语境具有重要的作用。因此,这一派认为,没有必要也不可能去区分言内行为和言外行为,或者说区分句子意义和言外之力这两个层次。正因为如此,Searle 用命题行为来取代了 Austin 的言内行为。命题行为所表达的是一个命题,命题行为不同于言内行为,它不能单独存在,"人们不能只表达一个命题而不同时作其他的事情,并以此来实施一个完整的语言行为"(Searle ,1969:29),命题总是通过实施一个言外行为来表达的。Searle 从句子的语法形式上找到了论据,他说"that 从句是表达明确地被游离于句子之外的命题的典型形式,但 that 从句却不是个完整的句子。"(同上)例如"... that I'm coming"表达了 I(COME)这样一个命题,但就这么一个从句,在语法上来说是不完整的,必须从属于某一个主句,在不同的交际场合,说话人可以把这个从句从属于不同的主句,使之实施不同的言外行为:

(20) I promise
　　 I warn you ⎬ that I'm coming.
　　 I tell you

当然,在实际运用中,I + VP 这个形式未必出现,但如果这个明确的行事动词在表层结构中不出现的话,它仍然存在于句子的深层结构之中,因此,在说话人表达 I(COME)这一命题的同时, 他必然实施了某一种言外行为。因此,持这一观点的人实际上是把一句句子分成两个部分:表示句子命题内容的 that 从句和表示句子言外之力的 I + VP,即 I + VP that ...。Searle 用 F(p)来表示句子这两个组成部分的区别和联系,不同的言外之力可以得到相应的表示,如:

　　　　 (p) 声言　　　　! (p) 请求
　　　　 Pr (p) 许诺　　　 W (p)警告

(1969:31)

在 2.3 中我们介绍了 Searle 对"许诺"这一行为所制定的规则,

Searle 把一定的命题内容包括在条件和相应的规则之中，Searle 的这一考虑说明了他的理论是把命题和行为视为一体的，命题是整个行为的一个组成部分。

第三种观点最不普通。这种观点认为句子的意义取决于句子的言外之力。根据这种观点，会得出这样的结论，即：可能具有相同的言外之力的句子，具有相同的意义。据此，可以说"You are early"和"You are late"两者都可能具有陈述、批评等同样的言外之力，因而它们具有同样的意义，这样的结论显然是荒谬的，因此，这种观点很难成立。

4.4　言语行为理论的归属

言语行为理论是一种解释语言意义的理论。对于这一理论在整个语言学研究中的归属问题，存在着两种不同的看法。一种看法认为言外行为理论是纯属语用学范围内的一种理论，另一种看法则认为言语行为理论不必作为一种独立的语用理论而存在，因为完全可以把它归纳到一般的语义、句法理论中去。

第一种看法称为"不可归纳论点"(irreducibility thesis)，或简称"论点"(thesis)。持这一观点的人认为人们所说的话语不但表达了一定的命题内容，而且也实施了一定的言外行为，实施某一言外行为可能有多种方式，但至少有一种方式是直接的、明确的，也就是通过使用一个明确的行事动词的方式，它在英语中可用 I ＋ (hereby) VP you (that) S' 这个公式表示，但不论言外行为通过什么方式得到实施，必须通过一套恰当条件才能对它作出描述和解释。论点派认为命题和言外行为是两个不可分离的语义层次，命题描述或陈述了事物的状态，可以通过真实条件来判断某一命题是真实的或是谬误的，因此它具有可验证性，可以归纳到真实条件的语义学研究中去，但言外行为则不然，它是另外一个语义层次，话语所具有的言外之力表明对话语的命题应作什么样的理解，但要使某一命题能用以实施某一言外行为,必须满足一定的条件,因此,对言外行为的研究就在于阐明这些条件。从广义上说,这种研究属于对行为的研究,因而无法归入到狭义的对真实条件的语义学研究中去。Searle 是持这一种观点的人之一,他们完全从语用的角度来研究、解释言外之力。

另一种观点恰恰与之对立,故称为"对立论"(antithesis)。持这种观点的人认为,解释言外之力不需要一套特殊的理论;话语实施言外行为,完全可以在一般的句法理论和真实条件语义学中得到解释。这种观点反映了传统的语言学研究的影响。阐述这种观点的一篇代表性论文是 Ross 在 1970 年发表的"On declarative sentences"。Ross 提出了"行事分析"(performative analysis)或"行事假设"(performative hypothesis)一说。根据行事假设,每一句句子,不论在其表层结构中是否包含一个明确的行事动词,在其深层结构中都有一个符合 I + (hereby) VP you (that) S' 这一公式的句子作为它最高一层的结构。Ross 认为被 Austin 称为言有所述的句子,或者传统语法中的陈述句(declarative sentence)和其他言有所为的句子具有类似的深层结构,像 Prices slumped 这样的句子,它的抽象的深层结构不是 Ross 在这篇文章中归纳出陈述句结构的 3 个特点: 1) 在句子的深层结构中存在主语 I; 2) 深层

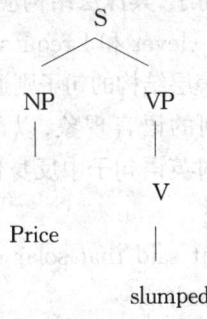

而是

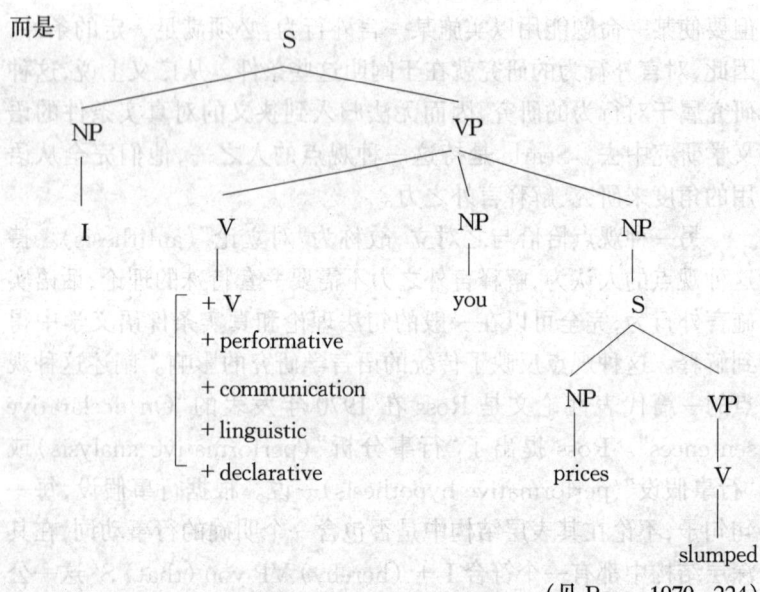

（见 Ross，1970：224）

结构中的主要动词必定是像 say 这样的动词；3）行事动词必定
有一个间接宾语 you（1970：225）。这样，不论是言有所述的句子
还是言有所为的句子，便都可以归结到类似的句法结构中去，通过
句法规则来加以解释。因而，像 All his children are clever 和
Open the door 这样的句子，其深层结构应该分别是 I state to you
that all his children are clever 和 I request you that you open the
door。从深层结构变成表层结构的句子则通过一系列的转换规则。

　　Ross 引用了一系列的语言现象，以证实"行事假设"的确实
性，其中常被转引的是对英语句子中反身代词的解释，例如下面这
三个句子：

　　(21) The President said that solar energy was invented by
　　　　 God and himself.

　　(22) Solar energy was invented by God and myself.

(23) * Solar energy was invented by God and herself.

(21)和(22)是可以接受的英语句子,但(23)则不可接受。原因是
在(21)中,反身代词 himself 有先行词 the President,这个词出现
在句子的表层结构中;(22)中反身代词 myself 虽然在句子中没有
明确的先行词,但根据行事假设,myself 的先行词 I 存在于这句句
子的深层结构之中:

(24) I say to you that solar energy was invented by God and
myself.

(23)中的 herself 则不论在表层结构还是深层结构中都找不到它
的先行词,因而这是不能接受的英语句子。

对立论者常常引用的第二种现象是句子中一些看起来其修饰
对象似乎不甚明确的副词或状语从句,如下面两例中的 frankly
和 because 从句:

(25) Frankly, I prefer the white meat.

(26) What's the time, because I've got to go out at 8?

(25)中的 frankly 似乎很难说是修饰句子中的哪一个部分,(26)
中的 because 从句也不能说是修饰 what's the time 这个从句的。
但在实际使用中,它们都是可以接受的句子。对立论者认为
frankly 和 because 从句的修饰对象都存在于这两个句子的深层结
构之中,frankly 修饰行事动词 tell,because 从句修饰行事动词
ask:

(27) I tell you frankly that I prefer the white meat.

(28) I ask what's the time because I've got to go out at 8.

对立论者引用这些句子的目的是为了证明行事动词假设的可
行性。面对对立论者的挑战,论点派者不甘示弱,他们寻找对立派
理论中的漏洞,提出反论据,以说明所谓行事假设是不严格的,不
足以作为把言语行为归入真实条件语义研究中去的一个根据。

首先,论点派指出,根据行事假设,每一个表层结构的句子都

从一个符合 I + (hereby) VP you (that) S' 这一公式的深层结构
生成而来,那么,从真实条件语义学的角度来说,这个表层结构的
句子和它深层结构应该具有同样的真实值,即如果表层结构的句
子是真实的,那么它的深层结构也应该是真实的;如果表层结构的
句子是谬误的,那么它的深层结构也应该是谬误的。但实际上却
并非如此。他们举了这样的例子:

(29) The world is flat.

(30) I state the world is flat.

根据行事假设,(30)是(29)的深层结构,因而这两例应具有同样的
真实值。但根据常识,人人都知道(29)是不真实的,但(30)却未必
一定是不真实的,因为不能排除有人会说"The world is flat"这样
的话的可能性,不论他是出于无知还是另有意图。显然,真实条件
语义学无法解释这表层结构的句子与相应的深层结构的不同真实
值。相反,论点派却能对此作出比较令人满意的解释,因为论点派
区分出同一话语的两个意义范畴:言外行为和命题。言外行为通
过恰当条件来解释,命题才具有真实值,这样,我们便可以说,
"The world is flat"这一话语的命题内容是谬误的,但说话人所实
施的言语行为(即 state)则无所谓真实或谬误,只要这一行为所要
求的恰当条件得到满足,便可以说这一行为得到成功的实施。

　　论点派提出的另一个反论据,是针对对立派关于像 frankly
这样的副词用以修饰行事动词这一说法的。论点派针锋相对地指
出,像 frankly 这样的副词的作用并不明确。在句子中存在明确
的行事动词和不存在明确的行事动词的情况下,frankly 的作用并
不见得一样,例如:

(31) I tell you frankly you're a rascal.

(32) Frankly, you're a rascal.

根据对立派的行事假设,这两句中的 frankly 都应该修饰行事动
词 tell,不管它在表层结构中是否出现。但实际上,如果在(31)中

的 frankly 还存在着修饰 tell 的可能性(事实上还存在着不修饰 tell 的可能性),那么在(32)中,frankly 很难说一定是修饰 tell 的。在语言交际中,frankly 可能起一种警告作用,说话人在警告听话人,他将说一些不太中听的话。其实,像 frankly 这类副词在英语中并不少见,对它们的作用和意义,早有人作过研究。对它们可能起的作用,有不同的解释,比如用以表示一句话与上一句话的关系等。很难说它一定是修饰句子中的某一个词的,更难说它一定是修饰存在于深层结构中的行事动词的。此外,像(26)中的 because 从句的作用,对立论点派认为它修饰了行事动词 ask,但这种说法却并不都行得通。论点派引用了这样的例子:

(33) John's at Sue's house because his car is outside.

根据对立论派,这句中的 because 从句应该被理解为修饰一个潜在的行事动词 state:

(34) I state to you that John's at Sue's house because his car's outside.

但论点派则认为把 because 从句看作是修饰一个潜在的行事动词 believe 或 know 更为合理:

(35) I believe that John's at Sue's house because his car's outside.

这样去解释,because 从句并不见得是修饰 believe 这个动作本身,而是为说话人表示相信的事情提供了根据。说话人相信自己所说的话的真实性是"声言"这一言语行为的必要条件之一,因此这种状语从句的作用正说明了言语行为理论的可行性,却并不说明行事假设的可行性。

上面所引述的,只是这场关于言外行为理论的归属之争的两个学派所引用的主要论据(见 Levinson,1980,1983)。对这一问题的争论多见于 70、80 年代,语言学家们仁者见仁,智者见智,至今也未必达到一致,当然也没有必要达到一致。依作者的浅见,论点派把话语的意义分成两个层次、两个范畴,用语用理论去解释言语行为,似乎比较容易被接受;对立派试图把言语行为纳入一般的句法理论和真实条件语义学,难免会遇到许多困难,在解释过程中免不了会有牵强附会、难以自圆其说之处。

第五章　语言的间接性

5.1　间接使用语言的现象

只要对人们日常使用的语言稍加观察,便可以发现语言具有间接性,也就是说人们常常不是坦直地去说自己想说的话,而是往往通过某种方式间接地去表达自己。这种语言使用中的"转弯抹角"的现象就是语言的间接性。间接地使用语言是人类语言交际的一个普遍现象,在任何语言中我们都可以很容易地找到这方面的例子,在下面这几个例子中,说话人都在不同程度上使用了间接语言:

(1) A: 明天下午一块去看场电影怎么样?

　　B: 明天下午电视直播中韩足球赛,你不看吗?

(2) 我看你别去问他了,他能把车借给你,除非太阳从西边出来。

(3) (A student arriving at the Dean's office at 5 minutes before 10 for an appointment scheduled at ten)

Dean: I thought we had an appointment at 10.

(4) Mum: Tommy, the door is open.

Tommy: Yes, it is.

人们使用间接语言有两种不同的情况,一种是说话人在有可能在直接语言和间接语言之间进行选择的情况下,出于某种原因选择了间接的说话方式,这种间接语言是有特定意图的。上面四个例子都属于这种间接语言。另一种情况是说话人无法用语言直接地表达自己才无可奈何地使用了间接的表达方式。这种间接语言在交际中也常常会遇到。例如一个曾经来过中国、吃过小笼包子的外国人再次来到中国，他想吃小笼包子但却想不起这个词汇，于是他只能向别人描述他想吃的东西：薄薄的皮子，包着肉馅，咬开来里边有一包肉汁等等。这种间接的语言只是出于无奈，此外并没有其他特定目的意图。我们要讨论的是第一种间接语言，也就是说话人出于特定需要，故意不用直接语言而使用的间接语言。

对于间接语言一般人在多数情况下都能本能地感觉到，也就是说能感到别人说的话是话中有话，甚至都能分辨出语言的间接程度。但语言学家面临的问题则是运用语言学的理论来解释这一现象。

这一现象早已引起有关学者的兴趣和注意，这方面的研究也有比较长的历史。在这一章里我们将从语言的形式和功能、字面意义和话语意义、言语行为、话语的连贯性等几个方面去讨论间接语言现象。Grice 通过会话的合作原则对会话含意的解释也是对间接语言的一种解释，而且是很重要的一种解释方式，这将在下一章里进行阐述。

一种比较普通的对间接语言的解释是把间接语言看作是语言的形式和语言的功能之间的不一致所带来的结果。在已知的任何一种语言中，都存在三种基本的句子形式：陈述句式、祈使句式和疑问句式。这是人类语言的普遍现象之一，这一共同性无疑是由人类语言的基本功能决定的，因为这三种基本句子形式分别和语言的三种基本功能一一对应：陈述事实，提出请求和提出问题。这三种功能分别是这三种句式的典型用法(characteristic use)。但句子的形式和功能之间并不存在绝对的一对一的关联，即一种句式并不总是用以行使某一种功能，反之，某一种功能也并非只能通过一种句式才能得以实施。实际上，在一定的场合下，陈述句式也可以用来提出问题或提出请求；请求别人做某事也绝不限于使用祈使句式这一种形式,用疑问句来请求别人为你办一件事的情况可以说是司空见惯的;在一定的场合,用陈述句式来提出问题或提出请求也不少见。在这三种基本句式与它们的典型功能的关系出现不一致时,语言的使用便是间接的。

语言的间接性也可以从语言的字面意义和语言的话语意义之间的关系去解释,当这两种意义不一致时,语言的使用便是间接的。这也是一种常见的解释。人们说话并不总是说什么就意味什么,话语的字面意义和说话的真正意图并不总是一致的,人们常常通过言外之意、弦外之音含蓄、婉转地表达自己的意思。这方面最明显的例子莫过于讽刺、比喻、夸张等修辞手法了。在语言的这些用法中,字面意义和话语意义常常大相径庭,有时甚至截然相反。例如在一定的情况下说某人是个 nice friend,而实际上所说的恰恰是某人是个 bad friend;又如,像"He has a heart of stone"和"Haven't seen you for ages"这样的话,从字面上看是不合情理的,但大家都知道它们的话语意义是完全可以接受的。除了这些因为运用了一定的修辞手法而导致间接地使用语言的情况外,在日常语言中,在不牵涉修辞手法的情况下,字面意义和话语意义出现不一致的情况也是屡见不鲜的。例如,"I'm hungry"这句话,如果说话人的意图仅仅是告诉听话人他肚子饿了这一事实的话,那么这种语言用法是直接的。但如果说话人除了陈述这一事实之外还有别的意图,如请听话人提供点吃的东西,或者建议停止工作去吃点东西等,那么这种用法便是间接的了。再看看下面这两个对话:

(5) A：Do you know the meaning of this word?

　　B：Don't you have a dictionary?

(6) A：What about a picnic on Sunday?

　　B：The weatherman says there will be rain on Sunday.

在(5)中,A 所说的话虽然以问题的形式出现,但实际上并不是个问题,而是个请求,这句话本身就是一种间接的用法,它的话语意

义实际上是"Tell me the meaning of this word"。对这一请求,B
又作出了什么反应呢? 对请求的反应应该是接受或者是拒绝,这
种功能似乎应该通过陈述句的形式来实施,但 B 却没有这样做,
他没有以陈述句作答,而是以另一个问题的形式对 A 的请求作了
拒绝。很明显,B 的反应是间接地使用语言的又一例子。在(6)
中,A 用"What about …?"这种问题形式间接地提出了去野餐的
建议,B 并没有直截了当地用 no、refuse、reject 之类的词来拒绝,
他却用了一个陈述句式来陈述一个事实,间接地拒绝了 A 的建
议。

　　通过句子的字面意义和话语意义之间的不一致来解释语言的
间接性要比通过基本句式与其典型用法的不一致来解释具有更广
泛的意义。这是因为通过基本句子形式和典型用法去解释语言的
间接性有两个不足之处:一是它只限于考虑句子的句法形式,而忽
视了其他语言特征;二是它只考虑了语言的三种基本功能,忽视了
许多别的功能。从句子的字面意义和话语意义之间的不一致去研
究语言的间接性则没有这些问题。对于任何一句话,我们都可以
从字面意义去理解它,然后再看在特定的使用场合中,这句句子具
有什么样的话语意义,在判断句子字面意义时,我们不仅依靠句子
的句法形式,还依靠其他语言特征,其中十分重要的是词汇特征。
在判断句子的功能时,也不限于三种粗线条地划分出来的最基本
的功能,实际上,语言有许多功能,如建议、拒绝、许诺、恭维等等,
这些都很难归入这三种基本功能中的任何一种。试比较下面三个
句子:

(7) I suggest we go for a walk in the country.

(8) It'd be a good idea to take a walk in the country.

(9) Wouldn't it be a good idea to take a walk in the country?

(7)是陈述句式,但它的功能不能说是陈述了一个事实,行事动词

suggest 的存在明白无误地说明了它的字面意义,同时也清楚地表明了它的话语意义,这两种意义正好完全一致,因此,这是一个直接地使用语言提出建议的句子。(8)是陈述句式,字面上并没有明确的行事动词 suggest,它似乎陈述了一个事实,但在一定的场合,它的话语意义也是提出建议。(9)从字面上看是个问句,但显然这并不是一个旨在获得信息的问题,在一定的场合,它也是提出建议的一种方式。因此,(8)和(9)都是间接的建议。从这一组例子可以看出,提出建议这同一功能可以直接地施行,也可以间接地施行。直接地施行这一功能通过陈述句这一语法形式,但更重要的是通过使用 suggest 这一明确的行事动词,因为陈述句式并不是提出建议所特有的语法特征,许多别的功能也都可以通过这一句式来施行,因而词汇手段在这种情况下显得格外重要。间接地提出建议,从句法上说不限于一种形式,可能用陈述句式,也可能用疑问句式,但不论用什么句式,能明确地表示句子功能的行事动词suggest 却总是不出现的,这样就会导致字面意义和话语意义之间的不一致,字面上似乎这句句子与提建议无关,但实际上却起到了提建议的作用。

语言的字面意义和话语意义之间的差别显然是解释间接语言的一个很好的切入点。但听话人如何觉察这两种意义之间的差别,又如何从字面意义出发最终推断出说话人的话语意义,却并非是可以很容易解释清楚的。这成了语用学研究的一大课题。下面一章将要讲到的会话合作原则便是旨在解释这一层意义的较为系统、较为完整的理论机制。

5.2 语言的间接性和言语行为理论

5.2.1 间接言语行为

间接语言现象引起了言语行为理论家们的很大兴趣,同时也成了他们的一个重要课题。作为语言使用的理论,言语行为理论必须要对语言的间接现象作出解释。

从言语行为去看,Searle 认为间接语言现象实际上是"通过实施另一种言语行为来间接地实施某一种言语行为"(1975:60)。人在讲话的时候,所说的和所做的有时是一致的,例如有人问我,"What's the date today?"我的回答是"It's Jan. 5th, 1987",如果我的话仅仅是回答他的问题,给他提供他所想要得到的信息,那么我所说的与我所想要说的是完全一致的,这里就不涉及语言的间接用法。但是人们所使用的语言并不总是这样简单,在不少情况下,人们所说的与所想要说的之间有距离。例如,某人说"It's cold in here",如果他的意图只是想告诉听话人在说话这一时刻他所处的那一地点的气温情况而别无他意的话,那么他的语言是直接的;如果他的意图是想通过告诉听话人他对气温的感觉来促使他做点什么,如关上窗子、点上炉子等等,那么他的语言是间接的。他在说这句话的时候,实际上同时实施了两个言外行为:一个是陈述,另一个是指令。他是通过实施陈述这个言外行为来间接地实施指令这一言外行为的,陈述是说话人的手段,指令才是他的真正目的。Searle 把说话人在间接地使用语言时所实施的两种言外行为称为首要言外行为(primary illocutionary act)和次要言外行为(secondary illocutionary act)。首要言外行为体现了说话人的真正意图,如上面这个例子中的指令;次要言外行为是说话人为了实施首要言外行为所实施的另一言外行为,如上面例子中的陈述。次要言外行为与句子的字面意义相吻合,首要言外行为却不仅仅是字面上的。

5.2.2 对间接言语行为的解释

尽管言语行为理论家对言外行为作了比较系统的分类,但如何辨认人们在说话时所实施的间接言语行为却不容易,我们又回到了句子形式和功能之间的关系这个老问题。我们在前面已经说过形式和功能之间缺乏关联性。Austin 为解决这个问题作了努力,但并不成功。Searle 指出了英语中一些可以表示句子功能的语言手段,但没有深入。实际上并没有许多十分可靠的语言手段可以依靠。那么说话人怎样通过说一句话来表达比话语的字面意义更多的意义,听话人又是怎样领会一句话的言外之意的呢? 对于如何判断一句话的间接言外行为,言语行为理论家有两种不同的看法,一种是习语论(idiom theory),另一种是推理论(inference theory)。

5.2.2.1 习语论

习语论者认为间接地用于行使某些功能的话语可以被看作是用于行使这些功能的习惯用法或语言形式,这些话语只能被视为整体,而不能对它们的构成成分进行分析。例如"请人开门"这一功能,除了"I (hereby) request you to open the door"和"Please open the door"这两种直接的请求形式外,人们还常用以下这些间接的请求形式:

(10) Can you open the door?

(11) Would you please open the door?

(12) Would you mind opening the door?

习语论者认为这些形式的句子都可以被看作是用于请求别人做某事的习语,也就是说 Can you + V? Would you please + V? Would you mind + V-ing? 在英语文化中都约定俗成地被看作是 I request you + V 的意义,就像习语 kick the bucket 具有 die 的意义一样。习语论者试图通过习惯用法在某些语言形式与它们间接地实施的功能之间建立起联系,以此来解释语言的间接用法。这样可以容易地解决这个问题,但未免过于简单化。习语论存在不少漏洞和破绽。

首先,在真实的言语交际中,人们对一些间接的语言用法的反

应并不是单一的,有时答话人的反应是针对话语的字面意义的,有时他的反应是针对话语的所谓习语意义的,如;

(13) A: Can you get a ticket for me?

B: Sure, I can. Which show do you want?

很显然,在 B 的回答中,他先对"Can you get a ticket for me?"这句话作了字面的反应:Sure, I can。然后,他才把这同一句话作为 A 对他提出的请求来理解,他显然接受了这一请求,因此,他才问 Which show do you want。在下面这个例子中,Can you + V? 这个形式完全没有被作为请求来理解:

(14) A: Can you play the piano?

B: Sure. I started to learn when I was a kid.

因此,可以看到把 Can you + V? 这种句子形式看作是一种习用的请求形式并不恰当,因为它明显有别于 kick the bucket 这种名符其实的习语。对 kick the bucket 只存在一种理解和一种可能的反应,不会有对它字面上的理解:

(15) A: Do you remember Old Pete? He kicked the bucket.

B: Really? He was a nice guy.

(16) A: Do you remember Old Pete? He kicked the bucket.

＊B: Really? Did he hurt his leg?

习语论的另一个问题仍然是形式和功能之间的关系这个老问题。习语论者试图把一定的句子形式看作是表达某种意义的惯用形式,那就必定要在形式和意义之间建立起某种关联。例如他们声称 Can you + V? Would you please + V? Would you mind + Ving? May I ask you + V? 等都是表示请求的习语,诚然,在相当程度上我们可以说这些形式具有请求的意义,因为在不少场合,人们确实使用这些形式来提出请求(虽然这些形式不总是表示请求)。如果说对这些形式的句法特征我们还能作出归纳的话,对另外一些可能用于表示请求的话语的句法特征,似乎就难以归纳了。下面这些话语在一定的语境中都可以具有请求听话人关门的功能：

(17) Did you forget the door？

(18) Do us a favour with the door, love！

(19) I think it's a bit drafty here.

(20) I don't like the draft, I'm afraid.

(21) How about a bit less breeze?

(22) The door！

(23) Okey, Johnny, what am I going to say next?

不能因为 Did you forget the door? 在一定的情况下可以表示请求而概括出"Did you forget ＋ 动作的对象?"都可以用于表示请求这样的公式。实际上，上面所列的一些例子能够被说话人用以间接地表示一个请求，又能被听话人正确地理解为一个间接的请求，并不依靠对形式与意义之间某种特定的关联，而是依靠对语境因素的考虑。排除了语境因素，把某种形式看作是实现某种功能的固定手段是过于简单化的设想，是站不住脚的。

5.2.2.2 推理论

与习语论相对立的是推理论。推理论者认为不应把间接使用的话语看作是习语，而应该假设听话人经过一系列的推理步骤才从句子的字面意义推导出说话人的真正意图。Searle 是个推理派，他认为"在实施间接言语行为时，说话人依赖交际双方所共有的包括语言和非语言的背景知识，以及听话人的逻辑推理能力向听话人传达言外之意"(1975:60—61)。

不同的人对推理论作了不同的解释，但他们的理论具有某些共同点：1) 间接地使用的话语具有独立的字面意义，这种意义是交际参与者都能理解的。Searle 从言语行为理论出发，认为交际双方都必须具有言语行为理论知识，这样，他们才可能辨认一句话语的文字意义，即字面上实施了什么行为，也就是他说的次要言语行为；2) 用于施行间接言语行为的话语必然具有促使听话人去进行推理的因素,也就是说这句话语的字面意义使听话人感到它在特定的语境中是不合适的,因而需要经过推理来对它进行必要的修补,以获得合适的意义。Searle 认为,可以通过 Grice 的会话合作原则(cooperative principle,见第六章)来确定话语的不合适性,从而确定进行推理的必要性；3) 从字面意义和语境推导出有关的间接意义必须有一定的原则和推理规则可循。Searle 认为可以借助推导出会话含义(conversational implicature)的原则来达到这一目的。Searle 以下面这个例子来说明如何具体进行对间接语言的解释和推理:

(24) Student X:Let's go to the movies tonight.

Student Y:I have to study for an exam.

根据意义,特别是 Let's 这个句首形式的运用,可以确定 X 的话语是一个建议,对建议的反应或是接受或是拒绝,但从字面上看 Y 的回答似乎两者都不是,Y 所说的话看上去好像是一个和他本人有关的声言,不过我们可以本能地意识到 Y 的话是对 X 所提建议的拒绝。那么从一个字面上的声言到一个实际上的拒绝,这中间经过一个什么样的过程呢? Searle 假设了 X 所经历的十个推理步骤:

第一步:我(指 X,下同)向 Y 提出了一个建议,他的反应是说了些关于要准备考试这样的话。(第一步是对话语字面意义的理解)

第二步:我推测 Y 是愿意在会话中和我合作的,因此他所说的一定与话题有关。(这是根据会话合作原则得出的结论)

第三步:与建议有关的反应不外乎接受、拒绝、反建议或进一步讨论等。(以言语行为理论为根据)

第四步:但他所说的话字面上不属于上面所说的任何一种反应,因此不是一个切题的反应。(从第一、第三两个步骤得出的推理)

第五步:因此,他所要说的恐怕不仅仅是他字面上所说的话。假定他的话与话题有关,那么他的首要言外之的一定不同于他的字面上的言外之的。

(从第二、第四两步得出的推理。这一步是关键的,X意识到了进行推理对原话的字面意义进行修补的必要性)

第六步:我知道准备考试要占用相对一个晚上来说比较多的时间,我也知道去看电影也要占用相对一个晚上来说比较多的时间。(根据常识)

第七步:因此,他恐怕不可能在同一个晚上既看电影又准备考试。(从第六步推理而来)

第八步:接受建议所必须满足的准备条件是具备履行命题内容中所明确的行为的能力。(根据言语行为理论)

第九步:因此,我认为他所说的话应该表明他不能接受我的建议。(从第一、第七、第八步得出的推理)

第十步:因此,他的首要言外之的是拒绝建议。(从第五、第九步得出的推理)

(见 1975:61—63)

推理论的优点在于它首先区分了话语的字面意义和话语的言外意义这两个层次,然后假设了一系列的推理步骤从一个层次推导到另一个层次。这样,推理论便摆脱了最为棘手的形式和功能的关联问题。不论一句话语是以什么样的句子形式出现,依赖一系列语境因素、语用知识和听话人的推理能力,我们总能够合情合理地推导出它在特定的语境中所具有的言外之意。这一优点使推理论比习语论具有更强的解释能力,更普遍的意义。尽管如此,像Searle这样的推理论者也并不完全排除形式在判断话语功能中的作用。在解释了上面这个拒绝去看电影的建议的例子后,Searle指出,以"I have to …"开始的陈述句式并不是具有"拒绝建议"这一功能的特定形式,像"I have to take the medicine three times a day"、"I have to tie my shoelace"等一般都不会构成对建议的拒绝。"拒绝建议"这一种功能似乎并没有与之相关联的特定形式。实际上,其他的陈述形式,如"My mother is running a fever"、"My instructor would flunk me then"等,问句形式,如"Are you going to sit for the exam for me tomorrow?"等,祈使形式,如"Ask someone else to go with you!"等都可用于拒绝这一去看电影的建议。因此，Searle 说他所举的这一例子没有形式上的普遍性。但这并不是说 Searle 没有看到就它们所行使的功能来说，某些语言形式确实具有一定的普遍性，也就是说 Searle 在一定的程度上也是接受了习语论的观点的，这可以从下面一节他对间接指令的分类中看到。由此，我们可以看到习语论和推理论并不是两种截然对立的理论，它们之间有一些共同之处。实际上，要解释间接地使用的语言需要这两种理论的结合。像"Can you … ?"这样的问句形式虽然不能按习语论说成是总是表示"请求"的习语，但至少可以说这是一种约定俗成的表示"请求"的用语之一，虽然这种形式并不总是用来实施这种功能。推理论者可以解释字面上的"你能否(做某事)?"怎么样会具有"请你(做某事)"的意义。这种用法在日常语言中如此普遍，结果人们自然而然地在这种形式和这种功能之间建立起联系，久而久之便使它带上了习语的色彩。但习语论所忽视的是语言使用中的语境因素，只有在满足一定的语境条件的情况下，"你能否……?"才具有"请你……"的意义。因此，对间接语言进行研究绝不能离开对语境因素的考虑。

5.3　对间接指令的研究

在对间接的语言所进行的研究中，最引人注意的是间接指令。在 Searle 所分出的五大类言外行为中，人们最需要间接地施行的就是间接的指令这一类。原因很显然，在想让别人为自己做点事时，我们在许多情况下都得讲究礼貌。礼貌相待，这是社会生活所起码的准则，因此，人们通常总要回避那种直截了当的祈使句形式："Open the door!"或者带有明确行事动词的句式："I request you to open the door!"这样的直接请求，虽然这些句式并不是完全不可行，但在许多场合显得冒昧、唐突，甚至盛气凌人。更为合适的则是以间接的方式提出请求。Searle 对此进行了研究和分

析,归纳出六大类间接的指令(1975:65—67),并指出了具有普遍性的形式(例句中用斜体表示):

第一组:涉及听话人做某事的能力的句子:

(25) *Can you* reach the salt?

(26) *Can you* pass the salt?

(27) *Could you* be a little more quiet?

(28) *You could* be a little more quiet.

(29) *You can* go now.

(30) *Are you able to* reach the book on the top shelf?

(31) *Have you got* change for a dollar?

第二组:涉及说话人意欲使听话人做某事的句子:

(32) *I would like you to* go now.

(33) *I want you to* do this for me, Henry.

(34) *I would / should appreciate it if you would / could* do it for me.

(35) *I would / should be most grateful if you would / could* help us out.

(36) *I'd rather you didn't* do that any more.

(37) *I'd be very much obliged if you would* pay me the money back soon.

(38) *I hope you'll* do it.

(39) *I wish you wouldn't* do that.

第三组:涉及听话人做某事的句子:

(40) Officers *will* henceforth wear ties at dinner.

(41) *Will you* quit making that awful racket?

(42) *Would you kindly* get off my foot?

(43) *Won't you* stop making that noise soon?

(44) *Aren't you going to* eat your cereal?

第四组:涉及听话人做某事的意愿的句子:

(45) *Would you be willing* to write a letter of recommendation for me?

(46) *Do you want* to hand me that hammer over there on the table?

(47) *Would you mind* not making so much noise?

(48) *Would it be convenient for you* to come on Wednesday?

(49) *Would it be too much*（*trouble*）*for you* to pay me the money next Wednesday?

第五组：涉及做某事的理由的句子：

(50) *You ought to* be more polite to your mother.

(51) *You should* leave immediately.

(52) *Must you* continue hammering that way?

(53) *Ought you* to eat quite so much spaghetti?

(54) *Should you* be wearing John's tie?

(55) *You had better* go now?

(56) *Hadn't you better* go now?

(57) *Why not* stop here?

(58) *Why don't you* try it just once?

(59) *Why don't you* be quiet?

(60) *It would be better for you*（*for us all*）*if you would* leave the room.

(61) *It wouldn't hurt if you* left now.

(62) *It might help if you* shut up.

(63) *It would be better if you* gave me the money now.

(64) *It would be a good idea if you* left town.

(65) *We'd all be better off if you'd* just pipe down a bit.

这一组还包括一些形式上没有普遍性的句子，在一定的语境中，这些句子起到间接请求的作用，如：

(66) *You're standing on my foot*.

(67) *I can't see the movie screen while you have that hat on*.

第六组：把上述形式中的一种嵌入到另一种中去的句子，以及在上述的一种形式中嵌入一个明确的指令性言外动词的句子：

(68) *Would you mind awfully if I asked you if you could* write me a letter of recommendation?

(69) *Would it be too much if I suggested that you could possibly* make a little less noise?

(70) *Might I ask you* to take off your hat?

(71) *I hope you won't mind if I ask you if you could* leave us alone.

(72) *I would appreciate it if you could* make less noise.

Searle 对间接指令的分类似不像他对言外行为的分类那样有一套完整的标准,但这并不是说他没有标准。仔细看一下他的分类可以发现他主要参照的是实施言外行为的恰当条件。我们不妨回顾一下实施"指令"这一大类言外行为所要求满足的恰当条件:

准备条件:听话人有能力做某一动作

诚意条件:说话人想要让听话人做某一动作

命题内容条件:说话人言及听话人将要做的一个动作

根本条件:说话人设法使听话人去做某一动作

不难看出,Searle 归纳出的第一、第二和第三类间接指令分别与准备条件、诚意条件和命题内容条件有关。Searle 把第四组和第五组归成一类,即与做某一事的理由有关的句子,他认为听话人具有做某事的愿望便是做某事的最好理由,因此这两组同属一类,不过对于这一点,许多人都认为不够令人信服。第六类可以说是不成其为一类的特殊类,因为这一类里的句子是通过句法上的嵌入将其他各组加以结合的结果。

其实,对实施间接指令的各种方式,我们也可以从"指令"这一行为所涉及的几个因素出发去考虑。"指令"涉及说话人(发出指令者)、听话人(指令的对象)和说话人想要听话人去做的动作这三个基本因素。我们可以分别以这三个因素作为出发点去间接地发出指令。句式则可有陈述和疑问的选择。如果以说话人为出发点,他可以陈述他要听话人做某事的愿望,显然,他只可能陈述自己的这种愿望,不可能对这种愿望提出询问。如以听话人为出发点,说话人可以陈述听话人做某事的能力或愿望,也可以对此提出询问。此外,说话人也可以对他想要听话人去做的那件事进行陈述或提出询问,以这个动作为出发点,说话人可以陈述做这件事的理由,也可询问做这件事的理由。据此,在餐桌上请别人递一下盐瓶,可以有以下各种间接的形式:

1) 以说话人为出发点

    a) 陈述愿望 I would like you to pass me the salt.

    b) ＊询问愿望 ＊ Would I like you to pass me the salt?

2) 以听话人为出发点

    1a) 陈述能力 You can pass me the salt.

    1b) 询问能力 Can you pass me the salt?

    2a) 陈述意愿 You want to pass me the salt.

    2b) 询问意愿 Would you mind passing me the salt?

    3a) 陈述将来的动作 You will pass me the salt.

    3b) 询问将来的动作 Will you pass me the salt?

3) 以动作为出发点

    a) 陈述理由 The soup is not salty enough.

    b) 询问理由 Wouldn't it be a good idea if we add some salt to the soup?

为了能够比较简洁地说明问题,在上面这个分类中,每一种类型后面只给了一个具有代表性的例子,这当然不排除其他具有同样作用但不同句法形式的句子,例如 1)a)类便可包括 Searle 分类中的第二组中的其他形式的句子,2)1b)类还可包括 Searle 分类的第一组中那些疑问句式的句子,其他各类也都是如此。在以听话人为出发点去发出间接指令时,疑问形式要比陈述形式显得有礼貌,也就是说 2)类中的 1、2、3 各组中的 b)句均要比 a)句来得礼貌,原因是什么,这在下面就要谈到。

人们用间接的方式来发出指令,而不用直接的方式,这是出于礼貌的需要,那么为什么间接指令比直接指令礼貌呢? 这和间接指令的双重功能性(bifunctionality)有关。所谓双重功能性就是指同一句话语在交际中同时具有两种功能。例如"The soup is not salty enough"这句话同时具有陈述和请求两种功能,"Can you pass me the salt?"同时具有提问和请求两种功能。面对具有双重功能的话语,听话人如何正确领会说话人的意图是个大问题。由于听话人未能领会说话人的意图而导致误解,甚至使交际中断的情况,在本族语使用者中也时有发生。下面这两个来自真实语言的例子便说明了这一点:

(73)[晚上十点,女主人对一位住在城郊的客人说]

    Hostess: You look tired, Susan. Stan can give you a ride back.

    Guest: Oh, no. I'm fine.

女主人的真正意图是逐客,是对客人间接地发出"离开"这一指令,但客人对她的话却作了另一种功能的理解,对女主人的陈述表示了否定。

(74) A: Are you out of coffee?

    B: No. Pass me your cup.

A 的话原来并没有双重功能,他只是想询问一下对方咖啡是否喝完了,但 B 却把他的问题看作是具有询问和指令双重功能的一句话了,并且把它理解为 A 叫他倒咖啡的间接请求。

Criper & Widdowson (1975:198)提供了一个十分有趣的例子:

(75) Sergeant:Reveille sounded five minutes ago, Jenkins.

    Private Jenkins:(at his ease) Oh, did it?

    Sergeant:Get out of that bloody bunk! When I give you an order I expect you to jump to it.

显然,那个列兵只是从字面上去理解军曹的话,把它当成是个一般的陈述,而完全没有意识到这句话的主要功能不是陈述,而是命令,结果惹得军曹大发雷霆。

然而,正是话语的这种双重功能性使我们所说的话显得更礼貌。这种双重功能性可以导致听话人无意识的误解,如上例中的Susan 和那个列兵 Jenkins,但同时也为听话人不接受指令提供了托词和退路。听话人如果不想接受说话人的请求,他完全可以佯装没有理解说话人的意图,仅仅按字面意义作答:

(76) Mother: That door is still open.

Son: Yes, it is.

调皮的孩子可以对母亲的话随声附和,但不去执行母亲叫他关门的指令。

(77) Son: I need a ten-speed bicycle.

Mother: I'm sure you do.

反过来,对于儿子提出要买十速自行车的要求,母亲也可以表示附和,但不付诸行动。

(78) A: Are you going to share your candy with me?

B: Oh, I don't know.

不想让别人吃自己的糖,便可以把别人的请求作为 yes/no 问题来回答了事。所有这些间接的指令都比直接的方式礼貌、婉转。因为,如果听话人不想接受这一请求的话,他可以不那么窘迫地加以拒绝。这也回答了我们前面提出的那个问题:为什么在以听话人为出发点的间接指令中,疑问的形式比陈述的形式更礼貌,这是因为询问总给听话人留有选择的余地,他可以通过否定自己的能力、自己的愿望等来比较婉转地拒绝听话人的请求。

上面已经讲过,这些间接的指令不能说是和 kick the bucket 一样的习语,但它们却完全可以说是合乎习惯的表达方式。换句话说,某些句式,人们都已约定俗成地把它们用作、同时也认作是发出指令的方式。这就解释了为什么具有同样语义的句子并不都具有同样的交际功能。例如 Can you pass me the salt? 大家都会

同意是提出请求的一种方式,下面这几句话可以说和这句话是同义的,但恐怕没有人会认为这些形式通常可以用来提出请求:

(79) Do you have the ability to pass me the salt?

(80) Is it physically possible for you to pass me the salt?

由此可见,某些具有普遍性的形式用以实施指令的确是个习惯用法问题。这一点也可以从把间接指令从一种语言翻译到另外一种语言时看到。英语中的"Can you hand me the book?"仍然是一种合乎汉语习惯的间接请求,因为汉语中的"你能……?"也是一种约定俗成的间接请求方式。但据说,如果把这句英语直译成捷克语,虽然原句的意义保留了,但听起来却会感到不顺耳。

一个对语言掌握得比较好的人,在请求别人做某一件事的时候,会有多种不同的方式可以选用,他应该根据什么来作出选择呢? 这些不同的间接请求方式之间有什么差别呢? 在这方面,已有人作了研究,比较有名的是 Ervin-Tripp, S. (1976)的文章。她根据不同的直接(或者说间接)程度对指令作了分类,然后分析了支配说话人抉择的社会因素,如说话人和听话人之间的熟悉程度,社会地位上的差异,所要求做的事情的难易程度,这件事是否是听话人通常所应该做的,以及听话人拒绝的可能性的大小等等。不过,对这些因素的考虑已越出了语用学的研究范围,而进入社会语言学的领域,因此,这里就不细述了。

5.4 语言的间接性与话语分析

语言的间接性和话语分析(discourse analysis)之间有着十分密切的关系。什么是话语分析呢? 话语分析是对人类用于交际的语言进行研究的一个重要方面。语言学家对语言的研究经历了一个从较小的语言单位到较大的语言单位,也就是从句子到篇章和话语的发展过程。20 世纪 70、80 年代可以说是话语分析的黄金时代,以"话语分析"为题的专著出现了许多种。但对于什么是话语(discourse)，不同的学者有不同的说法，有的把话语限于指人们口头交际所用的语言，这样便把话语和篇章(text)加以区别，后者专指书面语言；也有人把话语用以泛指任何形式的语言交际，包括口头的和书面的。对于同一个术语，人们出于不同的需要作了不同的定义，这并不奇怪。不过，大多数从事话语分析的学者都以人们用于口头交际的自然语言作为自己的分析对象，这无疑是因为人们的真实生活会话比其他形式的语言交际更具有典型性，更能反映出语言的实质。在对话语进行分析时，不同的分析家又有各自不同的方法、不同的侧重。同是在从事话语分析，所做的工作却不尽相同，有的试图分析话语的整体结构，有的试图分析话语中的信息结构、或主题和述题的线性发展，有的则在比较不同体裁的话语的差异等等。他们所做的工作虽然不尽相同，但有一个和话语有关的问题几乎是所有的话语分析家都关心的，那就是话语的连贯性。在口头交际中，间接地使用语言的现象很普通，但话语的连贯性却并不因此而受到影响，无论是交际的参与者还是没有参加交际的旁听者，一般都不会因此而感到话语有什么不连贯。70、80年代便有不少人试图寻找构成连贯话语的规则。

美国社会学语言学家 Labov 指出，"话语分析的根本问题就是要说明一句话如何以合理的、受规则制约的方式出现在另一句话的后面，换言之，我们如何理解连贯的话语。"(1972:299) 英国的两位语言学家 Criper & Widdowson 认为话语分析有两个侧面，一个是研究孤立的话语类型或交际行为，即在什么条件下，某一语言形式可以算是某一类话语；另一个侧面是研究个别的交际行为如何连接起来构成更大的交际单位，也就是说要研究一系列话语的交际连贯性(见 1975:200)。Brown & Yule 在他们的专著 Discourse Analysis 一书的序言中给自己明确了话语分析的目标是"说明语言形式如何用于交际。"(1983:ix) 还可以找到更多的对话语分析所作的定义。从这些定义中，我们可以看到一个共同的地方,即话语分析的目标之一是要说明自然语言的连贯性,语言交际的各个参与者所说的话如何构成一个连贯的整体。如果人们所使用的语言是直接的,语句的字面意义和说话人的说话意图是一致的,那么话语分析家所面临的任务便要简单得多了。但事实上,如前所述,人们所使用的语言有相当一部分是间接的,话语分析家要解释自然语言的连贯性便不可避免地要遇到间接语言这个问题。这一点在 70 年代的一些文献中可以清楚地看到。下面我们将介绍几位语言学家在这方面所作的工作,从中不难看出言语行为理论的影响和作用。

Labov(1972)在讨论话语分析中的一些规则时指出,话语的连贯与否是人们依赖本能来判断的,话语分析要说明的正是人的这种本能,他举了下面这两个例子:

(81) A: What is your name?

B: Well, let's say you might have thought you had something from before, but you haven't got it any more.

A: I'm going to call you Dean.

(82) A: Are you going to work tomorrow?

B: Yes.

我们可以本能地意识到(81)是不连贯的话语,(82)是连贯的话语。事实上,(81)本是精神分裂症患者和医生的对话片段,不连贯也就不奇怪了。至于(82),尽管 B 的回答只有一个 yes,但人人都会说这个对话是连贯的话语,这是因为根据句法知识,人们知道,"Yes"这个回答由"Yes, I am going to work tomorrow"缩略而来。由此可以得出一条十分简单的话语规则:对于一个一般疑问句,yes 或 no、probably、maybe 这些词都可以构成一个连贯的回答。再看下面这几个例子:

(83) A: She never helps at home.

　　　　　B：Yes.

（84）A：She told you what we are interested in.

　　　　　B：Yes

（85）A：You live on 115th St.

　　　　　B：Yes.

首先,我们的本能告诉我们这些例子都是连贯的,但这些对话中,B 的反应都是 yes 或 no,而 A 所说的话并非是个问题,而是个陈述,这是否意味着 yes、no 这类词总是可以对陈述作出连贯的反应呢? 显然不是。下面这两段对话就是不连贯的：

（86）A：I don't like the way you said that.

　　　＊B：Yes.

（87）A：I feel hot today.

　　　＊B：No.

对此,Labov 作了这样的解释：在会话过程中有 A 和 B 两方,据此,可以区分出"A-事件","B-事件"和"AB-事件"。"A-事件"指只有 A 一方所知道的事情,"B-事件"指只有 B 一方知道的事情,"AB-事件"是双方所共知的事情。可以从中得出一条规则,如果 A 对一个"B-事件"作出陈述,那么这个陈述实质上是要 B 对这个事件加以确认或否认的请求。在(83) —(85)中,A 所陈述的内容都是"B-事件"。Labov 所做的实际上是阐明了某一类陈述在什么的情况下可以起到请求的作用。他认为这仅仅是许多话语理解规则中的一条,这些规则把人们所说的和他们所做的事情联系起来。

　　　Labov 举了另一个更复杂的例子来说明另一条规则：

（88）A：Well, when do you plan to come home?

　　　　　B：Oh, why-y?

在这个例子中,A、B 两人所说的话之间没有句法上的联系,B 所说的"why"不能理解为"Why do I plan to come home?"要对这段话语的连贯性作出解释,首先需要一定的背景知识。A、B两人是母女关系,A是大学生,B是A的母亲,B离开A有四天了,她去帮助另一个已经结婚的女儿,A、B两人都知道,A希望B回家,B曾多次说过A不会料理生活,但A否认这一点。在了解这样的背景之后,我们可以说A的问题并不是一个要想得到信息的问题,实际上是一个请求,请求B回家。Labov认为会话的一方A请求另一方B在某一时刻做某事X需要满足四个一般条件:

1)为了某一目的Y,应该做X

2)B有能力做X

3)B有义务做X

4)A有权叫B做X

这四个先决条件,缺一不能提出请求。以这四个条件为前提,Labov阐明了用when起首的疑问句或用yes/no问句来提出请求的话语规则:

如果A问B某事X是否已经做了,或者问他在什么时间T将去做X,在四个先决条件都存在的情况下,A的问题可理解为"做X!"的请求。

根据这条规则,(88)中A的"when …?"实质上是个请求,B的反应"Why?"则是针对A的请求的,是"Why do you ask me to come home?"的缩略形式。

Labov的主要贡献是在社会语言学这个领域,不是在话语分析这一分支,他的研究并不深入,但正像他本人所说的,引证这些话语规则是要说明话语规则可以采取什么形式,以及这些规则要求包括哪些基本要素。

两位英国语言学家Sinclair和Coulthard对教室中的语言交际表现了特别强烈的兴趣,他们认为教室这一背景具有明显的特点,于是他们选择了这一特定背景中的话语作为分析对象。他们认为对于一个分析话语的体系来说,主要的问题是要说明语言的各种功能范畴如何通过语言的形式项得以实现。他们重申了语法和话语之间缺乏对应性这一事实,认为如果要把一个语句作为实现某一功能的形式来分析的话,那么必须对这个句子的语法形式提出四个问题:

1) 如果句子是疑问句,受话者和句子的主语是否是同一个人?
2) 在说话时,哪些行为或活动在物质上是可能的?
3) 在说话时,哪些行为或活动是禁止的?
4) 到说话时为止,哪些行为或活动是被指定的?

(Sinclair & Coulthard, 1975:30)

根据对这些问题的回答,他们归纳出三条规则,用以测定在什么情况下一句陈述句或疑问句不被用以陈述或提问,而被用以间接地实现其他功能。

第一条规则

一个疑问句如满足以下所有条件,应被理解为是一个叫别人做某事的请求:

1) 它包含 can、could、will、would 这样的情态动词(有时是 going to);
2) 句子的主语就是受话者;
3) 句子的谓语描述了一个在说话时物质上可能的动作。

根据这几个条件,如果说话人知道 John 会弹钢琴,在说话时,附近又有一架钢琴,那么"Can you play the piano, John?"便是一个以问题形式出现的请求。但如果说话人不知道 John 是否会弹钢琴,即使在附近有一架钢琴,"Can you play the piano, John?"也只能是个问题。

第二条规则

如果一句陈述句或疑问句谈及一个在说话时是被禁止的行为或活动,它应被理解为叫听话人停止这一行为或活动的间接指令。

在教室中有一些行为或活动是不允许的,例如在教师授课过程中,学生是不允许随意大笑的,这一条不成文的规则,教师和学生都是知道的。如果有学生在教师讲课时随意大笑,教师除了用 Don't laugh! Stop laughing! 这些直接的方式加以制止外,还可用下面这些间接的方式：

(89) I can hear someone laughing.

(90) Is someone laughing?

(91) What are you laughing at?

语境对这些句子的理解起着决定性的作用。在不同的语境中,这些句子完全可以分别具有陈述和提出问题的作用。

第三条规则

如果陈述句或疑问句所谈及的事或活动,是教师和学生都知道应该做或应该完成而却还没有做或没有完成的话,那么这个句子应被理解为做某事或开展某一活动的指令。

例如学生进教室后应随手关门,如果他忘了关门,教师便可以说诸如"The door is still open"、"Did you shut the door?"这样的话来间接地发出关门的指令。

总的说来,Sinclair 和 Coulthard 归纳的这些规则还比较粗糙,缺乏足够的严密性,不难找出可以挑剔的地方。不过,它们显然是话语分析家试图在语言的形式和功能之间建立联系,试图解释间接语言所作出的一种努力。

另外两位英国语言学家 Criper 和 Widdowson 指出,话语分析的目标在于"揭示句子和诸如请求、命令、许诺、预言等不同行为之间的关系",在于揭示"所说的与所想要说的和所做的之间的关系,语言的形式与社会意义和行为之间的联系"(1975:200)。他们的这种想法更清楚地显示了话语分析与言语行为研究之间的关系。他们特别强调篇章和话语之间的区别,把篇章定义为连接起来的句子,研究句子之间的连接即为篇章分析;把话语定义为句子和社会意义与行为之间的关系,对这些关系的研究即为话语研究。他们区分了话语分析的两个侧面:(1) 对单个的话语或者说交际行为的分析;(2) 对单个的话语构成连贯的系列的研究。

对于第一个侧面,他们的研究方法和 Searle 极其相似。他们认为要确定一句话在交际中起了什么作用,需要制定一些语言使用规则,而在明确这些规则之前,先要明确为使一句话能起到一定的作用所必须满足的条件。他们以"命令"这一交际行为为例。如果说话人 A 要使听话人 B 具有"命令"他去做某事 X 的言外之力,在说话那一刻,他必须相信以下这四点:

1)做 X 是合意的
2)A 有权叫 B 做 X
3)B 有义务做 X
4)B 有能力做 X

这四个条件和 Searle 的实施一个言语行为的条件并不完全一致,但不失共同的考虑。Sinclair 和 Widdowson 还通过这四个条件来解释间接的"命令"。教师要求学生完成作业,可以采取直接的方式:

(92)Do this exercise by tomorrow morning.

但也可以分别强调这四个条件中的任何一个间接地发出"命令"。例如,他可以强调动作 X 的合意性:

(93)It would be best if we could have this exercise finished by tomorrow morning.

或强调他自己的权力:

(94)I expect you to do this exercise by tomorrow morning.

或强调听话人做动作 X 的义务:

(95)You must have this exercise finished by tomorrow morning.

或强调听话人具有做动作 X 的能力:

(96)You will have no difficulty in finishing this exercise by tomorrow morning.

当然在强调某一条件的前提下,还可以使用别的陈述句式的句子,或者疑问句式的句子。结果便是多种多样的间接"命令"形式。

Criper 和 Widdowson 提出的话语分析的第二侧面是话语与话语之间的连贯性。他们举了下面这两个例子来说明话语的连贯性不存在于语言的表层,而存在于潜在的交际行为之间的连贯:

(97) A: Can you write down the answer in your exercise book?

B: No, I can't.

(98) A: I want you to write down the answer in your exercise book.

B: My pen is broken.

这两组对话都是连贯的。在第一组对话中,A 的句子和 B 的句子之间存在句法、词汇上的联系,如 can 这个词的重复,"I can't"是"I can't write down the answer"的缩略形式;在第二组对话中,虽然没有这种表面上的联系,但 A 的句子和 B 的句子仍构成了连贯的对话,这是因为从交际行为去看,A 的话是"命令",B 的话是"拒绝",命令和拒绝构成了连贯的交际系列。对同一段语言可以在两个不同的层次上进行分析,这一想法在 Widdowson 的 *Teaching Language as Communication* (1978)一书中阐述得更完整,更系统。话语分析固然要考虑句子与句子之间在命题内容上的联系,但更重要的、更根本的是要考虑句子与句子之间在言外行为这个层次上的联系,否则许多在不同程度上具有间接性的句子就难以解释,如:

(99) A: What are the police doing?

B: They are arresting the demonstrators.

这样的对话是直问直答的例子,从语言形式上和命题内容上 A 和 B 的话之间都具有直接的联系。但如:

(100) A: What's the police doing?

B: I have just arrived.

(101) A: That's the telephone.

B：I'm in the bath.

A：O.K.

这样的例子，就其表面文字而言，两个人所说的话之间似乎并没有什么联系，或者说 A 的句子和 B 的句子之间没有什么语句粘连手段把它们联系起来，但在言外行为或者交际行为这个更深的层次上，这两个人所说的话是有联系的，因而我们本能地感到这些对话是连贯的。英语中的语句粘连手段有照应、替代、省略、连结和词汇粘连等几大类，Halliday & Hasan 在 *Cohesion in English* (1976)一书中作了十分全面和透彻的阐述。从上面几个例子可以看出，在表面上看，语句粘连是语句连贯的一个条件，但并不是一个必需的条件，也就是说相互粘连的语句固然能构成连贯的话语，如(99)，但连贯的话语之间未必一定存在粘连，如(100)和(101)。当然，这是指表面文字而言，因为那些表面上不存在粘连手段但却又是连贯的话语，实际上还是有某些粘连手段的，只是这些手段没有在表层的语句上反映出来而已：

(102) A：What are the police doing?

B：(I don't know what the police are doing because) I have just arrived.

(103) A：That's the telephone.

B：(No, I can't answer it because) I'm in the bath.

A：O.K.(I'll answer it then).

要说明语句之间的连贯性，归根到底还是要寻求它们在实质上的联系，而不管这种联系是否在表象上得到反映。对于语句之间粘连手段的研究是对语句之间的语法关系研究的一部分，因而基本上应该属于篇章语言学的范畴，话语分析所要研究的则是语句的交际功能以及它们之间的相互关系。

在这一节里我们简单地介绍了几位从事话语分析的学者在 70 年代提出的一些解释话语连贯性的规则和设想。总的来说，这些规则和设想显得粗糙。不过笔者的目的并不在于介绍这些规则本身,而是想通过介绍这些规则来说明话语分析和语用研究之间的密切关系。话语分析和语用研究有不少共同的地方,其中之一便是两者都要设法解释自然语言的连贯性。由于语言的间接性,要解释自然语言的连贯性,必须考虑一系列的语用因素,这从上面所举的例子可以看到。不论话语分析家用什么样的文字、用什么样的形式来表达话语规则,他们无一不把说话人、受话人、交际情景这样的语用因素包括在自己的规则之中。语用研究中的一些重要概念和理论,如语境、言语行为理论等,在话语分析中都被充分地应用。上面所举的一些话语规则同 Searle 从言语行为的角度去解释语言所制定的规则在不同程度上具有相似之处。可以说,语用研究为话语分析提供了必要的理论依据和研究手段。实际上,在自然语言的结构的研究方面所取得的成果很难分家,语言研究的这两个分支之间是很难划分出界线的。

5.5 和间接语言有关的几个问题

前面我们讲到过,我们所讨论的间接语言是指说话人在有可能在直接语言和间接语言之间进行选择的情况下,出于特定的目的才选用的间接语言。与直接语言相比较,间接语言既费力多又带有风险。所谓多费力是指在间接地使用语言时,说话人和受话人双方付出的代价都要比使用直接语言大;要间接地表达自己的意思,说话人通常要多费脑筋,多费口舌;对听话人来说,理解间接语言脑子要多转一个或几个弯,这已被不少心理学方面的实验所证实(当然也有实验得出不同的结论)。尽管如此,和直接语言相比,间接语言还存在风险,因为对间接语言的理解有不确定性,对同一句话,听话人可作这样或那样的不同理解,造成误解或者交际失败。我们不妨借用 Thomas(1995:121)的一个例子。一个在以色列访问的美国妇女一天晚上到一位朋友家做客,主人问她要喝什么,她说道:"Well, I've been on whiskey all day." 她的原意是想说"我一天都在喝威士忌,我还是继续喝威士忌吧!"但主人却作了另一种理解,认为她的意思是:"喝了一天威士忌了,我喝点别的吧!"

　　既然使用间接语言既多费力又冒风险,那么人们为什么要使用间接语言呢? 对于这个问题我们首先想到的是出于礼貌的考虑。应该说礼貌是人们使用间接语言的一个很主要的原因,为此礼貌已成了语用研究的一个重要课题,我们将在第八章里专门讨论这一问题。但应该看到礼貌并不是使用间接语言的唯一原因,语言修辞上的考虑也是使用间接语言的一个原因。有时,间接的表达方式可以使我们的语言更加多彩、更加有力,像隐喻、反语这些修辞格便是这方面最好的例子。可以说间接语言是一种修辞手段。

　　上面我们指出过,说话人要表达同一意图在可供选择的各种间接语言形式中存在程度上的差别,有的不那么间接,有的更间接些。那么语言的间接程度由哪些因素决定呢? Thomas 归纳了四方面的因素:(1)说话人和听话人之间的相对权势;(2)说话人和听话人之间相对的社会距离;(3)在特定的文化中,所涉及的行为的强加程度;(4)说话人和听话人之间相对的权利和义务(1995:124)。这些变量并不新鲜,在社会语言学的研究中,许多人都已经注意到它们在确定语言的社会合适性时所起的作用。但和传统的社会语言学家不同的是 Thomas 认为不应该把这些变量看成是"预设"的,即使在交际开始时就存在的,而且是固定的,她认为应该以动态的观点来考虑这些变量的作用,即不是把这些变量看成是一成不变的,而是可以在交际过程中由交际双方"协商",可以改变的。她用了下面这个母子之间的对话来说明强加程度的大小是如何通过"协商"得到改变的:

　　(104) A: Mum. You know those browny glasses?
　　　　　　B: Mm.

　　A：The ones we got from the garage?

　　B：Mm.

　　A：Do you use them much?

　　B：Not really, no.

　　A：Can I have them then?

在这个对话里,我们可以看到 A 是怎样一步步地降低那些玻璃杯对 B 的价值,他先是说那些玻璃杯并不怎么漂亮(browny),接着又说那些玻璃杯并不值钱(from the garage),而且还是家里的东西(we got them...),然后他又确定了他母亲并不常用这些玻璃杯,这样一来,这些玻璃杯的价值大大降低,他向他母亲索取这些玻璃杯这一请求的强加程度也由此降低了。

　　在这一章里,我们谈的是间接语言,我们的前提自然是语言有直接和间接之分。但是应该指出,这种认为语言有直接和间接之分的观点并非为所有的语言研究家所接受。在有些人看来语言没有直接和间接的区别,所谓的直接和间接语言之间的区别并不是本质上的区别。这显然是一个如何看待语言和理解语言交际过程的问题。Leech 便是持这种观点的一位语言学家,他在"Principles of Pragmatics"(1983)一书中就阐述了他对语言理解过程的看法,他把语言的使用过程等同于一个通过行为来达到某一目的的过程,认为任何有意图的语言使用都可以看成是间接的,那是因为我们把语言作为达到某一目的的手段时,必然会引起一系列的行为,哪怕像"Switch on the heater!"这样以祈使句形式出现的直接请求也是间接的,因为从说话人感到冷这个起始状态到听话人去打开暖气达到交际目的为止,中间经过了两三个步骤;其他所谓的间接语言,则经历的步骤更多。因此所谓直接和间接的差别只是从说话人感到需要通过语言来达到某个目的到达到目的之间所经历的步骤的多少的差别而已。

　　近年出现的从心理和认知的角度去解释语言理解的理论和模

式,也大多不认为存在直接和间接语言的差别。下面第七章将要讨论的 Sperber 和 Wilson 的关联论认为所谓直接和间接语言的差别只不过是话语不同的关联程度而已。

第六章 合作原则和新格莱斯主义

6.1 Grice 的会话含义理论

6.1.1 会话含义

在人类语言交际的两种方式中,听说这一途径是基本的、首位的。从语言发展和进化的历史看,口头语言的产生和使用远远早于书面语言;从母语习得的过程来说,所有的人都是先通过听和说这个渠道习得自己的母语的;在人们日常的交往中,大部分交际是以口头方式进行的。交谈是传递信息和获得信息的一种重要的交际方式,那么人们是怎样交谈的呢? 是怎样向对方传递信息、怎样从对方所说的话语中获取信息的呢? 这些都是语用研究所要解答的问题。前面谈到过的语言间接性,在日常生活会话中常有反映。人们在交谈时,不总是坦直地说出自己想要说的话,而常常是含蓄地向对方表示自己的意思。

所谓交谈,就是参与的双方或多方不断轮流地说话;"说话"这个词语,不论在汉语中还是在英语中,都是指"用语言表达意义"的行为,而用语言所表达的意义一般可分为两种:一种指说话人说出单词和句子所表达的字面意义,另一种指的是说话人通过说话所含蓄地表示的意义。这样,我们便把通过说话所传递的内容分为两大范畴:直截了当地说出的内容和含蓄隐晦地表达的内容。直说的内容也就是说话的语义内容;除此之外,一句话所表达的内容便是它的含蓄内容,含蓄内容还可以进一步区分为规约性的和非规约性的。规约性的含蓄内容是由所使用的单词、词语本身所具有的规约意义决定的。例如,"He is a sportsman, therefore, he is strong."这句话中的 therefore 这个词的词义决定了这句话的规约性意义,即 he is strong 是 he is a sportsman 的结果。非规约性的含蓄和说话人所用的单词、词语之间的关系是间接的,它固然要以话语的语义内容为基础,但说话人所要表达的内容无疑要多于话语的语义内容。

话语的"直说的内容"和"含蓄的内容"之间的区别相当于"字义"和"用意"之间的区别。当我们问别人"What did you say?"时,实际上有两种可能:确实没有听清别人所说的话或其中某个单词,或者虽然听清了他所说的每一个字,但对他所说的意思却不甚理解;换句话说,我们可能没有弄清"字义",也可能是"字义"虽然清楚,但不解其"用意"。因此,在交谈时,"用意"基于"字义",但比"字义"更丰富。在我们所说的话和我们说话的用意之间常有一定的距离,这种话语的用意就是"会话含义"(conversational implicature)。"会话含义"无疑是间接语言的一种重要表现。我们讨论语言的间接性和话语分析的关系时,曾举过的几个例子实际上便是会话含义的例子。再看下面这两个例子:

(1) A: Can you tell me the time?

   B: Well, the mail has already come.

(2) A: Are you going to John's birthday party?

   B: I've heard Mary is going.

粗看起来,这两段会话似乎是不连贯的,B 对 A 的话所作出的反应似乎是有点答非所问,牛头不对马尾。A 问的是时间,B 答的却是邮件已经来过了;A 问的是 B 是否去参加 John 的生日聚会,B 答的却是听说某女士打算去。这种表面上的不相关是由话语的字面意义和含蓄意义之间的差距引起的。A 要理解 B 话语的用意,必须作出一系列的推理,这种推理是以常识和两人所共知的一定背景知识为基础的。在(1)中,B 既没有告诉 A 时间,又没有回说不知道,他只说了"邮件已经来过了"。如果 A 和 B 两人都知道在他们所处的特定地点,邮件一般是什么时候来的,那么 B 的话实际上告诉了 A 一个大略的时间,回答了 A 的问题。(2)也是如此。A 提出问题后期待的是一个肯定的或否定的答复。假如 A 认为 B 的话和他的问题是有关的,那么他首先要在 Mary 去参加这个生日聚会和 B 去或不去参加之间建立起联系。B 显然知道 A 知道他和 Mary 之间的关系,否则就不会这样回答 A 了。如果 Mary 是 B 所追求的姑娘,或是 B 想见或愿意见的一个人,那么 B 的回答意味着他打算去参加那个生日聚会;但如果由于某种原因,Mary 是 B 所不愿见的一个人,那么 B 的话就意味着一个否定的回答。

略微注意一下人们的日常会话便会发现会话含义是一个很普遍的现象,人们说话常常是话中有话,带有弦外之音,这种话的字义之外的意义不是一般语义理论所能解释的,而需要作语用的分析。在理解过程中,需要借助谈话者的常识,共有知识,推理能力等。但一个重要的前提是,谈话的参与者都必须有把话继续谈下去的愿望,也就是他们在谈话中必须持合作态度,这样,他们每个人所说的话都是和话题有关的,都是对对方所说的话的恰当反应,尽管字面上似乎未必如此。只有在这个大前提下,听话的一方才能从似乎不相关的话语中去找出话语与话语、上文和下文、答与问之间的联系,并作出推理。可见,合作是会话活动中一条首要的原则。

6.1.2 会话的合作原则

能称得上一次交谈的语言活动,不会是由一系列互不相干的话语组成的,相反,交谈应该是成功的语言交际活动。一次成功的交谈是参加交谈的人共同努力的结果。要使交际成功,参加的人必须有一个共同的交际目标,或者至少有一个被双方或多方都接受的大方向。这个目标或方向常常是在谈话的一开始时就明确的,例如双方准备通过交谈商定一次会议的时间,解决一个具体的问题,协调双方的行动等等;当然,这个共同的目标或方向也可能在交谈过程中产生。美国哲学家 Grice 认为,在所有的语言交际活动中为了达到特定的目标,说话人和听话人之间存在着一种默契,一种双方都应该遵守的原则,他称这种原则为会话的合作原则(Cooperative Principle,简称 CP)。具体些说,合作原则便是要求每一个交谈参与者在整个交谈过程中所说的话符合这一次交谈的目标或方向。正是交谈者的这种合作使得他们能够持续地进行有意义的语言交际。像上面所举过的医生和精神病患者之间的对话,不论我们对谈话的背景做什么样的假设,总是不连贯的,这显然是因为病人出于生理的原因在会话中不可能持合作态度。当然,正常人也会因为种种原因而不愿和交谈的另一方继续合作,从而出现答非所问,你说三,我道四,最终导致交际中断的情况,不过,这毕竟是少数的例外情况。

合作原则这条根本原则可以具体体现为四条准则:

数量准则(Quantity maxim)

1)使自己所说的话达到(交谈的现时目的)所要求的详尽程度;

2)不能使自己所说的话比所要求的更详尽。

质量准则(Quality maxim)

1)不要说自己认为是不真实的话;

2)不要说自己缺乏足够证据的话。

关联准则(Relation maxim)

说话要贴切。

方式准则(Manner maxim)

1)避免晦涩的词语;

2)避免歧义;

3)说话要简要(避免赘述);

4)说话要有条理。

(Grice,1975:307~308)

这四条准则中的前三条与人们在交谈时"说什么"这个问题有关，第四条与"怎么说"这个问题有关。数量准则规定了我们说话时所应该提供的信息量：不应少说也不要多说，也就是，凡是交谈的对方要求或期待你说的，你知道多少就该说多少，但不能把对方不要求或不期待你说的也都说出来。质量准则规定了说话的真实性，也就是要求说话人说真话，不说假话，不说没有根据的话。这里所说的真实性是指说话人认为是真实的话，不否认会存在说话人自认是真实的，但实际上却是不真实的情况。在这种情况下，说话人在无意识地说谎，但仍然应该说他是在遵循这条准则的。关联准则规定了说话要切题，不说和话题无关的话。方式准则在表达方式上提出了要求，要求说话人简明扼要，不要用语义含糊的词语，避免冗词赘句。遵守所有这些准则，人们就能以最直接的方式、最高的效率进行交际。Grice 把交谈看作是人类有目的性的、合理的社会行为之一，因此，上述的各条准则并非只在进行交谈时需要遵守，在从事其他的社会活动时也同样适用：

数量准则——如果你在帮我修车，我希望你所做的事恰如其分，与我所要求的相比，不多也不少，例如，假如在某一时刻我需要四颗螺钉，我期待你递给我四颗，而不是两颗或六颗。

质量准则——我希望你的帮助是真诚的，而不是虚假的。如果你在帮助我做蛋糕，我需要砂糖时，希望你不会把盐递给我。如果我需要一把匙，希望你不会把一把橡皮玩具匙递给我。

关联准则——我希望合作者所作的贡献能满足每一特定阶段的即时需要。如果我正在把做蛋糕的各种原料搅和起来，我不希望他在此刻递给我一本好书，甚至不希望他在这一时刻递给我一块烤箱布（也许晚些时候，烤箱布正是我所需要的）。

方式准则——我希望合作者能使我清楚他所做的贡献，并希望他动作敏捷。

（Grice，1975：308～309）

6.1.3　会话含义的产生及特点

6.1.3.1　会话准则的违反

　　上面说过,如果在交谈时人人都严格遵守这四条准则,那么他们便可以进行效率最高、最合理的语言交际。效率最高是因为说话人直截了当地说出了自己想说的话,听话人不必作任何推理,便可以最方便、最迅速地理解对方所说的话。最合理是因为这样的语言合乎形式逻辑之理。Grice 对会话进行研究,就是因为他发现了形式逻辑和自然语言逻辑之间的差别,形式逻辑无法用于解释自然语言的逻辑。

　　合作原则之下的四个准则是人们在交谈中大多要遵守的规约,在交谈时,我们大多期待对方说些和话题有关的话,期待对方不说假话,期待对方会知无不言,言无不尽,期待对方使用简单明了的语言等等。但这四条准则毕竟是几条约定俗成的规约,不同于严格的语言规则,并不是绝对不可违反的。事实上,这些规约常常被违反,正是由于违反这些准则才产生了会话含义,但这不等于说,凡是违反这些准则都会产生会话含义,我们需要区别违反准则的不同情况。违反准则大体上有以下四种情况:

　　1) 说话人根本就不愿意遵循合作原则,不论你说什么、问什么,他都不愿意接过话头。"无可奉告"、"我不想谈"便是典型的表示,这是一种十分极端的情况。这种情况必然导致交际的中断。说话人明确表示不愿合作,自然根本谈不上遵循什么准则了。这一种违反准则的情况不会产生会话含义,只是表明听话人不愿继续进行交际而已。

　　2) 在日常谈话中人们有时会说谎,也就是说一些自己明明知道是不真实的话。例如当别人对你发出邀请但你不想接受但又不想冒犯对方时,你可能说"对不起,我已有别的安排",或"对不起,近来身体不太好",以作托词。如果说话人不想让对方知道他违反了质量准则,如果他的目的是要使对方相信他所说的话是真的,那么他是在说谎,是在设法制造假象,这种对质量准则的违反通常只会造成误会,但并不产生会话含义。但是,如果对方明知你事前并没有什么安排,或者你的身体也没有什么不适,而且也清楚你知道他了解真情,换句话说,你说了假话,并且想让对方知道你在说假话,在这种情况下,你违反了质量准则,又让对方知道你违反了质量准则,这就不得不使他去思索你为什么要这样做,在这种情况下违反准则就会产生会话含义,即字义上是说另有他约或身体不适,用意则是谢绝邀请。

3) 说话人面临着一种冲突,为了维护一条准则,他不得不违反另一条准则,这种冲突常常发生在数量准则和质量准则之间。例如:

(3) A: Where does X live?

B: Somewhere in the suburbs of the city.

B 的回答显然违反了数量准则,因为在他的回答中,他给 A 提供的信息少于 A 所希望他提供的信息。但在 B 确实不知道 X 的确切地址的情况下,他违反数量准则是为了遵循质量准则,即不能说没有充分根据的话,如果他胡乱说出 X 住在郊区的哪个镇,哪条街,那么他将违反质量准则。这种情况并不产生会话含义,当然前提是 B 的确不知道 X 的住址。但是如果 B 事实上知道 X 的住址,A 也知道 B 知道 X 的住址,B 也知道 A 知道他知道 X 的住址,那么 B 这样说就会产生会话含义,即"我不想告诉你 X 的确切住址"。

以上这三种违反准则的情况并不真正产生会话含义,真正通过违反准则产生会话含义的是下面这一种情况:

4) 说话人公然地不执行某一条准则,也就是说话人知道自己违反了一条准则,同时他还想让听话人知道他违反了一条准则。Grice 称此为对准则的"蔑视"(flouting)。当说话人"蔑视"一条准则时,听话人有两种选择,一种是认为说话人在说谎,或认为说话人说了些不相干的话,总之,他可以认为说话人没有遵循合作原则,因而他也没有义务遵循合作原则,最终导致交际中断。另一种选择是假设说话人是遵循合作原则的,既然他是有意合作的,那么他违反了某一准则并让我注意到他违反了这条准则,一定是为了传递一些符合合作原则的信息,并且他一定相信我是能够从他所说的话推导出这些信息的。一般说来,听话人都会作这第二种选择。正是这第二种选择才使得说话人有可能表达一些含蓄的意义,听话人才有可能理解这种含蓄的意义。

违反数量原则以产生会话含义的情况是最常见的。Grice 提供了一个很好的例子。某学生正在申请一份工作,这个工作对哲学学历有一定的要求,他就请以前的哲学教授给他写一封证明信,证明他在哲学方面的学历。如果这位教授这样写:

(4) Dear Sir,

Mr. X's command of English is excellent and his attendance at tutorials has been regular, yours ,etc.

他无疑违反了数量准则,因为他只字不提该生哲学学习方面的情况,因而没有向收信人提供所期待的信息。面对这种对数量准则的"蔑视",收信人不会把信扔进废纸篓,他会作这样的假设:写信人是遵循合作原则的,他想传达的信息正是信中没有明说的话,即该生的哲学学得很差。再举一个例子:

(5) A:Where's Bill?

B: There's a yellow VW outside Sue's house.

在这个对话里,B 对 A 的问题的回答显然违反了数量准则,但如果 A 假设 B 是愿意合作的,那么他会试图在自己的问题和 B 的回答之间去建立联系,基于他们的共有知识和一般常识:Bill 有一辆黄色的 VW,到别人家去一般总得把车停在那家门前,他可以推断:B 实际上是在告诉他 Bill 在 Sue 的家里。

从上面的这两个例子不难看出：在违反数量准则的同时，写证明的教授和(5)中的 B 也都同时违反了关联准则。那位教授所写的信和 B 所说的话表面上和话题或对方所提的问题无关。实际上，违反数量准则和违反关联准则的情况是不能完全分开的，它们有时会同时发生。再看一下前面用过的两个例子：

(6)　A：What time is it?

　　　B：The mail has already come.

(7)　A：Can you answer the telephone?

　　　B：I'm in the bath.

单从表面文字看，B 所说的话和 A 的话并不关联，也没有提供 A 所要求的信息，因此都是违反关联准则的情况。但是，前面已经解释过，B 在不同程度上满足了 A 在信息上的要求，因此，说话人在不同程度上遵守了数量准则。但下面这个例子则不一样：

(8)　A：The hostess is an awful bore, don't you think?

　　　B：The roses are lovely, aren't they?

这是一个纯粹违反关联准则的例子，因为 B 对 A 感兴趣的话题一点信息也没有提供，他这样做，不可能是因为他缺乏信息，因为 A 所问的是他主观上的感觉，但 B 却说了句毫不相干的话来作答，这只能说明 B 不愿意就 A 所提出的话题进行合作，他的会话含意是："Let's not talk about the hostess here and now."

违反质量准则的例子前面已经举过，这里要注意区别真说谎和假说谎。真说谎的目的是为了制造假象，为了蒙骗，只有假说谎，即让对方知道自己在说谎，才能产生会话含义。此外，不少修辞格，如隐喻、讽刺都是违反质量准则产生含义的情况，下面我们将专门谈这个问题。

违反方式准则的情况较为少见，它指的是人们不用那种语言本身为我们提供的简洁的、通常使用的方式去说话，而是转弯抹角、咬文嚼字地去说话，使听话人感到其中必有缘故。例如下面这个对话：

　　(9) A：Let's get the kids something.

　　　　B：Okay, but I veto I-C-E-C-R-E-A-M.

B 不是直截了当地说 ice-cream，而是把这个单词一个字母一个字母地拼读出来，目的显然是不想让在场的孩子们听到 ice-cream 这个字眼而吵着要 ice-cream，对此，A 当然是心领神会的。再看一个例子：

　　(10) Miss X produced a series of sounds that corresponded closely with the score of "Home, Sweet Home".

说话人不用一个简单的动词 sang，而用了 "produced a series of sounds that corresponded closely with the score of" 十二个词来表达同样的意思，这样公然违反方式准则只能说明他认为 X 小姐唱得很不好，根本用不上"唱"这个词，只能用"发出一系列的声音"这样的表达方式来含蓄地表达 "Miss X sang badly 'Home, Sweet Home'" 这个意思。

　　通过上面这些例子的讨论，我们对什么是会话含义又有了进一步的认识。会话含义可以说是存在于说话人所使用的语句的意义之上的一系列假设，说话人本人固然知道这些假设，他想要听话人在意识到某一准则被违反的情况下去作出这些假设，以便他能按照合作原则去理解说话人的语句。

　　从上面所说的，我们可以觉察到一种似乎自相矛盾的说法。我们说过四条准则是合作原则的具体体现，是具体化了的合作原则，说话人通过不遵循某条准则来产生会话含义；同时，不论说话人还是听话人都知道说话人还是遵循合作原则的，也就是说，"愿意合作"是说话人通过违反准则产生会话含义的大前提。那么在说话人含蓄地说话的时候，他究竟遵循了合作原则还是违反了合作原则呢？其实，从某种意义上来说，说话人违反准则只是个表面现象。从上面所举的例子可以看出，第二个说话人的答话都是对

第一个说话人说的话所作出的恰如其分的反应。经过一定的思索谁都不会觉得这些对话有什么不连贯或异常。因此,当我们说某人违反了会话准则时,那只是说他在字面上违反了准则,但在更深的层次上,他仍然遵守了会话原则,违反准则也是遵守合作原则的一种方式,一种表现。

我们之所以对会话准则感兴趣,是因为我们根据这些准则,经过一定的推理,能够得到基于语义内容又多于语义内容的会话含义。这种推理有别于纯粹由句子的逻辑内容或语义内容产生的推理。正因为如此,Grice 杜撰了一个英语单词 implicature 来表示会话含意,以区别于经过逻辑或语义推理所获得的意义。因此,会话含义实质上是以话语的语义内容和对一般语言交往的合作本质所作的假设为基础,经由语用推理所得到的结果。听话人要正确推断出会话含义,必须具备以下这几个方面的知识:

1) 所说话语的规约性内容
2) 合作原则及其准则
3) 说话的语境
4) 说话人和听话人共有的某些背景知识
5) 1) 到 4) 四项为说话人和听话人双方所共有的知识

6.1.3.2 会话含义的特点

经由语用推理而得到的会话含义,与经由逻辑和语义推理而得到的意义相比,具有一些自身的特点。

首先,会话含义是可以被撤消的(cancellable)、可以被废弃的(defeasible),因此,会话含义具有可撤消性(cancellability)或可废弃性(defeasibility)。所谓可撤消性或可废弃性,是指在一定的语言或非语言的语境之中,一句句子原来所具有的会话含义可能会消失。例如上面所举哲学教授写的证明信那个例子,如果那位教授在原来写的那封信后再加上一句话,原来那些话的会话含义便马上消失了:

(11) Dear Sir,

　　　Mr. X's command of English is excellent and his
attendance at tutorials has been regular. However, his
ability at and enthusiasm for philosophy are quite ade-
quate for the job.

又如 You're the cream in my coffee 这样一句话,因为人不是
奶油,所以说话人也知道这句话就字义来说是不真实的,违反了质
量准则,由此产生的含义是对听话人的恭维,因为众所周知,在咖
啡里加进奶油会使咖啡更为可口,因此"咖啡中的奶油"是大多数
人都喜爱的,但如果说话人加上这么一句:"But I'm afraid I don't
quite like cream in my coffee",那么原来的含义便马上被废弃了。
可废弃性是语用推理的特点之一,对前提(presupposition)的语用
推理也具有这种特点。(参见"前提"一章)

从这一特点,我们可以看到会话含义的另一个特点,即对同一
句话并不限于作一种解释,由于说话人和听话人所作的不同假设,
同一句话可能会有不同的含义。就像上面"You're the cream in
my coffee"这个例子。如果听话人知道或者假设说话人是喜欢在
咖啡里加奶油的,那么这句话的含义便是说话人对他的恭维,反
之,如果听话人知道或者假设说话人是不喜欢在咖啡里加奶油的,
那么这句话的含义便是说话人对他的厌恶了。再如:

(12) He's a machine.

这样一个比喻的说法,在不同的场合具有不同的含意,它可以用以
含蓄地表示某人工作效率很高,或者说他工作勤恳,任劳任怨,或
者说他缺乏感情,待人冷漠,或者说他工作方法机械呆板,缺少灵
活性等等。因此,会话含义具有不固定性,在不同的场合,因交际
的主体不同,同一句话可能有不同的含义,这一点是语用所研究的
含义与语义理论所研究的那种稳定的、固定的意义所不同的地方。

会话含义的另一个特点是不可分离性(non-detachability),也

就是说,一句话所具有的含义是以这句话的整体语义内容为基础的,而不是以句中的某一个单词或语言形式为基础的。这使会话含义有别于另一种语用推理的结果——前提。前提是依附于某个单词、词语或某一语言形式的(见"前提"一章),如:

(13) John didn't manage to pass the exam.

这句话是以 John tried to pass the exam 为前提的,这种前提关系是以 manage 这个动词为基础的,因此,虽然

(14) John didn't reach the passing mark in the exam.

和(13)语义上是等同的,但因为在这句话中没有出现 manage 这个动词,所以它并不具备和(13)一样的前提,也就是说,从(14)我们不能得出 John tried to pass the exam 这样的结论。会话含义则不同,如"He's a good friend"用以讽刺时具有"He's a bad friend"这样的含义,我们尽可以改变原句的文字,如:"He is a friend in need","He's a nice guy","He's always ready to help","He never leaves you in the lurch"等,只要说话人和听话人共有的知识不变,所有这些不同的说法都产生同样的含义,即 He's a bad friend。

当然,上面所说的这三个特点都是以一个最根本的特点为前提的,这就是会话含义的可推导性,即听话人在认识到合作原则和准则的条件下,从所听到的话语中推导出会话含义来。

6.1.3.3 会话准则的违反和隐喻

我们已经看到违反会话准则会产生会话含义,在我们所举的一些例子中已经包括了一些修辞格,它们也是违反会话准则的结果。Grice 明确指出,反语(irony)、隐喻(metaphor)、夸张法(hyperbole)和弱言法(meiosis)都是说话人有意违反会话的质量准则所产生的结果(1975:312)。使用修辞格的目的可以说是通过使用比较含蓄的语言来达到更加强烈的语气,更加生动的表达。就其含蓄性而言,修辞格与日常会话中的含义有共通之处。

"反语",顾名思义,就是指说话人所说的话在字面上与他想要说的恰恰相反。明知某人把事情办得一团糟,却说"You have done a good job",明知一天事事不如人意,却说"We had a nice day"。在这些情况下,说话人最明显不过地违反了"不说自己认为是不真实的话"这条质量准则。对听话人来说,理解说话人所用的反语,在很大程度上依赖两个人的共有知识,此外,说话人所使用的音系手段也可表明他在使用反语。

隐喻是一种十分普遍的修辞格,在使用隐喻时,我们所说的话字面上的荒谬是连我们自己也不会怀疑的。例如"He is a fox"、"He has a heart of stone"等,把人说成是只狐狸,说某人有一颗石头心脏,都是明显不合情理的。对这些似乎是荒谬的话语,应该怎样作出合理的理解呢? 对隐喻的理解很复杂,涉及的因素比较多,我们在下面还要作进一步的解释。

夸张法和弱言法从两个不同的方向违反同一条准则,夸张法把话说得比真实情况过头,可谓言之过甚,甚至可到荒谬的程度。弱言法则相反,把话说得不足一些。例如,两人分别一段时间后再相遇,可说"Haven't seen you for ages","for ages"被用以夸张分别时间之长,其实双方都知道分别的时间可能只有几天或几个星期。相反,明明是个让人汗流浃背的大热天,却说"It's a bit warm today","言之不足"从另一个方面违反了"说真话"这条质量准则。

在 Grice 所举出的由于违反会话准则而产生的修辞格中,最令人感兴趣的是隐喻。对隐喻的研究可以追溯到亚里士多德的年代,但至今还没有一个十分令人满意的解释。Grice 认为可以把隐喻看作是会话含义的一种特殊情况,从违反会话准则去看隐喻是从语用角度去解释隐喻的一种尝试。不过,单单从违反会话准则去解释隐喻不免把问题简单化了。这样做至多只能说是提供了部分地辨认隐喻的标准,远远没有揭示隐喻的实质。应该说,能辨认隐喻只是第一步,更重要的、更根本的是解释这种现象的实质。

即使作为一种辨认隐喻的标准,Grice 的这种提法也只能部分地分辨出隐喻来。上面所举的隐喻的例子,就其字面来看是荒谬的,对这种明显违反质量准则的情况,听者可以容易地辨认出隐喻来;但有些话语并非如此,对它们既可以做字面上的理解,又可以把它们作为隐喻的用法来理解,例如:

(15) Freud lived here.

既可指 Freud 曾在此居住,也可理解为隐喻,指 Freud 的学术思想精神在此一度盛行。又如:

(16) We were on the same boat.

既可以理解为"我们同乘一条船",又可以理解为我们曾经历过患难与共的局面。对于这样的隐喻,Grice 的标准便不能即刻起作用,没有一定的背景知识,听话人无法判断这样的话语是不是隐喻。其次,单从违反会话准则看也不足以把隐喻和其他的修辞格(如反语、反诘句等)区别开来,因为 Grice 指出的是它们共有的特征,即违反了质量准则,但它们各自的特征并不清楚。

解释隐喻多年来一直是个使语义学家感到棘手的问题,对语义学家在这方面做的工作,Levinson 作了很好的归纳(1983:148—156)。对于隐喻,单从语义的角度去寻求解释,显然是不够的,因为隐喻的使用和理解牵涉到语境的因素。语义学解决的是话语的字面意义,在这个基础上,考虑语境的细节,语用学方可对话语的隐喻意义作出解释。语用学家要做的事有两件,首先是辨认隐喻,Grice 提出的标准在这里可以部分地解决问题,但还要寻找出各类修辞格的特点,以便把隐喻和其他修辞格区分开来。第二步是对被认定是隐喻的话语进行解释,前面讲过的从话语的字面意义去推导出会话含义的推理过程完全可以适用。不过和一般的具有会话含义的话语不一样的是,隐喻语言常以两事物间的类同之处为基础。例如,之所以有可能把人比喻成狐狸是因为他们之间有性格上的类同之处——狡猾性;人的心和没有生命的石头之间的类同之处便是坚硬无情这一属性。这里,语用学家需要得到心理学家的帮助,在事物的类同之间建立起联想是隐喻的心理基础,这一点应该是心理学家为我们解释的。

总之,解释隐喻是一项复杂的工作,单纯从语义的角度、从语用的角度或者从心理的角度去解释都不会十分成功,需要这些学科的合作。语用学的发展,对会话含义的解释和研究,为隐喻的研究开辟了新的途径。

6.1.4 Grice 合作原则的不足

Grice 本人是哲学家,他提出的合作原则四准则是套用德国哲学家康德的量、质、关系和方式这四个哲学范畴体系的(1975:308)。康德的这四个哲学范畴的确比较合理地概括了客观事物存在的最基本的要求:任何事物都有自身一定的量的规定性、质的规定性、有与其他事物的关系、有自身存在的方式。这种哲学渊源使 Grice 的合作原则具有高度的概括力和一定的解释力。Grice 的合作原则自 60 年代末提出以来,激起了研究者的极大兴趣。当然,Grice 的会话含义理论有其自身的不足,用来解释语言现象还存在一些问题。归纳起来,主要有以下几个方面:

首先,在语言交际中,合作原则究竟是否是交际的最高原则?合作原则之下的各条准则的作用如何?这四条准则之间的关系如何?Sperber & Wilson(1986)对合作原则提出质疑。他们认为,每一个参加会话的人所说的话都必须和整个话题以及对方前面所说的话相关联。我们凭借本能把连贯的篇章或话语和任意堆积起来的一系列话语加以区分时,所考虑的一个重要因素便是关联性。正是一句话与另一句话之间的关联性把它们串成一个连贯的、有意义的语言整体。但话语之间的关联性有程度上的差别。在实际使用语言的过程中,并非每一句话都具有最大的关联性。例如下面这个例子中的两个回答 B_1 和 B_2 与 A 的问题之间都存在差异

性,很明显,B_1 和 A 的关联程度超过 B_2 和 A 的关联程度:

(17) A：What's the time?

   B_1：It's 10:20.

   B_2：The mail has already come.

这是因为,B_1 直接回答了 A 的问题,A 听了便知道时间,不需要作任何的推理,但听了 B_2 这样的回答,A 需要作一系列的推理才能得出大约是什么时间的结论。

Wilson & Sperber 还认为,交际的效率牵涉到两个因素,一个是传递的信息量,另一个是对所得到的信息的加工量。一句话的关联性越大,要求作出的推理越少,交际的效率便越高;反之,关联性越小,要求作出的推理越多,交际的效率也就越低。因此,他们认为,在交际中根本不存在什么合作原则,也不存在什么有意违反准则的问题;人类的交际活动是一种认知活动,认知的基础是交际中话语的关联性。在言语交际中,说话人不仅要表明他有某种信息要传递,更要表明他所提供的信息有某种关联;这种关联使人们对说话人的意图作出合理的推导,达到对话语的正确理解。

其次,合作原则只解释了人们间接地使用语言所产生的会话含义,及其对会话含义的理解,但却没有解释在日常生活中,人们为什么要拐弯抹角,不采取直截了当的方式去进行交际,让听话人去推导出会话含义。也就是说,合作原则解释了话语的字面意义和实际意义之间的关系,却没有解释为什么人们常要违反合作原则,以含蓄的、间接的方式表达思想,进行交流。为弥补合作原则的这一不足,Leech(1983)提出了礼貌原则(Politeness Principle,简称 PP)。他举了以下例子:

(18) Parent：Someone's eaten the icing off the cake.

   Child：It wasn't ME.

这是家长和孩子之间的对话,家长没有直接责备孩子,而是用了一个不定代词 someone,仅仅说"有人"吃了蛋糕上的糖粉,从而违反了数量原则,目的是为了维护礼貌原则。

最后,Grice 的会话含义理论,着重研究的是特殊会话含义,而未能涵盖一般会话含义,这就限制了理论的解释力。含义有规约性和非规约性两种,会话含义属于非规约性;会话含义本身又分为一般(generalized)和特殊(particularized)两种。一般会话含义和会话的特定语境无关,在脱离语境的情况下依然存在,依然可以推导出来,如从"I walked into a house"这句话可以推导出说话人走进去的不是他自己的房子,否则他应该说"I walked into my house"而不是"a house"。特殊会话含义的推导则依赖语境。Grice 的理论只适用于后者。Grice 还认为,特殊会话含义是违反合作原则下四个准则之中的一个或多个准则、由听话人经过语用推理而得到的结果,但是,会话含义是如何推导出来的? 对此他没有建构出会话含义的推导机制,所谓的"推导"也多半是听话人凭感觉、凭主观经验所作的结论。

Grice 的合作原则提出来后,在语用学界引起很大反响。至今,它仍然是一条十分有影响的语用原则。当然,由于它本身的不足也招致了不少批评,不少学者对它提出了修正和补充。其中比较有影响的是 Horn、Levinson 等学者提出的修正意见和各自的推导机制。

Levinson (1987: 400)说自己的努力,只不过是"对古典格莱斯一般会话含义理论运用的具体例释",并说自己提出的原则是对 Grice 的各项准则作了"有点新古典意味"的阐释;他称自己总结出来的语用推理模式为"新格莱斯语用机制"(1991: 108)。自此以后,人们开始把 Grice 的合作原则的四准则称为古典格莱斯会话含义理论,而把对 Grice 会话含义理论所做的种种修正的理论统称为新格莱斯会话含义理论。新格莱斯会话含义理论对古典格莱斯会话含义理论在有些方面作了补充和修正。最有影响的是 Levinson 的会话含义三原则和 Sperber & Wilson 的会话关联理论(Relevance Theory)。关联理论将作专章介绍,这里就只介绍 Levinson 的会话含义三原则。

6.2 Levinson 的会话含义理论

6.2.1 Horn 的会话含义两原则

Horn(1984)提出将 Grice 的四个准则改造为数量、关系两个原则。Horn 两原则的大致内容如下:

(a) 数量原则(Q-principle)

要使你的话语充分

能说多少就尽量说多少(以关系原则为条件)

(b) 关系原则(R-principle)

要使你的话语只是必需的

不说多于所要求说的话(以数量原则为条件)

数量原则规定,说话人说出 p,就意味着极限是 p;关系原则规定,说话人说出 p 的时候,意味着不只是 p。这似乎是一个悖论,其实,这两条原则是功能对立的语用原则,数量原则为我们提供了理解话语的上限,而关系原则为我们提供了理解话语的下限。根据数量原则,听话人希望说话人提供足够的信息,能说多少就说多少;说话人所说的话语到了极限,便于听话人推导出话语的上限隐含意义;根据关系原则,说话人所说的只提供了必要的信息,能不说的就尽量不说,说最经济的话语,便于听话人推导出话语的下限隐含意义。这两条既矛盾又统一的原则相结合的结果是:人们在交际中总是倾向于用最经济的话语来表达最充分的信息。为了进一步说明数量原则和关系原则之间的关系,Horn 又提出了语用分工理论(见 Levinson 1987:408),其内容可大致归纳如下:

Horn 的语用分工:

(a) 关系原则倾向于常规理解(stereotypical interpretations):

如果说话人使用了一个简短的、无标记的表达式 U,那么,表达

U 的含义一般来说就是在 U 的多种可能的意义中具有常规关系的意义 F。

(b) 数量原则推论倾向于非常规理解：

如果说话人没有使用简短的、无标记的表达式 U，而是换用了异常的、有标记的或冗长的表达式 M，那么，表达式 M 就获得了附加意义，其含义可理解为在 M 的多种可能的意义中具有非常规关系的意义 G。

Horn 所说的"常规理解"，就是根据常规关系（stereotypical relation），以扩展说话人话语的信息内容的方式，找到对话语的一种特定的理解。常规关系是客观世界中的一种现实关系，是一事物与他事物之间的联系。这种联系，一旦被固定在人们的意识中，就成为一种常规关系。常规关系是一个重要的概念，是语用推导的出发点，是理解会话含义的一种基点。

常规关系可以是语言内的，也可以是语言外的，语言内的常规关系可以涉及一个或多个词语，语言外的常规关系涉及一定的事件，通常与特定的社会、文化和情景因素有关。例如：

(19) 他每到一处，都有小秘跟着。

(20) He has had a few drinks too many.

(21) A: What's the time?

B: The postman has already come.

(22) 举头望明月，低头思故乡。

根据关系原则，(19) 中的"小秘"隐含了是一个"女秘书"，这是因为按常规来说，当"小秘"的大多是"女性"，因此，"小秘"同话语中没有提及但人们可以理解到的"女性"联系起来，体现了一定的常规关系。因此，此句隐含了"他每到一处，都有女秘书跟着"。

也根据关系原则，(20) 中的 drinks 隐含了"含酒精的饮料"(alcoholic drinks)——酒，因此，"他多喝了几杯"就具有了"他已经喝醉了"的会话含义。

(19)和(20)两例都涉及语言内的常规关系,而例(21)和(22)却涉及语言外的常规关系,即这种常规关系不能借助一个或几个词语推断出来,而是根据交际双方的"共识"型的常规关系推断出来。在(21)中,交际双方都知道邮递员来的大致时间,即对邮递员一般是什么时候来的已成为两人的共识,比如邮递员通常是在早上十点钟来的,那么,"邮递员 已经来了"与现在的时间形成一种"常规"关系,也就是说,(21B)隐含了"现在大约是十点钟"。(22)表明了存在于中国文化传统中的一种常规关系:中国人将"月圆"与"团圆"联系在一起,因此游子看到"圆月"便自然地联想到"家人",牵动了思亲情愫,发出"月圆人不圆"的感叹。离开了这种常规关系,就很难理解这两句诗之间的内在联系,也不能很好地欣赏这首诗所具有的丰富意蕴了。

现在,我们再来看看下列几个以 Horn 两原则对话语的理解。

(23) A：Larry stopped the car.

　　　 B：Larry caused the car to stop.

(24) A：我想去听语用学讲座。

　　　 B：我不是不想去听语用学讲座。

(23A)隐含了 Larry 是以常规的方式(比如用刹车的方式)"把车停下来的",而(23B)这种迂回的说法隐含了 Larry 是以异常的方式使车停下的。(24A)是以常规的方式表示了"我想去听语用学讲座"的意愿,而(24B)的双重否定,虽然也表示"我想去听语用学讲座"的愿望,但却隐含了"我想去而不能去"的意义。

但是,Levinson 等学者认为 Horn 的两原则及其补充的语用劳动分工理论过于宽泛,也缺乏会话含义的推导机制和中介。他认为 Horn 的语用劳动分工其实只是"有标记"(marked)和"无标记"(unmarked)之间的对立,或确切地说,是"通常表达"和"异常表达"之间的区别。从上面几组例子的对比分析中也可以看出,各组的 A 和 B 或多或少表现出相似的意义,与数量原则毫无关系,而应该属于方式原则。

6.2.2　Levinson 的会话含义三原则

Levinson 认为对会话含义的理解和推导可以依据三条原则，即数量原则、信息原则和方式原则。其中数量原则和信息原则分别来自 Grice 数量准则的第一次则和第二次则。为论述方便，将 Grice 的数量准则复述如下：

数量准则

1) 使自己所说的话达到(交谈的现时目的)所要求的详尽程度
2) 不能使自己所说的话比所要求的更详尽

Levinson 认为，就现时的交谈目的而言，提供过多的信息本身就是不相关联的，因此，第二次则所要求的效果可以通过 Grice 的第三准则"关联准则"来取得；其实，Horn（1985）和 Sperber & Wilson（1986）都把这个次则单独列为"关联原则"，而 Levinson 认为，关联只是话语是否有助于达到当前的交际目标的一种衡量手段，主要不涉及信息内容，因此，他保留 Grice 数量准则的第一次则为"数量原则"（Q-principle），而把数量准则的第二次则称为"信息原则"（I-principle），Grice 的方式准则基本保留为"方式原则"（M-principle），并把各个原则都分为"说话人准则"（Speaker's Maxim）和"听话人推论"（Recipient's corollary）两个部分。下面是三原则的具体内容（Levinson，1987：401—402）：

数量原则

说话人准则：不要让你的陈述在信息上弱于你所知道的程度，除非
　　　　　　你的陈述与信息原则相抵触。

听话人推论：相信说话人的陈述已经是就他所知而作出的最强的陈
　　　　　　述，因此：

(a) 如果说话人说出 A（W），而<S，W>构成荷恩等级关系[即 A（S）
　　→A（W）]，那么，可以推导出 K~[A（S）]，即说话人知道较强的陈
　　述是不对的；

(b) 如果说话人说 A（W），而 A（W）不能蕴涵内嵌句 Q，而较强的陈述 A（S）则蕴涵此内嵌句 Q，且｛S，W｝形成一个对比集，则可推导出 ～K（Q），即说话人不知道 Q 是否成立。

信息原则

说话人准则：极小量准则（Maxim of Minimization）

　　　　　　"说得尽量少"，即只提供实现交际目的所需的最少的语言信息（注意数量原则）。

听话人推论：扩展规则（Enrichment Rule）

　　　　　　扩充说话人所说话语的信息内容，找出最特定的理解，直到认定这就是说话人的发话意图。

尤其是：

(a) 设定所谈对象或事件之间具有常规关系，除非：

　　（ⅰ）这与已经确认的情况不符；

　　（ⅱ）说话人违反了最少量准则，选用了一个冗长的表达式。

(b) 如果某种实际存在的情况与已经确认的情况相符，就设定这正是这个句子想要说的。

(c) 避免对话语的附加解释。

方式原则

说话人准则：不要无故使用冗长的、隐晦的或有标记的表达式。

听话人推论：如果说话人使用了冗长的或有标记的表达式，他的意思就与他本来可以用无标记的表达式所表示的意义不一样，尤其是说话人要尽量避免常规性的联想或用信息原则推导出无标记表达式的含义的时候。

　　Levinson 对数量原则谈得比较多，因为他认为数量原则是最重要的。在《语用学》（1983）一书中专节论述了数量含义（pp 143—147），主要论述了"等级数量含义"（scalar Quantity implicatures）和"小句数量含义"（clausal Quantity implicatures）。小句数量含义表示这样一种直觉：如果说话人使用了某个语义较弱的表达式，而没有使用另一个可用的语义上较强的表达式，那么，听话人便可以推断出他对说话人的语义不能作出语义较强的理解。

(Levinson，1983：136)例如，说话人说了(25)，而没有说(26)，说话人的含义是：有可能 John 实际上没有走，也就是说，说话人说了语义较弱的"a believes p"，而没有说语义较强的"a knows p"，说话人的含义是{Pp, P~p, Pq, P~q}（P 表示"可能"；~表示否定）。简单地说，小句数量含义就是：说弱不听强。

(25) I believe John is away.

(26) I know John is away.

Levinson 还列出了一些类似的强弱表达式的模式：

较强表达式	较弱表达式	说弱表达式的含义
p and q	p or q	{ Pp, P~p, Pq, P~q }
Since p, q	if p then q	{ Pp, P~p, Pq, P~q }
a realized p	a thought p	{ Pp, P~p }
a revealed p	a said p	{ Pp, P~p }
necessarily p	possibly p	{ Pp, P~p }

等级数量含义是指：一个语言的等级(scale)由一组可以交替使用的语言成分组成，这些成分可以按照提供的信息强弱或语义力度(semantic strength)以线性顺序排列。这个等级具有按次序排列的词语集合的一般形式：$<e_1, e_2, e_3 \cdots e_n>$。如果在句子框架 A 中填入 e_1、e_2 或 e_3 等，我们就得到合乎语法的句子 $A(e_1)$、$A(e_2)$ 或 $A(e_3)$ 等，其中 $A(e_1)$ 蕴涵 $A(e_2)$，$A(e_2)$ 蕴涵 $A(e_3)$，依此类推，但逆向蕴涵是不成立的。例如(27)蕴涵(28)，但(28)不蕴涵(27)：

(27) All boys went to the party.

(28) Some of the boys went to the party.

其实，Levinson 在这里讲的是"荷恩等级关系"(Horn Scale)，荷恩等级关系的大致内容如下：

要使＜S, W＞构成荷恩等级关系,则:

(1) 在一个任意句子框架 A 内必须实现 A(S) → A(W);

(2) S 和 W 的词汇性质相同(因此,没有＜iff, if＞的荷恩等级关系,不能进行"条件扩充型"的推导);

(3) A 和 W 的语义关系相同,即来自同一语义场(因此没有＜since, and＞的荷恩等级关系,不能进行"关联强化型"推导)。

(转引自 Levinson, 1987: 407)

其中 S (strong)表示荷恩等级关系中强项,W(weak)表示弱项;尖括号＜ ＞表示其内的词语信息按先强后弱的次序排列,即"荷恩等级关系";→ 表示蕴涵;～ 表示否定。

在荷恩等级关系中,强项蕴涵弱项,弱项否定强项。例如,在＜love, like＞的荷恩等级关系中,love 是强项,like 是弱项;love → like,而 like ～ love。在＜all, most, many, some＞的荷恩级差中,all 是最强项,some 是最弱项,all → most → many → some,而 some ～ many ～ most ～ all。一个句子里有能够进入荷恩等级关系的词,就可根据它们的信息强度进行推导,例如:

(29) A: Do you love me?

　　　B: I like you very much.

我们知道,在＜love, like＞的荷恩等级中,like 是弱项,love 是强项,like ～ love,因此,B 话语的含义可推导为:我还没有达到"爱"你的程度。倘若 B 直截了当地说"不爱"就不妥当了,B 的话恰当地把握了话语的信息强度。A 要准确地理解 B 的话,也要懂得如何把握话语的信息强度。又如,根据数量原则,下面(30)可推导出(31)、(32)的含义,但不能推导出(33)和含义,即(30)蕴涵了(31)和(32),而否定了(33)的含义:

(30) Most of the teachers have been abroad.

(31) → Many of the teachers have been abroad.

(32) → Some of the teachers have been abroad.

(33) ～ All of the teachers have been abroad.

因此,等级数量含义其实就是:说强蕴涵弱;说弱否定强。

Levinson 也列出了一些常见的荷恩等级关系的词语(Levinson, 1983: 134):

<all, most, many, some, few>

<and, or>

<excellent, good>

<hot, warm>

<always, often, sometimes>

<succeed in doing, try to do, want to do>

<necessarily p, possibly p>

<certain that p, probable that p, possible that p>

<must, should, may>

<love, like>

下面谈谈信息原则。信息原则其实有如下的含义:说话人根据极小量原则(说得尽量少)所说的话语尽量少,而听话人理解说话人是以极小量原则为依据的,因此要对之进行信息扩大处理和极大量的推理(inferential maximization),理解说话人是"说少含义多"。

上文提到的"极小量"这个词语,包含两层意思,语义极小量(semantic minimization)和词语极小量(expression minimization)。语义极小量是指语义笼统、不具体;词语极小量是指话语的语音表层的长度和复杂程度而言,例如,代词 he 就比名词短语 the man 在语义和语音表层上都"小"。

Levinson (1987: 403)列举了信息原则的一些推导模式,其中 B 都是根据信息原则从 A 推导出来的会话含义:

1. 关联强化型(conjunction buttering):

A: John turned the key and the engine started.

B₁: John turned the key and then the engine started.（p and then q:时

间先后关系）

B₂：John turned the key and therefore the engine started.（p therefore q：因果关系）

B₃：John turned the key in order to cause the engine to start.（A did X in order to cause q：目的关系）

2. **条件扩充型**（conditional perfection）

A　If you mow the lawn, I'll give you ＄5.

B　If and only if you mow the law, will I give you ＄5.

3. **联系型**（bridging）

A：John unpacked the picnic. The beer was warm.

B：The beer was part of the picnic.

4. **常规型**（inference to stereotype）

A：John said "Hello" to the secretary and then he smiled.

B：John said "Hello" to the female secretary and then he smiled.

5. **联袂型**（mirror maxim）

A：Harry and Sue bought a piano.

B：They bought it together.

6. **优先同指型**（preferred co-reference）

A：John came in and he sat down.

B：John₁ came in and he₁ sat down.

很显然，信息原则的推导是数量原则的逆向推导，数量原则往往依靠较弱的信息来否定较强的信息（即说弱不听强）来推导出会话含义，而信息原则却要求听话人力图从较弱信息的表达式中推导出较强信息的会话含义。为了说明这两者的区别，我们不妨用信息原则的"关联强化型"中的例子加以说明：

（34）John turned the key and the engine started.

上文根据信息原则，我们已经推导出了这两个小句之间的三个关系，即会话含义 B₁、B₂ 和 B₃，但是根据数量原则，其推导的预测却相反：

（ⅰ）存在表达较强信息的表达式来表示时间先后关系和因

果关系；

（ⅱ）说话人没有使用这个较强信息的表达式；

（ⅲ）因此，说话人的意图不是要表示两者之间的时间先后关系和因果关系。

方式原则的推导是根据话语冗长、异常的表达式来进行的。例如：

（35）A：John could solve the problem.

　　　B：John had the ability to solve the problem.

根据方式原则，"不要无故使用冗长的、隐晦的或有标记的表达式"，听话人可以推断出 A 和 B 的含义是不一样的。根据信息原则所推导出（35A）的会话含义是："John 解出了这道题目"，而（35B）用了冗长的表达式，根据方式原则，可推导出"John 有能力解出这道题目却没有这样做"的会话含义。

Levinson 还规定，当数量原则、信息原则和方式原则有矛盾的时候，这三个原则运用的次序是：数量原则先于方式原则先于信息原则（Q ＞ M ＞ I）（Levinson，1991：111）；在数量原则里，小句含义（clausal implicature）的推导先于等级含义（scalar implicature）的推导。他还作了具体的说明：

1. 在语义关系相同、词汇表达的简洁程度一样的情况下，数量原则的推导先于信息原则的推导；

2. 在其他情况下，由信息原则推导出特定的常规理解，除非：

3. 有两种（或多种）意义相同的表达式，其中一种是无标记的，而另一种（或几种）是有标记的。在这种情况下，无标记的由信息原则推导出其通常的会话含义，有标记的由方式原则推导出无法应用恰当的信息原则推导出来的会话含义。

（1987：409）

Levinson 的会话含义理论和 Grice 的会话含义理论之间的渊源关系是不言而喻的。Levinson 的努力就是要对 Grice 的古典理论进行修正和增补，是对 Grice 的四准则作些"有点新古典意味"的阐释，并称 Grice 的会话含义理论为"古典格莱斯会话含义理论",而对 Grice 的理论所作的修正的观点称为"新格莱斯会话含义理论",而且他自己提出的三原则中的数量原则和信息原则就是由 Grice 数量原则的两个次则演化而来的;(Levinson,1987:400—401)方式原则和方式准则其实也是一样的:语言的表述一致,所针对的语言现象也相同,都是与表达方式有关,研究的对象都是表达冗长或异常的语言例子。

　　但是,Levinson 三原则和 Grice 的四准则也有许多不同之处。首先是研究的侧重点不同。Grice 的四准则主要研究特殊会话含义,是以违反四准则中的一个或多个准则,再结合语境而推导出话语的特殊会话含义,而对一般会话含义却不注重;而 Levinson 的三原则既注重特殊会话含义,更注重一般会话含义。具体说来,他的数量原则和信息原则推导出的是一般会话含义,在推导过程中无需语境的参与和干涉,只表明两个事件之间的一种常规关系。但是,根据方式原则推导出的是特殊会话含义,要正确理解其特殊会话含义,就得有语境的参与,亦即语境要干预语用推导。例如:

　　(36) Okay, but I veto I-C-E-C-R-E-A-M.

　　此例可谓是语用学中的经典例子了,说话人用了这样一个异常的表达方式,增加解码的难度,一定有特殊的用意。但说话人究竟要表达什么样的会话含义,就得借助语境来进行推导。假设当时的语境是与孩子同行,要为孩子买吃的,那么,说话人不直接说出、而是一个字母一个字母地拼出 ice-cream 这个词,其用意是增加解码难度,使在面前的孩子们难以听懂,免得他们听到这个词而吵着要买"冰淇淋"。

　　因此,Levinson 的三原则的涵盖面比 Grice 的四准则要广,解释力要强。

　　Levinson 的三原则是以常规关系为支柱、以研究一般会话含义(除了方式原则之外)为核心的,所要解释的是日常生活中的话语,因此他的研究成果可以直接应用于交际活动,也有助于解释表达中的某些语言技巧,使语用原则具有更大的涵盖面。

第七章 关 联 论

7.1 关联论的源起

7.1.1 关联论的交际观

交际是人类最普遍的社会现象之一，无论是物质生活，还是社会精神生活，人们都离不开相互接触，离不开交际。与同事讨论工作，与朋友交流近况，与陌生人攀谈叙话，这些都是交际行为。我们碰到喜事时要与人分享，感到抑郁时要向人宣泄，受到怨屈时要向人倾诉，这些也是交际行为。那么，什么是交际？所谓交际就是"人与人之间交流信息、感情、思想、态度、观点等的一种行为"（关培兰等，1989:262），这些信息、感情、思想、态度、观点，就是交际的内容。就这些内容进行交际，主要是通过语言。通过语言进行交际，称为言语交际。言语交际就是"两人或更多的人之间创造意义的过程"（Tubbs & Moss, 1991:6 & 24）。对于语言的定义，语言学家一般认同的观点是，语言是受语法制约的用于交际的表述系统（grammar-governed representational system used for communication）。也就是说，语言是表达语义、解释语义的；语言的基本功能是交际功能。

对语言交际功能的这一观点 Sperber 和 Wilson 提出怀疑，他们认为对语义的表达和解释，必须与其他事物发生关联，是在与他物的关联之中进行的（1986:172—3）。语言虽然与交际有着密切关系，但是语言作为"受语法制约的表述系统"的性质，和作为"用于交际"的性质,这两者之间没有必然的联系。语言和交际之间的联系只是人类自然语言的一种巧合。比如大象的鼻子既有嗅觉功能,也有卷缠物体的功能,但象鼻的这两种功能之间没有必然的、系统的联系,只是一种偶合现象。同样,语言用于交际,也只是一种表象。语言用于交际的观点不能揭示语言的本质特征。说人类的自然语言用于交际,就如同说象鼻的基本功能是卷缠物体一样。语言并不是人类交际的唯一工具,除语言之外人类还可以运用非语言手段来进行交际,比如点头表示同意,摇头表示反对。语言的基本功能也不是其交际功能。涉及使用语言的人类活动,其实质是为了认知。认知是为了吸收信息,获得有关世界的知识,为此,必须存储信息和处理信息。语言是存储信息和处理信息的必需工具,存储信息和处理信息才是语言的基本功能。有了存储的旧信息才能处理新信息,从而达到进一步认知世界的目的。信息处理的核心过程是由已知信息(已经存储在大脑中的信息)推导出新信息的过程,因此,整个语言交际过程应是建立前提,并由此推导出结论的过程。

　关联论首先把交际活动(包括言语交际和非言语交际)归属为认知活动,认为言语交际是一种有目的、有意图的活动;说话人的目的或意图能被听话人识别,是由于他们对认知环境(cognitive environment)具有共识;也就是说,交际是否成功,就看交际双方对彼此的认知环境是否能显映(manifest)和互相显映(mutually manifest)。简单地说,认知环境就是交际双方共处的世界,相互显映就是指交际双方对某一事实或共同的话题都明了。交际者对共处的认知环境的认识和把握是成功地进行交际的首要条件。共处的认知环境越大,互相显映的可能性就越大。认知环境的因素众多,既涉及交际时的具体客观情景因素,也包括交际双方的主观心理因素。认知环境里的客观因素一般是可以被交际双方所感知的,但是,他们对交际环境的认知不一定一样,这主要表现在,所处认知环境的信息对交际双方显映的程度不一定一样;交际双方对现象的感知有先后之别,并非同时感知到所有的现象。听话人必将对先感知到的现象首先进行加工、理解。

从交际者本身看,影响感知的因素主要有:

1) 交际个体在交际中所处的不同地位;

2) 交际个体之间在感知能力或认知能力上的差别;

3) 交际个体之间在记忆能力上的差别。

总之,交际中互相显映是客观存在的,但显映的程度因人而异、因景而异。因此,对同一句话都可能有多种理解;然而,听话人往往用笼统的标准去理解话语,并获得最贴切的理解。听话人是用什么标准去理解话语的? 又如何能获得一种贴切的理解呢?Sperber 和 Wilson 认为,这种理解话语的标准就是人类的认知假设,人类认知事物时总是遵循着关联的原则(Principle of Relevance)——“任何明示性的交际活动都意味着本活动有最佳的关联性”(1986:158)。就言语交际来说,交际双方所说的话都必须和整个话题、以及对方前面所说的话相关联;人们正是根据话语之间彼此关联的信息来理解说话人的意图。他们还认为,对话语的理解过程不仅是一个推理的过程,而且是一个明示推理(ostensive inference)的过程,因此他们提出的推理模式便称为“明示推理模式”(Ostensive-Inferential Model)。下面我们就先介绍明示推理模式。

7.1.2　明示推理模式

自从索绪尔开创符号学以来,语言的符号理论就被用于对语言交际的解释,并被视为是研究所有交际形式的根本大法。符号理论认为,语言和交际是一个问题的两个方面。语言是一种语码(code)系统,其基本功能是交际功能,因此交际过程就是语码的转换过程。哲学家和语言学家根据这种符号学的观点,建立了一种

普遍的原理来解释交际过程,这就是长期在交际理论中占据统治地位的语码模式(coded model)。语码模式可图示如下:

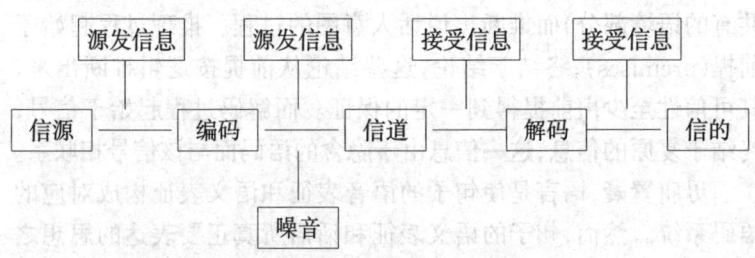

这一交际流程图展示了如何使用语码达到交际的目的。这就是:交际的过程是说话人将一个信息编码成一个信号,这个信号由听话人接收并重新解码成信息,从而达到理解话语、完成交际的目的。符号学认为,语码是将信息和信号配对的系统,通过两个信息处理机制(编码和解码)完成交际。处理信息是两个机制所固有的一种表征,信号由一个机制(编码)发出、由另一个机制(解码)识别,并对外部环境进行修正。简单语码(如莫氏语码)信息—信号之间具有直接的对应;复杂语码(如自然语言)则通过符号系统和规则系统来生成信息—信号之间的对应。

符号学的这种交际观,在很大程度上成功地解释了某些形式的交际过程,诸如莫氏信号和交通信号等弱交际过程,但对于言语交际,语码模式的解释就显得乏力。理解话语,尤其是具有文化内涵的话语,所涉及的远远不止语言信号的简单编码和解码过程。

虽然语码模式具有一定的解释力,为交际(包括言语交际)提供了一个理论框架,但由于它不能充分描述语言交际的本质,许多语用学家都接受 Grice 的观点,认为言语交际应是一种推理交际(inferential communication),是听话人识别说话人意图的过程,这一过程(即话语的理解过程)就是一种依赖于语境的推理过程。

推理过程和解码过程是全然不同的。语码模式认为交际是对信息的编码和解码的过程;推理模式认为,交际是说话人提供他要表达的意图的证据(前提)、听话人根据这些证据,结合"共有知识"(即共有的语境部分)而推断出说话人意图的过程。推理过程起始于前提(premises),终结于结论,这些结论从前提按逻辑推断出来,其可信性至少由前提得到一定的保证。而解码过程起始于信号,终结于复原的信息,这一信息由于隐含的语码而与该信号相联系。

毋庸置疑,语言是使句子的语音表征和语义表征构成对应的语码系统。然而,句子的语义表征和话语所真正要表达的思想之间存在着一定的差距。同一个句子在不同的场合通常具有不同的话语意义。语义表征只能反映句子意义,不能解释话语意义,无法考虑言语交际中话语所涉及的非语言因素,诸如话语发生的时间、地点、说话人的身份、意图等等。语义表征的研究属于语法学的范畴,而对话语的研究则属于语用学的范畴。语法只能确定对话语解释的可能性。话语不仅用来表达思想,还用来表达说话人对所表达的思想的态度和关系,也就是说,话语同时表达"命题态度",施行"言语行为",具有"言外之力"。例如:

(1) 父亲:你知道几点了?

　　女儿:妈妈说来叫我的。

说话人(父亲)表面上询问听话人(女儿)是否知道时间,实际上可能施行了多种言语行为,表达的命题态度也可能大不一样,诸如:

(2) A:很晚了,该去吃饭了。(建议)

　　B:这么晚了,还不去吃饭?(责备)

　　C:去吃饭!(命令)

　　D:……

诸如此类,不一而足。女儿结合语境,推导出父亲的话语所隐含的"责备"意味,提供了"这么晚了还不去吃饭"的理由:妈妈说来叫我的。从这一句话,父亲当然也能推导出女儿的用意:申辩。所有这一切,都不在语法的表达能力之内。

为了说明语码模式和推理模式的不同,Sperber 和 Wilson (1986:13)举了下面的例子:

(3) (a) Either Mary is early or Bob is late.

　　(b) Bob is never late.

(4) / mɛəri iz əːli /

(5) Mary is early.

第五句"玛丽来得早"这一结论,既可以从第三句的前提推断出来,也可以从第四句的语音信号解码出来,但反之则不然:既不能从第三句解码得到第五句的信息,也不能从第四句推断出第五句的结论。不能从第三句解码得到"玛丽来得早"的信息,是因为作为信号的第三句和作为相关信息的第五句之间没有相同的语码;不能从第四句推断出"玛丽来得早"的结论,是因为信号本身不能保证它们所解码的信息的准确性。

语码模式和推理模式都有其自身的不足,虽然人类的交际很少有不涉及语码的运用,但通过语码而表达的思想一般来说是比较简单的,复杂思想内容的交际语码模式就不能解释,而且在言语交际中也存在着纯推理交际;从另一方面来说,大部分的交际都涉及语码的运用,这也是毋庸置疑的,所以推理模式也只部分地解释了交际。

Sperber 和 Wilson 结合两种模式,提出了明示推理交际(Ostensive-Inferential Communication)的概念。"明示"和"推理"是交际过程的两个方面。明示是对说话人而言的,说话人通过某种使听话人"显映的"(manifest)方式进行编码、表达意图;所谓"明示",就是指说话人"明确地向听话人表示意图的一种行为"(Sperber & Wilson, 1986: 49),如果听话人能明了说话人所作的明示行为,那么我们就说这种明示行为便是向听话人显映的。明示行为可以是语言的,也可以是非语言的。例如:Peter 和 Mary 在办公室里谈论某事,Peter 很讨厌 Jane 的多嘴,看到 Jane 进来,就向 Mary 努努嘴,或轻声地对她说,"Jane 来了"。这里,Peter 有可能通过努嘴或话语提醒 Mary 不要再说了。Peter 的努嘴动作和话语都是明示的行为,他通过努嘴这个动作或话语行为向 Mary 表明了他的意图:不要再谈了。如果 Mary 明白了 Peter 努嘴或"Jane 来了"这句话的意图,那么这个努嘴动作或这句话就是向 Mary 显映的。"推理"是对听话人而言的,听话人凭说话人所提供的显映的方式进行解码,并将解码所得到的证据作为前提的一部分,再结合听话人本身的认知语境(旧信息)对话语信息(新信息)按一定的方向进行推理,最终达到对话语信息的正确理解。在上面所举的例子中,Mary 如果知道 Jane 多嘴、Peter 也讨厌 Jane,就可能推导出 Peter 希望不要再谈的结论,这个过程就是推理的过程。

Sperber 和 Wilson 进而把明示推理交际定义为:

说话人发出一种刺激信号,使之对交际双方互相显映(mutually manifest),通过这种刺激信号,说话人意欲向听话人显映或更加清楚地显映一系列的命题{I}。

(1986:63)

Sperber 和 Wilson(1986)提出的明示推理交际模式,主要的理论来源是 J. A. Ford 在《人脑的单元结构》(1983)中所阐述的认知理论。Ford 认为,人脑由一个中心系统(central system)和各司其职的单元(module)组成;各个不同的单元根据各自不同的特点吸收不同类的外界刺激信号(stimulus),然后把这些信息输入中心系统,变成"心理表征"(mental representation),由中心系统进行处理。据此,Sperber 和 Wilson 认为在语言交际的过程中,由负责接受语言刺激信号的单元接受外界的语言信号,然后把它们传输到中心系统,在中心系统进行运算和破译。在他们看来,语言的交际过程主要是一个推理过程。

7.1.3 关联论和合作原则

上一节提到了关联论的主要理论来源是 Ford 的认知理论,但它是针对 Grice 的合作原则而提出来的。然而关联论不是 Grice 理论的简单承袭,而是一种补充和扬弃。Grice 合作原则中的"关联准则",虽有高屋建瓴之势,却失之抽象空泛。关联论从人类认知的角度对关联原则进行了较为详尽而又可信的阐述,克服了合作原则所具有的一些弊病。

从推理模式上说,关联论在 Grice 的推理模式中加进了"明示"这一至关重要的词。Sperber 和 Wilson 认为,要理解具有多种意义的话语,自然要借助于语境,他们称之为假设集(a set of assumptions);但是,有时即使有了语境而没有"明示性",听话人也无法进行推理,无法准确地理解话语。只有说话人说出的话具有"明示性",人们的推理才有方向和目标,人们才能达到准确把握说话人的意图、理解话语意义的目的。除此之外,关联论和合作原则的不同之处还表现在以下几个方面:

首先是对意义的定义。Grice 提出意义即说话人的意图(speaker's intention),认为为了使话语 x 表达意义,说话人 S 必须要:

1. 使话语 x 在听话人 A 一方产生某种反应 r;
2. 使听话人 A 识别说话人 S 的意图(1);
3. 使听话人 A 对说话人 S 的意图(1)的识别,至少能部分地解释听话人做出特定反映 r 的原因。

(1986:28)

这就是说,当,而且仅当,这三个条件满足之时,话语才具有交际意义。Sperber 和 Wilson 则认为这个定义使交际受到了过分的限制,同时又限制不够,因为说话人不必满足所有上述三个条件,也能成功地传递意义(1986：30)。下面我们借用他们的一个例子。
Mary 告诉 Peter：

(6) I had a sore throat on Christmas Eve.

(1986:22)

Mary 说这句话,意欲:

    (a) 使 Peter 相信她在圣诞节前夜喉咙疼;

    (b) 使 Peter 识别她的意图(a);

    (c) 使 Peter 对她的意图(a)的识别,至少能部分地解释 Peter 之所以相信的原因。

然而,假如 Peter 识别了 Mary 的意图(a):要让他相信她在圣诞节前夜喉咙疼,但却不相信她,那么仅仅达到了 Mary 的意图(b):使 Peter 识别她的意图(a),而 Mary 另外两个意图(a)和(c)却没有达到。虽然 Mary 没有能够使 Peter 相信"她在圣诞节前夜喉咙疼",但是仍然可以说她也已经成功地进行了交际,因为 Peter 已经识别了她的意图。Sperber 和 Wilson 把意图(a)称为"信息意图"(informative intention),把意图(b)称为"交际意图"(communicative intention),交际意图一旦得到满足,交际就成功了。对意图(c)而言,只有当意图(a)得到满足时,它才能得到满足。

交际意图本身是第二级的意图:第一级的意图(信息意图)一旦被听话人识别,交际意图就得到了满足;在一般情况下,信息意图和交际意图同时得到满足。但是在有些情况下(如上例所示,Peter 不相信 Mary 的话),即使相应的信息意图得不到满足,交际意图也可以得到满足。因此,关联论认为,意义就是说话人的交际意图,而不是信息意图。

其次是语境概念的差别。合作原则的语境几乎是包罗万象的一个范畴,涉及到语言知识、话语的上下文、世界知识、交际的社会文化背景知识、以及交际时的具体情景因素,认为语用推理是一种人的知识因素加上具体情景因素的综合推理过程。话语的理解是建立在"共有知识"的基础之上的。而这个语境是事先存在于交际双方的头脑中的、固定不变的。关联论则认为,在语言交际中,听话人对世界的假设是以概念表征(conceptual representation)的形式贮存在大脑中,构成一个人的"认知环境"。一个人的认知环境是由一系列可以显映的事实或假设构成的集合。认知环境中包含着各种各样的信息,这些信息构成一个人理解话语的潜在的认知语境。理解话语时起重要作用的不是具体的情景因素,而是认知环境中的旧信息。理解话语的过程,就是认知环境中的旧信息和交际过程中的新信息的相互作用的过程。交际双方在交际过程中所运用的认知语境,只是认知环境中互相显映的一个部分。当交际双方的认知环境中显映的事实或假设相同时,就产生了认知环境的重叠,这种重叠的部分便构成了交际双方共同的认知环境。认知环境是"动态的概念"(a fluid notion),它在交际的过程中得到不断的补充和扩大,而固定的是话语的关联,虽然关联的程度可能各不相同。在这个动态的认知环境中,每一个显映都是互相显映。所以,按照关联论的"互相显映"这一概念,成功的交际不是建立在所谓的共有知识的基础之上,而是以互相显映为基础。说话人明示的目的,就是要听话人识别说话人显映某些假设的意图,从而改变听话人的认知环境。在交际中说话人可以使许多假设显映,但是听话人要对哪一个假设进行处理,这就取决于这些假设对听话人认知环境的影响。

最后,关联论和合作原则的处理对象和处理方法也是不同的。合作原则列出在交际中要遵循的几条"准则",将违反这些准则而产生的话语意义称为隐含意义(即特殊会话含义)。合作原则始终将隐含意义和直陈意义(即一般会话含义)区别开来,将研究焦点放在隐含意义的推导和理解上,而不关注话语的直陈意义。而关联论没有要交际者遵循的规则或准则,对隐含意义和直陈意义予以同样的重视,似乎比合作原则具有更强的解释力。

总之,关联论是对合作原则的批判和发展,并非是关联准则的简单扩充和修正。

7.2　关联论的主要观点

7.2.1　关联的定义

Sperber 和 Wilson(1986)提出的关联论从认知的角度对明示推理交际作了较为系统的阐述,描述了人们对每个话语的认知过程和话语本身与语境的关联性。关联论认为,在交际过程中,交际双方不需要考虑合作的问题;人们具有关联的直觉,而交际是以关联为取向的。例如:

(7) A: What's the time?

　　B: It's half past eight.

一般情况下,说话人会取所需努力相对小的整数来表达,而不会说,现在是八点二十八分十八秒。这样会给听话人增加信息处理的负担,达不到最佳关联。同时,人们在理解话语时通常选择与自己的认知语境有关联的理解。Sperber 和 Wilson(1986: 13)举了下面的例子:

(8) Jones has bought the Times.

这句话本身是含糊的,至少有如下两种解释:

(9) Jones has bought a copy of the Times.

(10) Jones has bought the press enterprise which publishes the Times.

在通常情况下,人们把(8) 理解为(9)——约翰买了一份《时报》,而不会意识到自己已经在各种可能的意义之间作出了选择。如果问为什么这样理解,他们可能会说,只有这种理解才是正确的;能把整个报社买下来的人屈指可数,在他们头脑中,Jones 和这样的行为几乎没有关联。

在交际过程中,人们表达和理解话语时不仅具有关联的取向和直觉,还能分辨出关联的信息和不关联的信息,一般也能分辨出关联性强的信息和关联性弱的信息。在语言交际中,说话人不仅要表明他有某种信息要传递,更要表明他所提供的信息有某种关联;人们把注意力集中于对他来说最有关联的信息,因此,交际就暗示了所交际的信息是有关联的。这种关联使人们对说话人的意图作出合理的推导,达到对话语的正确理解。

Sperber 和 Wilson 把关联定义为"假设 P 同一系列语境假设之间的关系"(1991:381),即,会话过程中的后一话语与前一话语,以及会话赖以存在的语境在语义和语用上都有一定的联系。这里的"假设"就是通常意义上的"命题"。他们认为,当,且仅当,一个假设在一定的语境中具有某一语境效果(contextual effect)时,这个假设在这个语境中才具有关联性(1986:122)。这就是说,假设在特定语境中具有关联性,必须与这个语境有某种关联。比如有一次,我们和朋友相聚在一家自助餐厅里,服务生 A 双手交叉地捧着肩膀,过来站在空调机前,进行了如下一段对话:

(11) A:您觉得冷吗?

   B:不冷。

   A:我觉得很冷。

   B:那就关掉吧。

第一话轮中 B 的断言行为"不冷"和 A 的疑问行为"冷吗"明显相关,而第二话轮似乎牛头不对马嘴,其实也是相关的。B 把 A 的话"您觉得冷吗"理解为一种请求:我希望关掉空调;"不冷"是拒绝请求;当 A 说"我觉得很冷"再次提出请求时,B 同意了。所以,第二话轮表面上不相关,实际上有潜在的相关性,只不过语境效果小些、相关的程度差些而已。因此,关联论认为,任何话语都是有关联的,话语的理解过程就是寻找关联的过程,在较小的语境中找不到关联,就得借助大一些的语境,直至找出话语的关联,使话语在这个语境中具有语境效果。语境效果，就是话语所提供的信息和语境之间的一种关系，它对描述关联是至关重要的。话语是否具有语境效果是关联的必需条件和足够条件。在语言交际中，听话人建立并处理和话语相关的某些假设，形成一个随时间的推移而变化的认知环境，从中获得新的信息。话语是否具有相关性，可由它经过推理而获得的语境效果来判断。语境效果与话语的关联成正比关系。新信息和现有语境假设(旧信息)之间有三种关系会产生语境效果，使话语具有关联性：

1．新信息和现有语境假设相结合，产生新的语境含义(contextual implication)；
2．新信息加强现有语境假设；
3．新信息与现有语境假设互相矛盾，并排除现有语境假设。

(Sperber & Wilson 1986：114)

但是，语境效果不是确定关联的唯一因素，因为语境效果由心理过程产生，心理过程包含听话人处理话语所作的努力—— 时间和精力的消耗。确定关联程度的第二个因素就是处理话语时所付出的努力。处理话语的努力是负面的因素，与关联程度成反比关系。因此，Sperber 和 Wilson 又在"内容条件"(content condition)上对关联性作了如下的定义：

内容条件 1：如果一个命题在一个语境假设中的语境效果大，那么这个命题在这个语境中就具有关联性。

内容条件 2：如果一个命题在一个语境假设中所需的处理努力小，那么这个命题在这个语境中就具有关联性。

(1986：125)

这就是说，(1) 在其他条件相同的情况下，语境效果越大，关联性越强；(2) 在其他条件相同的情况下，处理话语的努力越小，关联性越强。话语的关联程度就取决于话语所具有的语境效果和处理话语时所作的努力这两个因素。

假定一个语境包含了如下假设(12a—c)：

(12) (a) People who are getting married should consult a doctor about possible hereditary risks to their children.

(b) Two people both of whom have thalassemia should be warned against having children.

(c) Susan has thalassemia.

我们来看看下列(13)和(14)这两个假设在这个语境中的语境效果：

(13) Susan, who has thalassemia, is getting married to Bill.

(14) Bill, who has thalassemia, is getting married to Susan.

(13)和(14)在(12)这个语境假设集中都有一定的语境效果，因此都具有关联性。具体说来，(13)和(14)都有下列语境含义(15)：

(15) Susan and Bill should consult a doctor about possible hereditary risks to their children.

虽然(13)和(14)这两个假设在这个语境中都是关联的，但(14)与(13)的语境效果不一样：(14)比(13)所具有的语境效果要大。因此(14)比(13)的关联强。我们知道，(13)所含的部分信息(Susan has thalassemia)与(12c)相同，因此(14)具有以下的语境含义(16)，而(13)却没有：

(16) Susan and Bill should be warned against having children.

要考虑处理努力和关联的关系，请比较(14)和(17)：

(14) Bill, who has thalassemia, is getting married to Susan.

(17) Bill, who has thalassemia, is getting married to Susan, and 1967 was a great year for French wines.

在语境假设(12a—c)中，(14)和(17)具有相同的语境效果；但(17)比(14)多一条信息(1967 was a great year for French wines)，这条额外信息同语境没有丝毫的关系，根本无语境效果可言，然而这条额外信息需要付出额外的处理努力，这就是说，(14)与(17)所具有的语境效果一样，但付出的处理努力要小，因此(14)的关联性比(17)要大。

7.2.2　关联的程度

Sperber 和 Wilson 认为，关联的程度取决于话语所具有的语境效果和处理话语时所付出的努力这两个因素。然而，语境效果并不是随意可以获得的，即使付出一定的处理努力，也不一定就获得足够的语境效果。付出了处理努力的话语是否获得语境效果，取决于以下三个因素：

1. 话语是否复杂；
2. 语境是否明确；
3. 在特定的语境中为获得足够的语境效果而进行推导时付出努力的大小。

如果话语本身复杂，语境不明确，即话语同语境假设之间的关联小，付出的处理努力就大，语境效果也就小；如果话语本身不复杂，语境比较明确，即话语同语境假设之间的关联大，付出的处理努力就小，语境效果也就大。例如：

(18) A: What time is it?

　　　B_1: It's ten o'clock.

　　　B_2: The postman has come.

显然，理解 B_1 时不需要多少推导，即所需要的处理努力小，因为它本身语言不复杂，与 A 的关联性大（B_1 答其所问：A 的疑问行为，询问"什么时间"和 B_1 的断言行为，告知"具体时间"相关联），所以，话语的语境效果也就大。听话人面对 B_2 时，情况就不一样了。他要处理该话语，就得调用较多的语境假设，要费较大的努力才能获得语境效果，最后才能理解话语：现在究竟是什么时间了。

如果在听话人的认知语境里,没有"邮递员每天大约什么时间来"的旧信息,他就无法知道现在是什么时候了。

因此,关联是一个相对的概念。说关联是一个相对的概念,是因为它相对于语境、依赖于语境;也因为它依赖于交际主体的认知能力和认知环境,所以关联有强弱的程度之分。关联的强弱程度只能用一些粗略的判断加以比较和描述,而不能对之作绝对的、量化的分析(Sperber & Wilson 1986:132)。关联是一个由最大关联到最小关联或无关联的连续体,这个连续体,简略些说可分为最大关联(maximally relevant),强关联(very relevant)、弱关联(weakly relevant)和完全不关联(irrelevant)。强关联和弱关联都属于不完全关联(incomplete relevance)。例如:

(19) A: How long did the concert last?

B: Two hours and a half.

此例中"询问持续时间"和"告知持续时间"完全关联,语境效果最大,处理努力最小,关联性最强,其话语产生的是规约意义。

(20) A: I am out of petrol.

B: There is a garage around the corner.

表面上,A 和 B 的对话不大关联,但 A 话语的含义是:"请问我在何处可以买到 petrol",B 的含义是"在 garage 处可以买到 petrol"。因此,话语中的 petrol 和 garage 在主题上是相关的。但与上例比起来,听话人要付出更多的处理努力。(20)这种情况就叫不完全关联,但话语受语境干扰也不很大,因为"在 garage 处可以买到 petrol"是一般常识,所以我们不妨将之归入强关联之列,话语所产生的是一般会话含义。

(21) A: 我抽烟你介意吗?

B: 你就像在家里一样好啦。

例(21)也是不完全关联,但与例(20)相比,关联性更差些,属于弱关联。B 本应回答"是"或"否",但说了一句模棱两可的话,可作出对抽烟介意或不介意这两种相反的解释,因而偏离了 A 的询问。假设在 A 的认知环境中,在家里妻子是不允许他抽烟的,那么,A 就认为 B 不允许他抽烟。事实上,对话的真实过程如下:

(22) A：我抽烟你介意吗?

　　　B：你就像在家里一样好啦。

　　　A：照样不能抽!

这种弱关联(即说话人提供的信息没有直接满足听话人的要求)的话语,受语境的影响很大,需要借助特定的认知语境才能推导出来,所产生的是特殊会话含义。

话语完全不关联时产生的也是特殊会话含义。完全不关联主要有三种情况,主要原因是一个假设在一个语境中缺乏语境效果。(23)到(25)这三例代表了完全不关联的三种情况。假如我们以在头脑中已经有一定的假设集为语境,有人先后告诉你:

(23) 5 May 1881 was a sunny day in Kabul.

(24) You are now reading a book.

(25) You are fast asleep.

凭直觉我们可以感觉到,例(23)这个假设在一般人(除非听话人是个研究气象史的专家)所具有的语境 {C} 中是不相关联的。这是因为这个假设,虽然可能会增加一些新信息,但是该新信息与存在于语境中的旧信息都不大可能有任何联系,不能与 {C}(语境中原有的旧信息相结合而产生语境含义,也不会影响已经存在于语境中的任何假设之力。因此此例在一般人的语境中完全不关联。

例(24) 所提供的信息“你正在读一本书”是明显的事实,你自己正在做什么,你是十分清楚的。即使将该信息加入到原有的语境中,也没有信息量,不能加强你已有的任何假设,不会有任何的语境效果,因而是完全不关联的。

例(25) 所提供的新信息,与你头脑中已有的那些旧信息相悖。你不仅知道你正在读一本书这个事实,而且也知道"正在读书"这个行为与"正睡得熟"是不能并存的:你不可能既睡得很熟又在读书。不管你多么相信说话人,对这个问题,你满有理由更加相信自己。当例(25)所提供的新信息加到现存的语境中去时,会导致例(25)所提供的信息的消失。换言之,例(25)与现存的语境相矛盾,且力量太弱,不足以改变语境中的原有假设;处理这个假设对整个语境没有丝毫的影响,根本没有语境效果,这就是为什么我们说它是完全不相关联的。

但是,只要表达的行为本身是关联的,通过表达不关联的假设也可以获得语境效果,具有关联性。这是因为说话人通过表面上不关联的话语来表达要改变话题等愿望。例如:

　(26) A:The hostess is an awful bore, don't you think?

　　　　B:The roses are lovely, aren't they?

B 答非所问,没有对 A 的话题提供任何信息,其答话在语义上是完全不关联的,但在语用上却具有潜在的关联性。这时,要获得一定的语境效果,听话人就得付出很大的处理努力,话语就具有特殊会话含义:Let's not talk about the hostess here and now.

7.2.3　关联的原则

语言交际是明示推理交际。在明示推理交际中,人们总是根据关联性来处理话语、认知事物。所提供的新信息如果与听话人的认知环境没有关联,人们就会对此信息置之不理。Sperber 和 Wilson 在关联理论中用语境效果和处理努力这正负两个因素来制约关联性。

如果某一假设获得的语境效果值得听话人花费时间和精力去处理,所需要的处理努力也会使听话人得到相应的报偿。(Sperber & Wilson 1986:156)也就是说,说话人必须使听话人以适当的处理努力去获得适当的语境效果,而听话人一旦付出处理努力就必定会获得语境效果;付出较大的处理努力,必定会获得较大的语境效果。比如理解隐喻、反语等言语行为时,付出的努力会较大,获得的语境效果也相应较大。

虽然说话人向听话人表明,他意欲向听话人表达的一个假设集{I},是他所能运用的最大关联的信息,但是说话人和听话人的利益关系不一定一致,他可能不愿把所能运用的、具有最大关联的信息告诉听话人,因此就选用关联性较差的信息。假设下例中的 B 今天被公司解雇了,但他不想把这一信息告诉 A,这时他就可以选取 B_1,而不用关联性较强的 B_2:

(27) A: What happened at work today?

　　　B_1: Oh, the usual.

　　　B_2: I got fired.

这就是说,说话人想要表达的是经过选择的特殊假设集{I},而不是任意的假设集。这种现象在日常生活中也是很常见的。例如:

(28) A: Would you like something to eat?

　　　B: I've just had lunch.

能使说话人的信息意图得以互相显映的刺激信号会有许许多多,说话人必须选取其中一种他认为是最适当的刺激信号,以便最有效地满足交际意图。在一般情况下,说话人就不选用处理努力大或可能有歧义的刺激信号。交际时,听话人相信说话人已经从一系列的刺激信号中选取了最有关联的一种,即需要最小处理努力、具有最大关联的刺激信号。这时,说话人和听话人的利益就重叠一致了。如果说话人不是假装在交际,那么他的利益就是使听话人理解他的意图,因此说话人说话时要尽可能地使听话人容易理解。如果听话人认为说话人有意选用不必要的晦涩难解的刺激信号,即与说话人的信息意图和交际意图相比不是最有关联的刺激信号,他就可能对话语不付出处理努力。所有这一切,对说话人和听话人都是互相显映的。因此对交际双方都互相显映的是,说话人意欲向听话人表明他所选择的是能表达意图的最佳刺激信号(Sperber & Wilson 1986:157)。这种考虑到说话人和听话人双方利益的关联程度,就称之为最佳关联程度。Sperber 和 Wilson(1986:158)继而提出了关联原则(principle of relevance):

任何明示性的交际行为都意味着本交际行为所传递的假设,具有最佳关联性。

Sperber 和 Wilson 的关联原则并不认为说话人说出的话语必定是具有最佳关联性,而是说,说话人必须意欲使听话人相信,他所说出的话语具有最佳关联性,因此值得注意,值得处理。那么,关联达到怎样的程度才足以引起听话人的注意呢? 要引起听话人的注意,一个明示刺激信号必须比此时他所能处理的任何其他外部现象,或内部表征更具有关联性。但是,有些现象或表征会长时间保持关联和可及(accessible),而有些则不能。有时,对关联性大些的刺激信号暂时予以忽视,而对关联性小些的刺激信号予以充分注意,这样交际会更有效,因为这些刺激信号如果不及时处理,其认知环境会永远丢失,而对那些关联性大些的刺激信号也可以晚些时候再予以处理。比如一个人正在津津有味地阅读一本书,而你去打断他,问一个对他现时的认知环境关联小但急切的问题,或把阅读者的注意力引向某一个十分有趣的景象,这些也并不同关联原则相悖。

同理,有些刺激信号没有多少关联性,但只要提供及时,它们也能增加刺激信号的关联性。这样,有这些刺激信号比没有这些刺激信号,总体上的关联性就会提高。比如一部小说的第一个句子,虽然本身没有多少关联性,但它有助于创造情景,有了这个情景,随后的句子就具有更大的关联性。这种话语,也足以值得读者注意。

话语是否具有足够的关联性与许多因素有关,诸如话语的表达方式、听话人的认知环境、智力程度和敏感程度等等。

　　因此,在明示交际中,交际双方所孜孜以求的是说话人的话语与听话人的认知环境具有最佳关联性。Sperber 和 Wilson 提出了最佳关联设想(presumption of optimal relevance)和最佳关联原则(principle of optimal relevance):

　　最佳关联设想:

　　(3) 发话者意欲向听话人显映的假设集 {I},具有足够的关联,使听话人值得努力去处理该明示的刺激信号(ostensive stimulus)。

　　(4) 这一明示刺激信号,是发话者传递假设集 {I} 时所能运用的最大关联的信号。

　　　　　　　　　　　　　　　　　　　　　　　　　(1986:158)

　　最佳关联原则:

　　任何一个明示交际行为,必须保证自身的最大关联。(同上)

　　如果话语能够产生足够的语境效果,而听话人又只需付出最小的努力,那么话语就具有最佳关联。最佳关联是听话人为处理说话人发出的刺激信号时所希望获得的。但要使刺激信号获得最佳关联,有两个条件:

　　1. 话语的语境效果足以引起听话人的注意;

　　2. 听话人为获得语境效果付出了努力。

　　这就是说,要获得最佳关联,说话人必须不仅给听话人以适当的语境效果,而且要尽力使听话人付出最小的努力获得这种效果。听话人所追求的是最好的语境效果,而最好的语境效果就是听话人当时无法从别的话语语境中获得的。

7.3　关联的推理

7.3.1　推理的法则

　　Sperber 和 Wilson 认为,人们在语言交际中使用的主导推理形式是演绎法，"人脑自发地运用的逻辑法便是演绎法"（1986：69），而这种演绎法是"非论证性的"（non-demonstrative）。论证性的推理过程是纯粹的形式推理过程；在此过程中，前提的命题在语义上是完整的，只要命题真实，且遵循推理法则，推理得出的结论的有效性是有保障的。例如：

(29) All men are mortal. (premise)

Socrates is a man. (premise)

_____

Socrates is mortal. (conclusion)

(30) He drank either the water or the milk. (premise)

He didn't drink the water. (premise)

_____

He drank the milk. (conclusion)

但非论证性推理却不同，它是按一定的思维规律集语言和非语言知识于一体的过程，是日常生活中人们所作的比较随意的推理，这个推理所得到的结论不具有确定性，在某个语境中这个结论可能是正确的，但换一个语境，它可能就不正确，可以被取消。例如：

(31) A：电视上有什么节目？

B：没有。

在通常情况下，听话人会把 B 的话语理解为"电视上没有好节目"或"电视上没有什么值得一看的节目"，而不会理解为"电视停播，没有电视节目"。假如 B 接着加了一句：

(32) A：电视上有什么节目？

B：没有。电视发射塔出了故障，还在修理。

那么，前面得出的结论"电视上没有什么值得一看的节目"就被取消掉了。这就是非论证性推理和论证性推理的主要不同之处。

关联论还认为,在非论证性的明示推理中,从言语行为的明说意义(explicature)中推导出说话人的真正意图,一般要经过两个步骤:先要推导出第一个隐含意义,称为"隐含前提"(implicated premise),再在隐含前提的基础上推导出说话人的真正意图,称为"隐含结论"(implicated conclusion)。例如:

(33) A: What do you think of Middlemarch?

B: I just love long books.

(Grundy 1995:142)

A 要理解 B 的话语意义,首先必须恢复 B 话语中所隐含的前提(34),才能在此基础上推导出 B 所意欲表达的真正含义——话语的隐含结论(35):

(36) Middlemarch is a long book.

(37) B loves Middlemarch.

当话语表面的关联程度越小、会话含义越强时,这种非论证性推理的特色就越明显。例如:

(36) A: Can Mary type?

B: She used to be an office secretary.

根据关联原则,说话人欲使听话人与当前的话题(Mary 是否会打字)产生最佳关联。听话人以关联性为基础的推理过程大致如下:

(37) An office secretary can type. (implicated premise)

Mary used to be an office secretary. (explicated premise)

Mary can type. (implicated conclusion)

也就是说,听话人 A 已经具有"Mary 当过秘书"这个明说的前提(话语提供的新信息),从所恢复的隐含前提(在听话人的认知语境中已经存在的旧信息)可知秘书会打字,由此,听话人推导出隐含结论,因而可理解话语所隐含的"Mary 会打字"这一话语含义。

这就是关联论的推理法则和推理的大致过程。因此我们知道,听话人要恢复话语所隐含的前提,必须有语境的介入,否则就无法进行话语含义的推导。前面我们对关联论的语境概念有所涉及,下面再对语境及其在推理过程中的作用作个介绍。

7.3.2 推理和语境

7.3.2.1 语境

关联论把关联定义为"命题和一系列语境之间的关系",因此关联是依赖语境的。这个语境是一种心理建构体(psychological construct),不仅包括交际时话语的上文、即时的物质环境等具体的语境因素,也包括一个人的知识因素,如已知的全部事实、假设、信念以及一个人的认知能力。(Sperber & Wilson 1986:15—16)这是因为交际者通过经验或思维已经把有关的具体语境内在化、认知化了。在语言交际中,实际上对话语的理解起作用的不是话语交际时具体的情景因素,而是构成听话人认知语境的一系列假设,这是因为话语理解涉及两类信息的结合和运算,即话语所含的刺激信号建立的新信息和在此之前已经被处理的或存在于听话人认知语境中的旧信息。新信息和旧信息互相联系在一起就成了关联信息。旧信息是交际中理解话语的基础,新信息在旧信息的基础上经过推理而得以理解,关联信息则能加快交际时话语的理解速度。听话人根据关联原则、根据旧信息和新信息之间的联系和相互作用(关联信息),从新旧信息所提供的前提,借助演绎推理而获得说话人的话语意图。前面我们讲过,话语所提供的信息不但应该是新的,还必须改变听话人的认知语境,产生语境效果。听话人认知语境的改变有三种情况:新信息产生语境含义,新信息加强旧信息,新信息排除旧信息。

　　新旧信息发生联系的第一种情况是,新信息与旧信息互相结合,产生了语境含义。例如:

(38) A: Could you have a quick look at my printer — it's not working right.

　　　B: I have got only five minutes until eleven o'clock.

　　在这段对话中,B的话语所提供的信息与A的认知环境中的下列旧信息发生联系,即两者互相显映:

(39) (a) There are only five minutes until eleven o'clock.

　　　(b) The printer problem is not an obvious one, but will require opening it up.

　　　(c) Opening up the printer will take more than five minutes.

　　　(d) ...

以上旧信息与B的话语所提供的新信息相结合,便产生了如下的语境含义(40):

(40) B is not able to have a look at the printer now.

　　新旧信息发生联系的第二种情况是,新信息为旧信息提供进一步的证据,因而加强了已有的旧信息。例如:

(41) A: What happened at work today?

　　　B: I got fired.

　　B的话语"我被解雇了"这个新信息与旧信息"发生了什么事"有关联,并加强了旧信息。

　　新旧信息发生联系的第三种情况是,话语提供的新信息与已有的旧信息互相矛盾,新信息排除了旧信息。例如:

(42) A: Would you like something to eat?

　　　B: I've just had lunch.

　　在这段对话中,B的话语所提供的新信息(已经吃过饭)与A已有的旧信息(原以为B没有吃过饭)发生矛盾,但由于B的新信息更具有真实性,就排除了旧信息。

在新旧信息相互矛盾时,必须是新信息排除旧信息,才能产生语境效果,否则就没有语境效果,就没有关联性。

7.3.2.2 语境的补足和选择

Sperber 和 Wilson 认为,任何话语在不同的场合可能有不同的意义;说话人必然将所要强调的部分通过某种明示的手段表现出来,明示行为引导听话人从正确的方向进行推导。在明示推理模式中,要获得有效的非论证性结论,一般要经过两个阶段:命题形成(hypothesis formation)和命题论证(hypothesis confirmation)。在非论证性的推理过程中,前提的命题是不完整的,因此要补足前提,所补足的前提就是隐含前提。Sperber 和 Wilson 举了如下的例子:

(43) Peter: Would you drive a Mercedes?

　　　Mary: I wouldn't drive ANY expensive car.

这里 Mary 话语的明说前提是话语本身,其隐含前提是:Mercedes is an expensive car。因此,从理论上讲,Peter 在推导 Mary 的答语时,需要作语境的补足,才能进行如下有效的推论:

(44) Mercedes is an expensive car. (implicated premise)

　　　Mary will not drive any expensive car. (explicated premise)

　　　———————————————————

　　　She will not drive a Mercedes. (implicated conclusion)

不同的人,其认知结构不同,甚至同一个人在不同的情景中,所形成的前提也就不一样。因此,关联论认为,补足前提不具有必然性,正因为如此,从同一个语言信息未必能推导出相同的结果。例如:

(45) A: Will you have some coffee?

　　　B: Coffee would keep me awake.

A 既可以从 B 的话语中推导出话语含义(46),也可以推导出与(46)完全相反的话语含义(47):

(46) B won't have any coffee.

(47) B will have some coffee.

推导出(46)和(47)这两个完全相反的结论,是因为听话人所补足的前提和所选择的语境完全不同。听话人如果补足的隐含前提是(48),那么他就推导出(46)这个隐含结论:听话人拒绝提供;听话人如果补足的隐含前提是(49),那么他就推导出(47)的隐含结论:听话人接受提供。补足所隐含的前提是整个推理的关键。

(48) A₁: B doesn't want to be kept awake.

A₂: B won't have anything that would keep him awake.

(49) A₁: B wants to be kept awake.

A₂: B will have anything on offer that would keep him awake.

同理,例(22)"你就像在家里一样好啦",一般人会推导出"允许抽烟"这一含义,因为,在一般人的认知语境里,在自己家里是可以随意的;说"在家里一样"就是"你想抽就抽"。例中的 A 在家里妻子是不允许他抽烟的,故补足前提得到隐含前提"在家里不可以抽烟",推断出"不允许抽烟"的话语含义。因此,关联理论认为,话语的误解就是因为听话人所补足的隐含前提与说话人所期待他所补足的隐含前提不一样。

前提论证的过程(即具体的演算过程)涉及演绎法的法则,但又不完全受其制约,是非逻辑性的认知现象。演绎推理的有效性也不能保证非论证性的推理的有效性。然而,在一定的情景中,听话人会从一系列特定的前提中正确推导出说话人的意图。所以,非论证性的推理,不能从逻辑上的有效或无效来判断,只能从成功或不成功来判断(1986:68—69)。这是一种集逻辑、语义推理和语用推理于一体的动态推理。

与语境的补足相关的是语境的选择。选择处理话语最佳语境的过程就是寻求话语最佳关联的过程。而认知语境是在话语理解过程中不断选择的结果,也就是说,语境的选择必定会导致语境的扩大。因此,在关联论中,"语境"在交际的过程中不是固定不变的,而是不断变化的动态概念。为了对话语作出关联性的解释,就不得不在交际者的现有语境中加入能够使话语具有关联性的假设。例如:

(50) Peter: I'm tired.

Mary: If you are tired, I'll make the meal.

不难判断,Mary 的回答是关联的,因为 Mary 所表达的信息与 Peter 所表达的信息相结合,会产生如下的语境含义:

(51) Mary will make the meal.

假如 Mary 和 Peter 的对话如下:

(52) Peter: I'm tired.

Mary: I'll make the meal.

凭直觉我们知道,例(52)和例(51)中 Mary 的回答都是关联的话语,所表达的意义基本相同。但是,在(52)中,如果只靠 Peter 所提供的信息不能解释 Mary 答话的关联性。换言之,Mary 要理解 Peter 的话语,仅仅把 Peter 所提供的信息当作语境是不够的,还必须包括他话语所隐含的前提:

(53) Peter hopes Mary will make the meal.

如果处理话语所需要的语境包括了(53),那么(50)和(51)中 Mary 的答语的语境含义是:

(54) Mary will do what Peter wants her to.

假如,Peter 和 Mary 的对话是这样的:

(55) Peter: I'm tired.

Mary: The dessert is ready. I'll make the main course.

为了寻求 Mary 话语的关联性,理解她的话,Peter 所运用的语境必须包含如下隐含前提:

(56) A meal consists of at least a main course and a dessert.

将(56)加入到语境中之后,可推导出上面 Mary 的话的语境含义就是:

(57) Mary will make the meal.

假设 Peter 和 Mary 的对话如下(58),那么,如果 Peter 能补足的隐含前提(59),他就能推导出与上例相似的关联性和相似的隐含结论。但是,Peter 没有在话语中表明或隐含该前提,它是 Mary 在答语中首先提到的。要补足该隐含前提,Peter 就得具有有关 osso-bucco 的百科性知识(59),否则他就不能理解话语。

(58) Peter: I'm tired.

      Mary: The dessert is ready. I'll make an osso-bucco.

(59) An osso-bucco is a main course.

因此,Sperber 和 Wilson(1985:135)认为,话语理解中的语境不仅包括上文所表达和隐含的信息,还包括即时的情景因素,以及与该旧信息和新信息有关的所有百科知识。Mary 把 Peter 的话语"I'm tired"理解为"我希望你能做晚餐",而没有理解为"让我们到饭店去吃晚餐",或"我晚上不想工作;请几个朋友来玩牌吧"等等,就是因为 Mary 根据即时情景对话语语境进行了选择。

交际者对认知语境的补充和扩展,通常有三种情况。首先是听话人在现有的认知语境中加入所需的百科知识来扩展自己的认知语境。上面几例所展示的就是 Peter 的认知语境在语言交际中不断补充和扩大的情况。

其次,听话人还可以从短期记忆中调用相关的信息(上文所提供的信息)来扩展自己的认知语境。例如:

(60) Mary: What I would like to eat tonight is an osso-buc-

          co. I'm ravenous. I had a great day in court.

> How was your day?
>
> Peter: Not so good. Too many patients, and the air conditioner was out of order. I'm tired.
>
> Mary: I'm sorry to hear that. O.K. I'll make it myself.

为了理解 Mary 所说的最后一句话"I'll make it myself", Peter 需要 Mary 在开始时所说的"What I would like to eat tonight is an osso-bucco."所提供的信息。在理解这句话的同时,他所理解的意义就已从他的演绎推理机制的记忆转换到短期记忆中去。然而,他必须从这种短期记忆中调用该信息,以扩展自己的认知语境,从而推导出 Mary 的"I'll make it myself"中的"it",乃至最后整句话的语境含义。

最后,听话人还必须从周围的有关情景中调用信息来扩展自己认知语境。例如:

(61)(It suddenly starts raining.)

What shall we do now?

要理解这句话,听话人必须在自己的认知语境中加入说话时的"正在下雨"这个情景因素,即在什么情况下说的这句话。否则,听话人就不能得出话语的如下含义:

(62) What shall we do now that it is raining?

Sperber 和 Wilson 的关联论是对 Grice 的合作原则的修正和发展,并从认知的角度对明示推理交际作了比较系统的阐述,认为语言交际是一种明示推理交际,在交际过程中,人们不需要遵循合作原则,但却以关联性为取向。关联性是一个依赖认知语境的概念,认知语境是一个心理建构体,是听话人大脑中的一系列假设,这些假设未必都是真实的。交际者的认知语境是动态的而不是固定不变的,在实际的交际中会不断地得到扩展和补充。明示推理以明示性为向导,在新信息和旧信息之间进行;话语的理解过程就是确立关联性、寻找最佳关联的推理过程。话语的关联性受话语所具有的语境效果和话语处理所需的努力的共同制约,如果听话人能以最小的处理努力获得最大的语境效果,那么该话语就具有最佳关联性。最佳关联性是人们在语言交际中所期待得到的结果。关联论对交际作出了许多独到和令人信服的阐述,许多学者认为关联论比合作原则更有说服力,可以取代合作原则。但是,它也受到许多的指责。概括起来主要有:关联理论中的认知语境和明示性难以确定,带有太多的主观性;话语解释的结果究竟是具有必然性,还是具有或然性,对这个问题关联论似有自相矛盾之嫌;关联论把关联定义为"命题和语境之间的关系",忽视了会话需求的反应;关联论对交际的概括太笼统,不够具体。无论如何,关联论为交际的语用阐释提供了一个新的理论框架,拓展了语用学研究的范围,使语用学成了一门开放性的解释交际的科学,并且为语用学和其他学科的综合研究提供了一条新的路子。

第八章　礼貌的语用研究

8.1　会话的礼貌原则

8.1.1　礼貌原则和合作原则

　　合作原则是会话的一条重要的指导原则但不是唯一的原则。Grice 还提到了礼貌原则、美学原则、社会原则等，只是他没有逐条阐述这些原则。在这几条原则中，最引人注意是礼貌原则。礼貌是人类文明的标志，是人类社会活动的一条重要准绳。作为一种社会活动，语言活动也同样受到这条准绳的约束。有些语义学家认为，人类社会的一切冲突和争斗，包括政治上的分歧和争端都是由于语言使用不当导致误解而引起的。这种说法虽然过于偏激和极端，但并不全然无理。在现实生活中，由于语言不当，甚至语言粗鲁而引起的不必要的误会、摩擦，导致人际关系紧张的例子是不少见的。这足以说明礼貌在语言使用中的重要性。Leech 将语用原则分成"人际修辞"（interpersonal rhetoric）和"篇章修辞"（textual rhetoric）两大类，他的"修辞"指的是交际中有效地运用语言，它由交际双方所遵守的原则和准则组成，准则是原则所包含的较具体的范畴。合作原则和礼貌原则属于人际修辞的范畴。合作原则解释了话语的字面意义和它的实际意义之间的关系，解释了会话含义是怎样产生和理解的，但它却没有解释人们为什么要违反会话准则以含蓄地、间接地表达自己。虽然不能说人们违反会话准则产生会话含义都是出于礼貌的需要，但在不少情况下，人们这样做的确是出于礼貌的考虑。Leech（1983：80）举了下面这两个例子：

(1) A: We'll miss Bill and Agatha, won't we?

　　B: Well, we'll all miss Bill.

(2) Parent: Someone's eaten the icing off the cake.

　　Child: It wasn't ME.

在(1)中,B明显违反了数量准则,A的反意问句的目的是要B确认或否定他的话"我们大家都想念 Bill 和 Agatha"。但是 B 的答话只部分地确认了 A 的话:"我们大家都想念 Bill"。这不会是 B 缺乏必要的信息,他完全可以加上"but not Agatha",使他应提供的信息更加完整,但他没有这样做,却故意让 A 感觉到他留着话不明说,这样公开地违反数量原则只能说是出于礼貌的原因,B 不愿意指名道姓地得罪一个人。

(2)是典型的家长和子女之间的对话,家长对于谁吃了蛋糕上的糖粉应该说是心中有数的,但他并没有直接责备孩子,而是用了一个不定代词 someone,仅仅说是"有人"吃了糖粉,从而违反了数量原则,目的是为了维护礼貌原则。

从以上两个例子可以看出,违反合作原则的准则有时与礼貌原则有关。概括地说,礼貌原则就是在其他条件相同的情况下,把不礼貌的信念减弱到最低限度。就像上面这两个例子那样,把一些对听话人或第三者来说是不礼貌的话,或是略去不说或是婉转、间接地说出来。

会话的合作原则在会话中起着调节说话人说话内容的作用,它使说话人在假设对方乐于合作的前提下能进行交际。但礼貌原则具有更高一层的调节作用,它维护了交谈双方的均等地位和他们之间的友好关系。只有在这个大前提下,人们才可能进行交际。如果没有礼貌这个大前提,根本就谈不上正常的、有效的交际。为了维护礼貌原则,人们甚至可以牺牲合作原则下的准则。比如说,说一个不会带来任何不良后果的谎来谢绝别人的邀请,总要比直接地回绝对方显得礼貌些,尽管你说了谎,而且对方也知道你在说谎。再如"反语",人们使用反语,一般说来,也是出于礼貌。人们用反语来表达的常常是一些令人(听者或第三者)不快的事,例如说某人不够朋友,指责某人把事情办糟了等等,也就是说说话人难以避免地会得罪别人、伤害别人的感情、引起别人的不快,反语的使用使得听话人可以间接地领会到说话人通过含蓄的方式所实施的冒犯之处。反语虽然仍属尖刻之语,但不失为说话人为了维护礼貌原则而牺牲质量准则的一个重要例证。

但在有些情况下,人们对合作原则的考虑高于对礼貌原则的考虑,这是在一些交际的双方把信息的交流看作高于一切的合作性的活动中。在这类活动中,人们首先关心的是信息,是如何毫不含糊地以最快的速度把信息传递给对方,为此目的,参与者最大程度地遵循各项会话准则,对礼貌的考虑让位于对合作原则的考虑。

综上所述,合作原则和礼貌原则之间存在着一种进退相让的关系,要多考虑一点合作原则,便只能少考虑一点礼貌原则;反之,要多考虑礼貌,便不得不牺牲合作原则。这就是为什么语言越直接,就越容易显得唐突,语言越间接,一般来说就越显得婉转。

8.1.2 礼貌和言外功能

不同的交际目的对礼貌有不同程度的要求,有的交际功能对礼貌的要求高些,有的则可低些。根据语言的言外功能和在言语活动中维持良好的人际关系这一社会目标之间的相互关系,Leech 把言外行为分为四大类:1)竞争类(competitive),2)和谐类(convivial),3)合作类(collaborative),4)冲突类(conflictive)(见1983:104)。

竞争类指的是语言的言外功能与社会目标相互竞争的那一类言外行为,诸如"命令"、"请求"、"要求"、"乞求"等。这类行为本质上就是"不礼貌的"或"失礼的",因为,不论以什么样的口吻去说话,说话人都是想让听话人按照他的意志去做某一件事。说话人想要达到的目的和礼貌的要求之间的关系是不协调的。正因为这样,说话人更要注意礼貌地使用语言以减少他的首要言外行为的非礼性。

和谐类的言外行为指的是在语言活动中,听话的一方是受益者的那一类言外行为,例如"提供"、"邀请"、"祝贺"、"致意"、"致谢"等。在这些言外行为中,言外之的和礼貌是一致的,它们之间的关系是和谐的。这一类言外行为本质上是礼貌的,很难想象"不礼貌地邀请"或"不礼貌地感谢"之类的情况。

合作类的言外行为前面已有所提及,它指的是以交换信息为主要目的的那一类言语活动,例如"声言"、"报告"、"宣布"、"传授"等。交际双方所关心的是信息本身,是如何最有效、最迅速、最大限度地传递信息,因此,这类行为要求交际双方高度地合作,最大限度地遵循合作原则。这类言外行为并不过多牵涉礼貌问题。Leech 认为对于这类言外行为来说,礼貌是无关紧要的。

冲突类的言外行为指的是言外功能与社会功能互相冲突的那些言外行为,例如"威胁"、"指责"、"诅咒"、"责骂"等。这一类言外行为本质上是不礼貌的,Leech 认为在实施这类言外行为时,根本没有礼貌可言。不过,似乎也不能说得太绝对,固然不可能礼貌地威胁或诅咒,但至少礼貌地指责还是可能的,Leech 自己给的例子"Someone has eaten the icing off the cake"不正说明了这一点吗?

看了 Leech 的分类,我们不由会想到第四章里讲过的 Searle 对言外行为的分类,这两个分类固然各有各的标准,但它们之间还是有些关系的。Searle 分类中的第一类是阐述类,这一类与 Leech 的第三类合作类大体是一致的,礼貌和这一类言外行为的关系不大。Searle 的第二类是指令类,这一类行为的目的在于左右听话人的行动,使他按说话人的意志去行事。有时这样做是为了说话人的利益,如请人为你办件事,向别人借件东西等,但有时这类行为的得益者却是听话人,例如说话人建议别人去看医生,给别人一点忠告等等。此外,Searle 的指令类也包括像"威胁"这样的极不礼貌的言外行为。因此,Searle 的这一大类和 Leech 的竞争类,部分的和谐类、部分的冲突类重叠。Searle 的第三类承诺类使说话人对听话人作出某种承诺,因而听话人完全是受益者,这一类归属 Leech 的和谐类。Searle 的第四类表达类表达了说话人的态度和心理状态,这一类大体上和 Leech 的和谐类相一致。Searle 的最后一类宣告类是一类特殊的言外行为,这类言外行为似乎谈不上礼貌不礼貌,因此在 Leech 的分类中没有反映出来。以上的比较可以归纳为下面这个表格:

SEARLE 的分类	LEECH 的分类	言外行为和礼貌的关联	例子
阐述类	合作类	无关联	声音、宣布
指令类	竞争类	礼貌和行为竞争	请求、命令
	和谐类	本质上礼貌	建议、忠告
	冲突类	不可能礼貌	威胁
承诺类	和谐类	本质上礼貌	承担、许诺
表达类	和谐类	本质上礼貌	祝贺、道歉
宣告类	无反映	无关联	

8.1.3 礼貌原则的准则

和合作原则一样,礼貌原则也可以具体地体现在一些准则上。在讨论这些准则之前,我们先要弄清礼貌所涉及的一些因素,以及它们之间的互相关系。

　　首先,礼貌是一方对另一方的态度,因此它必然涉及双方,这双方 Leech 分别称之为"自身"(self)和"他人"(other)。在会话中,"自身"一般就是指说话人,"他人"可能指听话人,也可能指一个第三者,这个第三者可能在交际的现场,也可能不在场,因此,说话人所表现出来的礼貌可以是针对听话人的,也可以是针对第三者的。对指令和承诺这两类言外行为来说,与礼貌有关的另一个重要因素是动作,这个动作或是说话人希望听话人去做的动作,或是说话人自己承诺为听话人做的动作。在阐述和表达这些言外行为中就不牵涉这样的一个动作。指令和承诺行为中的这个动作又牵涉另外两个因素,即"惠"(benefit)和"损"(cost)。说话人要听话人为他做一件事,受惠的一方是说话人,受损的一方便是听话人了;如果说话人自告奋勇地提出愿为听话人效劳,那么受惠的便是听话人,受损的一方便是说话人了,这里的"惠"和"损"是最广泛意义上的"惠"和"损",并不专指物质上的得和失。如果我请你帮我开开门,于你来说只不过是举手之劳,但从广义上来说,你仍是受损的一方,而我则是受惠的一方。一般来说,一方受惠,另一方就受损,但也存在一方受惠,而另一方不受损的情况。例如说话人建议听话人找个好的医生好好检查一下,除了作出这个建议外,说话人似乎一无所失。另外,一方受的惠和另一方受的损是成正比关系,一方受的惠越大,相对来说,另一方受的损也越大,说话人向听话人借五块钱或借五百块钱的差别便是一个很好的例子。下面我们通过一组例子来看一下这几个因素之间的相互关系:

(3) a) Clean the house for me!

　　b) Buy me a stamp!

　　c) Sit down!

　　d) Have another cup of tea!

　　e) Come and join us in the picnic!

这是一组祈使句式的句子,从句子的言外功能来看,a)和 b)

在大多数的情况下是指令,d)是说话人向听话人作的提供,e)是说话人向听话人发出的邀请,c)可能是指令,可能是提供,要视语境而定。从惠和损的角度看,a)是这些句子中听话人受损最大、说话人受惠最大的情况,b)和a)同是指令,但由于动作的难易程度不同,b)句中听话人受损,说话人受惠的程度都低于a);在另一端,e)是说话人受损最大,听话人受惠最大的情况;同样,d)在受损和受惠的程度上都低于 e),c)居于中间,不论作为指令还是作为提供,这个动作所引起的惠和损在这一组动作中都是居于中间状态的。因此,我们可以看到,从 a)到 e),说话人经历了从受惠者逐步改变到受损者的过程,而听话者则相反,经历了从受损者逐步改变到受惠者的过程。这组句子从惠到损或从损到惠的排列是由这些句子的语义内容决定的。我们都知道打扫一幢房子要比为别人买一张邮票麻烦得多,被邀请去参加别人的野餐所得到的好处要比喝别人一杯茶大得多。从惠和损的关系去看,可以说从 a)到 e)说话人所受的惠从大到小,进而改变为受损,所受的损又从小到大;听话人则经历了一个恰恰相反的过程,受损从大到小,进而变为受惠者,所受的惠从小到大。根据受损和受惠的变化,可以说从 a)到 e),对听话人来说经历了一个从最不礼貌到最礼貌的过程。当然,这并不是说叫别人为你打扫房子就是对他的不礼貌,邀请别人去野餐就很礼貌。我们只是从"他人"受损或受惠的角度去判断一个动作的礼貌程度。这就是为什么有些言外行为,如请求、命令等本质上是不礼貌的,因为在这些行为中,"他人"总是受损的一方,另外一些言外行为,如提供、邀请等,本质上是礼貌的,因为在这些行为中,"他人"总是受惠的一方。然而通过运用一定的语言手段,我们可以把一个本质上不礼貌的言外行为"变得"礼貌起来。例如下面这组句子:

(4) a) Lend me some money!

b) I want you to lend me some money.

c) Will you lend me some money?

d) Can you lend me some money?

e) Could you lend me some money?

f) Would it be possible for you to do me a favour by lending me some money?

这一组中所有的句子都具有同样的言外之的,它们都是说话人向听话人借钱的指令,因而本质上是不礼貌的。但在实施这同一言外行为时,说话人却可以变换语言手段来达到不同的礼貌程度。凭直觉我们可以感觉到 a)是最不礼貌的方式,f)是最礼貌的,当然还可以有别的方式,这组句子并不完全。从 a)到 f)礼貌的程度不断增加,但从"惠"和"损"的角度看,应该说,不论是 a)还是 f)都是一样的。因为不管说话人的话语礼貌与否,听话人如果同意的话,总是借给他同样数量的钱。这样看,从 a)到 f)一方所受的损和另一方所受的惠没有变化。但是,我们在前面已经提到过,这里所说的惠和损是最广泛意义上的惠和损,向别人借五块钱或借五百块钱,双方所受的惠和损固然不同,但所谓的惠和损并非一定是所得到的物质上的好处或所受到的物质上的损失,得到好处和受到损失的可能性也应被看作是受惠或受损大小的一种体现。我们知道,从 a)到 f),说话人的语言从最直接变得越来越间接,指令越是直接,听话人就越难以拒绝,指令越是间接,说话人留给听话人的余地越大,听话人拒绝执行指令越方便。从这个意义上说,指令越是直接,听话人受损(的可能性)越大,说话人受惠(的可能性)越大。在不少情况下,礼貌的程度和语言的间接程度一致,这个现象我们早已有所觉察,但这仅仅是个表面现象,礼貌的程度和"他人"受损(或受损的可能性),或者说和"自身"受惠(或受惠的可能性)成反比关系,这才是这个现象的实质。

在搞清"惠"和"损"的概念,以及这两个概念和礼貌的关系之后,我们可以接下去看一下 Leech 的礼貌准则了。Leech 提出的礼貌准则如下：

1) 策略准则(用于指令和承诺)Tact maxim (in impositives and commissives①)

   (a) 使他人受损最小

   [(b)] 使他人受惠最大

2) 宽宏准则(用于指令和承诺)Generosity maxim (in impositives and commissives)

   (a) 使自身受惠最小

   [(b)] 使自身受损最大

3) 赞扬准则(用于表情和表述)Approbation maxim (in expressives and assertives)

   (a) 尽力缩小对他人的贬损

   [(b)] 尽力夸大对他人的赞扬

4) 谦虚准则(用于表情和表述)Modesty maxim (in expressives and assertives)

   (a) 尽力缩小对自身的赞扬

   [(b)] 尽力夸大对自身的贬损

5) 赞同准则(用于表述)Agreement maxim (in assertives)

   (a) 尽力缩小自身和他人之间的分歧

   [(b)] 尽力夸大自身和他人之间的一致

6) 同情准则(用于表述)Sympathy maxim (in assertives)

   (a) 尽力缩小自身对他人的厌恶

   [(b)] 尽力夸大自身对他人的同情

(1983：132)

　　这些准则解释了为什么有的话语比较礼貌,有的不那么礼貌,还有的则不礼貌到了语用上异常的地步。下面我们在每一种准则之下分别举一些例子,这些例子都按照礼貌程度递减的次序排列,

---

　　① 括号中的 impositives、commissives 等是 Leech 对言外行为分类所用的术语

＊ 表示在一般情况下语用异常的例子。当然,这并不是说,由于
在各组例子中的第一例是最礼貌的形式,因而在实施有关的言外
行为时,选用这种最礼貌的形式总是最合适的。显然,这样的结论
是荒谬的。句子的礼貌程度不能和话语在一定语境中的可接受性
完全对应起来。话语的可接受性受语境社会因素的约束,在一定
的语境中显得礼貌的话语,在另一语境中可能显得不够礼貌,也可
能显得过分礼貌。不够礼貌固然会使话语不能被接受,但过分礼
貌也同样会使话语不能被接受。

1) 策略准则

(5) Would it be possible for you to lend me your car?

(6) Could you lend me your car?

(7) Will you lend me your car?

(8) Lend me your car!

(9) ＊ You must lend me your car.

2) 宽宏准则

(10) ＊ You MUST have another sandwich.

(11) Do have another sandwich!

(12) Please have another sandwich!

(13) Would you like to have another sandwich?

(14) ＊ Would it be possible for you to have another sandwich?

(15) ＊ Would you mind having another sandwich?

3) 赞扬准则

(16) You are the best cook in the world.

(17) What a marvellous cook you are!

(18) You are really a good cook.

(19) You certainly know something about cooking.

4) 谦虚准则

(20) A: What a bright boy you are! You always get full marks.

B_1: Thank you. I have very good teachers.

B_2: Thank you. The exam questions are not that hard.

B_3: Thank you. but I'm not the only one in the class that gets full marks.

　＊B_4: Yes, I am, ain't I?

5) 赞同准则

(21) A: That dress she is wearing is beautiful, don't you think?

B_1: Yes, absolutely.

B_2: Yes, I couldn't agree with you more.

B_3: Yes, I think so too.

B_4: Well, I like the colour.

　＊B_5: I don't think it's beautiful at all.

6) 同情准则

(22) A: I lost my kitten last week and I still can't get over it.

B_1: It's most unfortunate that you lost your pet.

B_2: I know what it is like. You have all my sympathy.

B_3: I'm sorry to hear that.

B_4: Never mind. You can find another one.

　＊B_5: So we won't be annoyed by that nasty little animal any more.

在 Leech 提出的六条准则中,1)和2),3)和4) 是分别成对的。1)(策略准则)和2)(宽宏准则)都用于指令和承诺,不同的是,1)从他人的惠损去考虑,2)从自身的惠损去考虑。指令和承诺这两类言外行为都包括一个牵涉自身和他人双方的动作,而自身受损和他人受惠,或他人受损和自身受惠之间的关系是成正比例的,因此,如果一句话遵循了 1) (a),那么它必然也遵循了 2)(a),同样,符合1)(b) 的话语也必定符合2)(b)。由此看来,1)和2)并没有实质上的差别,Leech 本人也认为在实践中并没有必要区分这两条准则。3)(赞扬准则)和4)(谦虚准则)都用于表情和表述,3)从他人去考虑,4)从自身去考虑。但表情和表述不同于指令和承诺,它们不牵涉一个"自身"要"他人"做的动作,或是"自身"为

"他人"做的动作。因此,这两条准则的依据不是"惠"和"损",而是"赞扬"和"贬损"。在3)(a)和4)(a)之间,3)(b)和4)(b)之间不存在1)(a)和2)(a),1)(b)和2)(b)之间的那种对应关系。对他人的赞扬或贬损并不必然构成对自身的贬损或赞扬。5)(赞同准则)和6)(同情准则)各有自己的依据,相互之间没有关联。

在这六条准则中,最根本的一条是策略准则。首先,这是因为策略准则用于指令,而指令是各种言外行为中最需要讲究礼貌,也最能体现礼貌的一种行为,因此,策略准则是应用最广、最不可缺少的一条准则。实际上,"策略"是礼貌的根本,礼貌地使用语言就意味着策略地使用语言。我们请别人办事要讲究策略,表扬别人,邀请别人,表示异议等等也同样存在策略地使用语言的问题。我们甚至可以把"策略"看作是一条最高准则,而把3)~6)各条准则看作是"策略"准则在不同类型的言外行为中的具体体现。如果我们把"惠"和"损"这两个概念扩大到指令和承诺之外的其他言外行为去,把自身受赞扬,受到别人的赞同,得到别人的同情等都看作是受惠的行为,而把贬损他人,对他人表示分歧,表示厌恶等都看作是使他人受损的行为,那么或许我们只需要一条礼貌准则:"使自身受惠最小,使他人受惠最大;使自身受损最大,使他人受损最小",便可以解释语言中的礼貌现象了。

8.1.4 礼貌原则的局限和不足

Leech 的"礼貌原则"无疑是对语用研究的一种贡献,但本身也有一些局限和不足。

Leech 的礼貌原则的最大不足,是对礼貌的得体性没有予以充分的考虑。他认为:"有些言语行为(如命令)具有内在的不礼貌性,有些(如提供)具有内在的礼貌性"(1983:83)。"内在的礼貌性"和"内在的不礼貌性"就暗示了有些言语行为本质上是礼貌的或不礼貌的,这就忽视了在一定的情景中可能决定礼貌程度的语境因素,忽视了礼貌的得体性。考虑言语行为的礼貌问题时,似不应忽视说话人相对于听话人的社会地位及身份、言语行为本身所具有的难易程度等因素。如果请你的上司为你保留一个职位时说"You would be doing me a great favour if you could keep that job for me"是合乎礼仪的、得体的说法,那么,请你的同事把报纸递给你, 也套用这种最礼貌的形式:"You would be doing me a great favour if you could pass me the newspaper"却给人以过分礼貌、矫揉造作之感,决非是得体的语言。这是因为 keep the job 和 pass the newspaper 这两个动作在难易程度上有极大的差别,对说话人来说,因为这两个动作而受惠的程度也有很大的差别。因此,适用于一种情况的最礼貌的形式在另一种情况下就显得过分了。同样,赞扬别人的烹饪手艺,也不见得总是以说"You are the best cook I've ever known"这种最礼貌的话为最适宜,也要看对方究竟是什么人,在什么样的场合,为你烧了什么样的菜,菜的实际质量又怎样等等。因此,在讨论语言的礼貌性时,我们不要忘了语言的得体性。礼貌地使用语言是得体地使用语言的一个因素。得体的语言是受社会因素制约的,因此,语言的礼貌程度也同样受到社会因素的制约。对某一场合来说是得体的语言,换了另一种场合便未必得体;同样,对一定的场合来说,有适合于这种场合的最礼貌的形式,换了一种场合,这种形式就会显得过分礼貌或者不够礼貌了。使用过分礼貌或不够礼貌的形式都会使语言显得不得体,可能会因此产生另一种会话含义。比如说,我们想请一个熟悉的同班同学把门关上,一般来说,"Please close the door!", "Will you close the door?"在这种场合是足够礼貌的、也是十分得体的说法,如果我们说"Could you close the door?", "Would it be possible for you to close the door?"这种过分礼貌的话,或者 "How many times do I have to tell you to close the door?"这种不够礼貌的话,这或是因为说话人的交际能力较差,不善于选择得体的语言,或是因为说话人想通过违反礼貌准则而表现出"疏远"、"不耐烦"这样的社会意义。因此,Leech 的这些礼貌准则是相对的,是受一系列社会因素制约的,这些社会因素决定了在特定的场合下什么是"最礼貌"的形式。

Leech 在陈述礼貌原则的准则时用了"最大"、"最小"、"尽力缩小"、"尽力夸大"这样一些提法,显然是比较极端的。如前所述,"最大"、"最小"等的说法未必是最礼貌的。徐盛桓(1992)指责 Leech 的这种提法过于绝对化,也过于理想化。他提出了礼貌原则的新构想,包括促进各方的关系和为此采取的礼貌策略两大方面。促进各方的关系包括"注意自身一方"、"尊重对方"和"考虑第三方";礼貌策略包括积极和消极两方面。简述如下:

(一) 促进各方关系

1. 注意自身一方

(1) 说适合自己身份地位的话,不说不适合自己身份地位的话;

(2) 说话通常倾向于较为谦逊

2. 尊重对方

(1) 说适合对方身份地位的话,不说不适合对方身分地位的话;

(2) 对于对方,话语通常倾向于较为尊重或客气,尊重客气的程度

(i) 同对方尊长或同他们跟自己疏远的程度成正比;

(ii) 同对方付出代价的程度成正比;

(iii) 同对方要求他人付出代价的程度成正比

3. 考虑第三方

(1) 充分注意到交际时在场的第三方,不说影响到他们的身份地位的话,如果有需要,可以说适合他们身份地位的话;

(2) 充分注意到话语中提及的第三方,不说影响到他们的身

份地位的话,如果有需要,可以说适合他们身份地位的话。

(二) 运用礼貌策略

1. 积极策略:说适度谦让、尊重或客气的话

2. 消极策略:说适度中和的话

我们可以看出,徐氏的礼貌原则新构想,基本上是对 Leech 的礼貌原则的修正,以"通常倾向于"等字眼来替代"最大"、"最小"、"尽力缩小"、"尽力夸大"等字眼,对礼貌的得体性有所考虑,显得较为中肯而实际。

此外,Leech 的礼貌原则未能覆盖礼貌语言的全部需要。因为他的礼貌原则主要是为了"拯救"Grice 的合作原则而提出来的,它只解释了合作原则未能解决的某些现象,但未能覆盖礼貌语言中的一些常见的现象:礼貌语言所涉及的方面,要比礼貌原则所涉及的范围广泛得多。比如当众骂街当然是失礼的,不符合礼貌语言的要求,但礼貌原则的各准则,对此未见有任何的规范。礼貌原则的准则之间也有不平行之嫌。

8.2 会话的礼貌策略

8.2.1 礼貌和社会因素

8.2.1.1 面子和理性

"礼貌"本身是日常生活行为中具有道德或伦理意义的一项行为准则,包括人们为维护和谐的人际关系所作出的种种努力。但是,礼貌这一概念一旦进入到语用研究的领域,就有其独特的理论内涵。Leech 对礼貌的界定比较模糊,相比之下,Brown 和 Levinson(1978)所提出的礼貌策略似乎清楚些。在他们看来,礼貌就是"典型人"(Model Person,简称为 MP)为满足面子需求所采取的各种理性行为。他们的礼貌概念本质上是策略性的,即通过采取某种语言策略达到给交际各方都留点面子的目的。因此,Brown

和 Levinson 的礼貌理论通常称之为"面子保全论"(Face-saving Theory,简称为 FST)。

"面子保全论"(1978:63)首先设定,参加交际活动的人都是典型人。典型人是"一个具有面子需求的理性人",通俗些说就是社会集团中具有正常交际能力的人。这种典型人具有两种特殊的品质:面子(face)和理性(rationality)。典型人所具有的"面子"即是每一个社会成员意欲为自己挣得的那种在公众中的"个人形象"(the public self-image),它分为消极面子(negative face)和积极面子(positive face)两类。消极面子是指不希望别人强加于自己,自己的行为不受别人的干涉、阻碍。积极面子是指希望得到别人的赞同、喜爱。典型人所具有的"理性",不仅指交际双方能运用一定的模式进行实际推理的能力,而且还包括从交际的目标出发,确定达到这些目标所应运用的最佳手段的能力(1978:70)。只有具有面子和理性的典型人,才能使正常的交际得以顺利进行。

8.2.1.2　面子威胁行为(FTA)

Brown 和 Levinson 认为,许多言语行为本质上是威胁面子的,讲究礼貌就是要减轻某些交际行为给面子带来的威胁。社会交往中既要尊重对方的积极面子,又要照顾到对方的消极面子,这样才能给对方留点面子,同时也给自己挣点面子,以免带来难堪的局面或使关系恶化。言语交际中的礼貌策略只是一种手段,使用礼貌策略这一手段的真正目的是为了更好地达到交际目的,满足人们的面子需求。面子是典型人的基本需求,所有典型人既有积极面子的需求,又有消极面子的需求,他们都有理性,都能选择一定的手段来满足一定的面子需求。

但是,Brown 和 Levinson 认为,有些言语行为具有固有的威胁面子的性质。也就是说,有些言语行为本质上与说话人或听话人的面子需求背道而驰,它们既可以威胁积极面子,也可以威胁消极面子;既可以威胁说话人的面子,也可以威胁听话人的面子。

1) 威胁听话人面子需求的言语行为

威胁听话人消极面子需求的言语行为是指说话人表明他无意避免干涉听话人行动自由的那些言语行为,主要包括:

(a) 言及听话人某些将来的动作,并因此使其感到不得不去做这一动作,或使之无法避免去做这一动作的言语行为,如命令、请求、提醒、建议、劝告、威胁和警告等。

(b) 言及说话人针对听话人的一个未来的动作,并因此使听话人感到不得不接受或难以拒绝这一动作,并可能使之产生负债感的言语行为,如提供、许诺等。

(c) 言及说话人对听话人的所有具有某种希冀,使听话人有理由认为或是应该采取行动保护说话人所希冀之物,或是将它送给说话人的言语行为,如赞誉,妒忌或羡慕;表达对听话人强烈的(负面)情绪表达(如憎恨、发怒)等。

威胁听话人积极面子需求的言语行为是指说话人表明他不关心听话人的感情、需求等,在某些重要方面视听话人的需求于不顾的那些言语行为,主要包括:

(a) 对听话人的积极面子的某一方面作出负面评价的言语行为,如表示不赞同,批评、蔑视、取笑、抱怨、指责、非难、侮辱、挑战、反驳等。

(b) 那些表现出说话人不在乎、不关心听话人积极面子的言语行为,包括表达(无法控制的)强烈感情;提及禁忌话题;给听话人带来坏消息,或说话人自夸的好消息;提出威胁感情或有分歧、有争议的话题;首次会面中唐突地使用称呼语,冒犯了听话人或使其感到难堪等。

2) 威胁说话人面子需求的言语行为

威胁说话人消极面子的言语行为主要有:表示感谢,接受听话人的感谢或道歉,请求原谅,接受提供,对听话人过失的反应,不是出于本人意愿的许诺和提供等等。威胁说话人积极面子的言语行为主要有:道歉,接受赞誉,自相矛盾,忏悔、承认有罪或有错等。

8.2.1.3 估算面子威胁行为的因素

上文谈到,Brown 和 Levinson 认为许多言语行为本质上是威胁面子的,要么威胁说话人的面子,要么威胁听话人的面子。但是,面子威胁行为的大小是如何估算的呢? 他们认为, 在许多文化(也许在所有文化)中, 对面子威胁行为的大小的估算都包含以下三个因素:

(ⅰ) 说话人和听话人之间的"社会距离"(social distance,用 D 表示)

(ⅱ) 说话人和听话人之间的"相对权势"(relative power,用 P 表示)

(ⅲ) 特定的文化中,言语行为本身所固有的强加的绝对级别 (absolute ranking of imposition,用 R 表示)

一个行为对面子的威胁程度取决于这三个因素,用公式表示如下:

$$W_x = D(S, H) + P(H, S) + R_x$$

W_x 表示面子威胁行为的大小,$D(S, H)$ 表示说话人和听话人之间的社会距离, $P(H, S)$ 表示听话人相对于说话人所拥有的权势,R_x 表示在一种文化中面子威胁行为的强加级别。他们认为,将上述公式中的这三个因素的值简单相加就能得到一个 W_x 的值,因此也决定了运用威胁面子行为进行交际时(在其他条件相同的情况下) 的礼貌程度。

下面我们通过几个例子来看一下这三个因素如何决定言语行为的礼貌程度,以及说话人如何以此为据选定合适的语言方式。

(23) A_1: Excuse me, do you by any chance have the time?

　　　A_2: Got the time, mate?

上面这两句句子都用来询问时间,询问时间这一行为的强加程度不大;假设这两句话的说话人和听话人之间的权势基本相同,即 P 值和 R 值均为常数,那么剩下的唯一变量便是 D 值,即说话人和听话人之间的社会距离了。如果两人是路上相遇的陌生人,那么 D 值显然较大,因而 Wx 也较大,言语行为的威胁程度相对就大些,于是说话人就应该选择 A_1 这一语言形式。如果听话人和说话人是十分熟悉的朋友,社会距离很小,那么这同一言语行为对面子的威胁程度就小得多。因此,说话人只需选用 A_2 这一形式。

再看下面这个例子:

(24) A_1: Excuse me, sir, would it be all right if I smoke?

A_2: Mind if I smoke?

这个例子中的两句话具有同样的言外之的,假设说话人和听话人一个是上司,一个是雇员,他们之间的社会距离是常数,唯一得变量是相对权势 P,雇员问上司他是否可以抽烟,大凡用 A_1 的形式;反之,上司问雇员是否可以抽烟,则大多会用 A_2 的形式。

最后让我们看一个 P 值和 D 值是常量,而 Rx 值差别较大的例子:

(25) A_1: Look, I'm terribly sorry to bother you but would there be any chance of your lending me just enough money to get a railway ticket to get home? I must have dropped my purse and I just don't know what to do.

A_2: Hey, got change for a quarter?

这两句都可能是遇到麻烦的旅客在火车站对陌生人说的,唯一的变量是 Rx。句 A_1 的面子威胁程度要比句 A_2 高得多,这是因为要求给予数目大的钱而不还,其强加程度自然要比请别人在口袋里寻找零钱高得多。

总的说来,策略的选择就是对所估算的威胁面子行为的冒犯程度的"编码"。这就是为什么人们带着一定的恐惧心理来对待下列的言语行为:

(26) I'm awfully sorry to bother you, and I wouldn't but
　　 I'm in an awful fix, so I wondered if by any chance ...

说话人这样的编码意味着他将要实施的言语行为是一个面子威胁程度很大的言语行为。

8.2.2　礼貌的补救策略

Brown 和 Levinson 认为,言语行为本质上是威胁面子的,所以,每一个典型人都会寻求一定的方式去避免这些面子威胁行为,或采取某些策略去减轻言语行为的威胁程度。他要考虑三种需求:(1)要向听话人传递信息的交际需求;(2)要有效地或紧急地交际的需求;(3)要在某种程度上维护听话人面子的需求。如果第二种需求不特别明显,说话人就会尽力减轻面子威胁行为的威胁程度。也就是说,礼貌是为最大程度地维护听话人和说话人的面子所做的努力,因此他们称礼貌为"补救策略"(redressive strategies),这些补救策略表明:说话人没有威胁听话人面子的意图,或试图减弱这种对面子的威胁。

Brown 和 Levinson 提出五种补救策略,依次为:(1)不使用补救策略、赤裸裸地公开施行面子威胁行为(bald on record without redressive actions);(2)积极礼貌策略(positive politeness);(3)消极礼貌策略(negative politeness);(4)非公开地施行面子威胁行为(off record);(5)不施行面子威胁行为(Don't do the FTA)。下面分别予以简要的介绍。

8.2.2.1　不使用补救策略、赤裸裸地公开施行面子威胁行为

"不使用补救策略、赤裸裸地公开施行面子威胁行为",就是尽可能直接地、清楚明了地向听话人表明自己的意图,其基本模式是:"Do X"。一般说来,说话人以这种最直截了当的方式来施行面子威胁行为的策略,是不担心听话人可能的报复。在下列情况下,说话人可以以这种策略来施行面子威胁行为:

1. 情况紧急,或交际效率占据首位,面子需求退居次要地位;
2. 对听话人的面子威胁相当小,或可能没有威胁,如提供、建议等显然有利于听话人的言语行为。
3. 说话人的权势显然高于听话人,或说话人能赢得第三者的支持,诋毁听话人面子的同时不必担心丢自己的面子。

例如:

(27)"抓小偷啊! 抓小偷"

(28) 去睡了罢,不要难为身子。

(29) 父亲(对儿子说):"你给我把门关上!"

(30) Don't touch that! It's dangerous.

(31) Watch out!

(32) Listen, I've got an idea.

(33) Come home right now!

(34) Come in, don't hesitate, I am not busy.

(35) Don't worry about me.

8.2.2.2 积极礼貌策略

积极礼貌策略和下面一节要讲的消极礼貌策略,都使用了补救的策略。使用补救策略的言语行为就是通过给予听话人"面子",来减轻对听话人可能的面子损伤。积极礼貌策略就是满足听话人的积极面子需求,使听话人所要求的个人形象与说话人在言语行为中体现的听话人的个人形象达到一致。因此,积极礼貌是以"接近为基础的"(approach-based)。说话人表明自己与听话人之间有某些共同之处,以满足听话人的积极面子需求。说话人使用积极礼貌的策略,通常是诉诸友谊或伙伴关系,但这一策略,容易遭到拒绝,因此,通常采用"套近乎"的谈话方式。Brown 和 Levinson 提出了十五个积极礼貌的策略,包括寻求一致,避免不和,假设有共同点,表示伙伴关系,提高听话人的兴趣,注意听话人的需要和夸张自己对听话人的兴趣、赞同、同情等。例如:

（36）刘子兴："我又要说不中听的话了！<u>自己爷儿们,你可别生气。</u>(然后正式说)如今,做买卖吧,政府也伸手,种庄稼吧,又要领导。那么说,早辈子,咱也没听说种地得有人管,可是也没听说地种瞎了,老百姓呢,还是靠着粮食长大的。"

（骆宾基《父女俩》）

（37）I come down the stairs, and what do you think I see?
— a huge mess all over the place, the phone's off the
hook and clothes are scattered all over …

（38）Help me with this bag here, will you pal?

（39）Bring me your dirty clothes to wash, honey.

（40）A: What is she, small?
B: Yes, yes, she's small, smallish, um, not really
small but certainly not very big.

（41）I really had a hard time learning to drive, you know.

（42）I know you can't bear parties, but this one will really
be good—do come! (request/offer)

（43）Look, I'm sure you won't mind if I borrow your type-
writer.

8.2.2.3　消极礼貌策略

消极礼貌策略主要是说话人意欲部分地满足听话人的消极面子,基本需求是要维护听话人的私人领域和自我决策的权利,因此,它不同于积极礼貌策略,主要是以"回避为基础的"(avoidance-based)。说话人通过承认并尊敬对方的消极面子的需要,不干预听话人的行动自由来满足对方的消极面子需求。其主要特征是谦让,回避出风头,自制而不夸夸其谈,其注意力放在听话人的个人形象上,集中于听话人不受干预的需求。消极礼貌策略的典型形式是含有情态动词的问句。这一策略在形式上通常比较复杂,表达的语义比较模糊,语气比较委婉,这说明说话人是为了照顾听话人的面子,而不仅仅是有效地传达信息。Brown 和 Levinson 提出十种消极礼貌的策略,包括说话迂回,模棱两可,尊重对方,避免突出个人,表示悲观,道歉,减小对对方的强加等。例如:

(44) Can you please pass the salt?

(45) I don't suppose I could possibly ask you for a cup of flour, could I?

(46) I just want to ask you if you could lend me a tiny bit of paper.

(47) I hope this isn't going to bother you too much.

(48) I got delayed; I am sorry.

(49) It wouldn't be any trouble; I have to go right by there anyway.

8.2.2.4 非公开策略

非公开的礼貌策略是属于补救程度较强的策略,Brown 和 Levinson 视之为减少面子威胁策略中最为礼貌的策略,因为采用这一策略语言对面子的威胁最为间接,说话人采用此策略可以得到的一个好处是,对于自己,可以避免对听话人存在潜在的面子损伤之嫌,会得到说话有策略之赞誉,因为说话人的言语行为比较模糊,使得听话人有可能从另一个角度对之加以理解,这样,说话人对特定的意图就不会有责任。对于听话人,既可以躲避潜在的面子威胁,又可以给他以表现关心他人的机会。如说话人说了"It's hot here",听话人如理解了说话人的意思,就可以说,"Oh, I'll open the window then.",这样,听话人可以得到慷慨、关心他人、考虑周到等赞誉,而于说话人则可以免去乱提要求而威胁听话人的面子之嫌。Brown 和 Levinson 也提出了十五种非公开的礼貌策略,包括暗示、夸张、暗喻、模糊、反语、低调陈述、修辞设问、同义反复等。例如:

(50) What a hot day! (i.e. How about a drink?)

(51) A. What do you think of Harry?

   B. Nothing wrong with him. (i.e. I don't think he's very good)

(52) There were a million people in the Co-op tonight!

(53) Boys will be boys.

(54) Harry's a real fish. (i.e. He swims like a fish)

(55) What can I say? (i.e. Nothing, it's too bad)

(56) Perhaps someone did something naughty.

8.2.2.5 不施行面子威胁行为

第五种礼貌策略是"不施行面子威胁行为",这是最礼貌的策略。这就是说,说话人不使用某一特定的面子威胁行为,这样就避免了对听话人可能的冒犯。这时,说话人的意图未必能被听话人理解;因为这一意图是不明说出来的,听话人也可以装做没有听见或看见而不予理睬,导致交际的失败。不施行面子威胁行为的策略和非公开的策略一样,都是以"含蓄、暗示"为主要特征的,因此就不一定会成功。

George Yule (1996) 以"借笔"为例,解释了这五种礼貌策略。假如你去参加一次重要的学术报告,拿出笔记本准备记笔记,却发现忘了带笔。你认为坐在你边上的那个人可能会有笔多余。在这种情况下,你可以采取五种策略里的任何一种。

赤裸裸地施行面子威胁行为:

(57) A₁: Give me a pen.

   A₂: Lend me your pen.

积极礼貌策略:

(58) A₁: How about letting me use your pen?

   A₂: Hey, buddy, I'd appreciate it if you'd let me use your pen.

A$_3$: Hi. How's it going? Okay if I sit here? We must be interested in the same crazy stuff.

You take a lot of notes too, huh? Say, do me a great favour and let me use one of your pens.

消极礼貌策略：

(59) A$_1$: Could you lend me a pen?

A$_2$: I'm sorry to bother you, but can I ask you for a pen or something?

A$_3$: I know you're busy, but might I ask you if — em — if you happen to have an extra pen that I could, you know — eh — maybe borrow?

非公开的礼貌策略：

(60) A$_1$: Uh, I forgot my pen.

A$_2$: Hmm, I wonder where I put my pen.

不施行面子威胁行为的礼貌策略：

(61) A：(在袋子里找笔)

B：(主动借笔给你)Here, use this.

George Yule"借笔"的五种礼貌策略可总结如下：

施行面子威胁行为	公开地施行		赤裸裸地施行："Give me a pen."
		面子保全行为	积极礼貌策略："How about letting me use your pen?"
			消极礼貌策略："Could you lend me a pen?"
	非公开地施行："I forgot my pen."		
不施行面子威胁行为	在袋子里找笔		

8.2.3　礼貌策略的局限和不足

Brown 和 Levinson 的"面子保全论"这一礼貌模式,主要是以 Goffman 的"面子理论"为基础的。Goffman 认为,面子是社会交往中人们有效地为自己赢得的正面的社会价值(positive social value),是一种公众形象(public image),这种称之为"面子"的"公众形象"是由他人的评价所支承的,是社会"借给"个人的。倘若社会认为某个个人不值得拥有面子,尽可以收回。因此,人们为了确保这种公众形象,避免丢面子,就得尽力实施符合社会规约对面子所要求的言语行为。Brown 和 Levinson 对此面子行为理论进行了修正和拓展,建构了自己的礼貌模式。他们将 Goffman 的"公众形象"的面子,改为"在公众中的自我形象"(public self-image),强调了面子中"个人"的含义,把面子看作一种个人的愿望和目的。Goffman 认为"说话人主要考虑的是自己的面子","避免给人一个冒犯者的印象",而 Brown 和 Levinson 认为"说话人主要考虑的是听话人的面子,避免冒犯对方"。

Brown 和 Levinson 的"面子保全论"影响很大,大凡论述礼貌问题,都以他们的理论为基础,但"面子保全论"也有其自身的局限和不足,招致许多的责难。Brown 和 Levinson 理论的不足,主要在于以下几个方面:

首先,Brown 和 Levinson 把面子区分为积极面子和消极面子,并认为某一言语行为每次只威胁一种面子。对此,语用学界颇多微词,认为有些言语行为(如命令和请求)可以同时威胁说话人或听话人的两种面子。例如:

(62)(老师对学生说)请你把昨天的作业再做一遍好吗?

此例中表面上是个请求,其实同时威胁了听话人的积极面子和消极面子。说话人对听话人做的作业不满意,要他重做;"不赞同"威胁了听话人的积极面子;要求重做,干涉了对方的行动自由,威胁了听话人的消极面子。

其次,Brown 和 Levinson 认为,面子威胁行为的大小是社会距离(D)、相对权势(P)和强加级别(R)这三种因素的简单相加之和,其实不然。换言之,这三种因素参与对面子威胁行为大小的估算时,其作用是各不相同的。相对权势似乎比另外两种因素来得重要。例如:

(63)[元妃]又向其父说道:"田舍之家,齑盐布帛,得遂天伦之乐。今虽富贵,骨肉分离,终无意趣。"贾政亦含泪启道:"臣草莽寒门,鸠群鸦属之中,岂意徵凤鸾之瑞。今贵人上赐天恩,下昭祖德,庶且今上体天地生生之大德,垂古今未有之旷恩,虽肝脑涂地,岂能报效于万一。惟朝乾夕惕,忠于厥职。伏愿我君万岁千秋,乃天下苍生之福也。贵妃切弗以政夫妇残年为念,更祈自加珍爱,唯勤慎肃恭以侍上,庶不负上眷顾隆恩也。"

(《红楼梦》第 18 回)

贾政与元春系父女,社会距离当然不大;这段对话的强加级别也几乎没有;只因元春"侍上"贵为妃,其权势的差异就很大,因而,贾政自称"臣",所担之职为"厥职",自喻为"鸠"为"鸦";称女儿为"贵人"、"贵妃",此即是相对权势较之其他两种因素更为重要的典型。

其实,Brown 和 Levinson 也未区分表面权势和实际权势。在言语交际过程中,实际权势比表面权势占有更大的分量。也就是说,拥有表面权势的人与拥有实际权势的人说话,要比拥有实际权势的人与拥有表面权势的人说话时的礼貌程度要高。正如汉语俗语所说,县官不如现管。

最后,根据 Brown 和 Levinson 的阐述,几乎所有的言语行为都对面子构成威胁,其中包括了像提供、邀请、恭维、感谢这样的言语行为,对此,人们从本能上会感到难以接受。

8.3 礼貌和文化价值

Brown 和 Levinson,以及 Leech 都认为,他们的礼貌理论具有普遍性,这是他们受到指责的众多原因之一。因此,Brown 和 Levinson 在 1987 年将书名"Universals in language usage: politeness phenomena"中的 universals 改成 some universals。其实,他们也是清楚地意识到礼貌受文化制约的特性的。

Brown 和 Levinson 认为,面子问题虽然是一种普遍的现象,但在某一特定社会中必须深入到文化的深层去理解。他们的"普遍性"只是指:

（ⅰ）区分为积极和消极的两种面子,具有普遍性;

（ⅱ）以满足对方的面子需求的理性行为,具有潜在的普遍性;

（ⅲ）具有面子需求的、能实施理性行为的言语交际者之间的相互知识,具有普遍性。

(1978:249)

Leech 也认为,在不同文化中,礼貌原则中的各项准则,其重要性是不尽相同的。他指出:"东方有些文化社团(如中国和日本)比西方国家有更重视谦虚准则的倾向;操英语的文化社团(尤其是英国)更重视策略准则和反语准则;地中海国家更重视慷慨准则,而不大重视谦虚准则"(1983:150)。经过对比研究之后,他得出结论,礼貌原则是具有普遍性质的,但礼貌原则下的各准则,其重要性因文化、社会、或语言环境的不同而有所不同。

因此,在承认礼貌的普遍性的同时,我们还必须认识到礼貌的相对性,也就是说,在不同的文化中表示礼貌的方式方法、以及人们用以判断礼貌的标准具有差异性。这种差异性是和在不同文化中礼貌的不同起源、以及长期历史过程中受社会、历史、地理等一系列文化因素影响而形成的文化价值分不开的,因此,探讨礼貌问题时,我们必须考虑礼貌的文化特征。

礼貌是一种可以观察到的社会现象,一种为达到一定目标的手段,一种约定俗成的行为规范;礼貌的语言和礼貌的行为只是表层的现象,是特定文化价值在语言中的折射,只有深入到文化的深层中去,才能透过这种表象,挖掘出其真正特征,才能成功地解释其本质特征。

礼貌是不同文化背景的人都须遵守和维护的准则。讲究礼貌是人类社会的文明标志,但不同文化背景的社会具有不同的礼貌规范。比如,在所有文化中,谦虚都被看作是礼貌的表现,Leech的礼貌原则也包含了谦虚准则,但不同文化背景的人在遵循这条准则时存在程度上的差异。最明显的例子莫过于东方人(中国人、日本人)和英美人对"谦虚"的不同态度。当人们受到赞扬时,讲英语的人一般都说"Thank you"以表示接受,他们认为,欣然接受对方的的赞扬可以避免损害对方的积极面子,因而是礼貌的。而讲汉语的人一般竭力贬低自己,否定赞语的真实性,以示谦虚。中国主人虽然准备了丰盛的饭菜请别人吃饭,仍然会说:"没什么菜招待"、"不会烧菜"之类的客套话,真正把对自身的贬损夸大到了最大程度,以此来表示礼貌,因此,中国人是十分严格地遵守谦虚准则的。这是因为"自卑而尊人"是汉文化中礼貌的核心成分。

privacy 在所有的文化中都被认为是重要的,但是,privacy 在英语文化中比在汉语文化中受到重视的程度明显要大得多。汉语文化中被认为是礼貌的行为在英语文化中可能是侵犯了一个人的 privacy。在中国人看来,对他人表示关心和热情是礼貌的行为,甚至初次见面也会相互询问对方的年龄、婚姻状况、子女情况、职业、收入等等。他们认为,相互询问一些情况可以缩短彼此之间的社会距离。例如:

(64)(我立刻对这位同乡,越加亲热起来。)

　　我　：你多大了?

同乡：十九。

我 ：参加革命几年了？

同乡：一年。

我 ：你怎样参加革命的？

同乡：大军北撤时我自己跟来的。

我 ：家里还有什么人呢？

同乡：娘，爹，弟弟妹妹，还有一个姑姑也住在我家里。

我 ：你还没娶媳妇吧？

（茹志鹃《百合花》）

这似乎不是在谈话，倒有些像是在审讯，或查户口。但在汉文化里，这却是关心、亲热的表示，不是不礼貌的言语行为。但对操英语的人来说，如果在日常生活中有人向他们以这样的方式询问这样一些问题，就会感到对方在粗暴地干涉他们的 privacy。

individualism 在英语文化中也受到高度的重视。这个概念包括个人的自由、权利、个人独立等等内涵，在汉语中几乎找不到一个恰当的对等词。不管 individualism 的历史起源是什么，这种价值观在英语文化中已经根深蒂固。尊重个人的自由、权利和独立是礼貌的，反之则是不合适的，甚至被认为是粗鲁的。

但在汉语文化中，人们从来没有像西方人那样意识到人的个人价值，这是因为中国有着近两千年封建历史的特殊背景。这一差异解释了为什么有些在汉语文化中认为很平常的言语行为，在 Brown 和 Levinson 看来是威胁了听话人的消极面子。在汉文化中，表达好意的行为通常需要反复几次才能完成，比如邀请，邀请者一般会反复邀请好几次，以示真诚，而受邀者也会推辞好几次才最后接受。当邀请第一次被拒绝后，邀请者一定要再次作出邀请才算真诚；而受邀者如果立即接受邀请就显得过于急切，是不合适的。这与英语文化中人们的习惯做法截然不同。例如：

（65）甲：嘿，小乙，这个星期你和你先生到我们家来吃饭啊。

我正好回来,我们大家碰碰头。

乙:别客气了。你只有两个星期的假期,一定有很多事情要做。

甲:除了休息以外,我没什么事情要做。你们来嘛,又没其他人。

乙:这次就别麻烦了,这样太花时间了。

甲:一点不花时间,吃顿便饭嘛。

乙:我们还是来谈谈好了,不要吃饭。

甲:来了怎么可以不吃饭呢。

丙:好了,别再客气了!这是很随便的。我们就想聚一聚,看看大家。你们一定要来的。

乙:你们太客气了,老是请我们吃饭。

甲:别瞎说了。就这样定了。

乙:好吧,那我们就来。要我们带点什么来吗?

甲:不要带,一点也不要带。

乙:好吧,我们这次就全听你的了。

(L. R. Mao, 1994:475~6)

所以,L. R. Mao(1994:451—486)比较了英汉两种文化的差异后提出了"相对面子指向的构想"(the relative face orientation construct)。这种构想基于这样的假设:面子是一种每个社团成员意欲为自己挣得的公众形象,这种公众形象便表明了一种潜在的礼貌指向:礼貌要么指向一种理想的社会同一性(ideal social identity),要么指向理想的个人自主性(ideal individual autonomy)。这种礼貌的指向,就是一个特定社会中面子的独特内涵。他认为,西方文化中的礼貌,是指向理想的个人自主性,而汉语文化中的礼貌是指向理想的社会同一性,这是中西方礼貌内涵差异的本质特征。

顾曰国(1990,1992)回顾了礼貌这个概念在汉文化中的历史起源,并根据汉文化中的德、言、行的礼貌要求,对 Leech 的策略准则和慷慨准则进行了修订,同时提出了不同于西方学者的礼貌准则。他认为,礼貌在汉文化中有四个基本要素:尊敬他人(respectfulness)、谦虚(modesty)、态度热情(attitudinal warmth)和温文尔雅(refinement)。尊敬他人指的是对他人的肯定、欣赏、顾及他人的面子、社会地位等;谦虚是贬己的另一种说法;态度热情指对对方的关心、热情;而温文尔雅指自己对他人的言行要符合某种标准。

　　顾提出的礼貌第一要素——尊重他人,大致相当于维护说话人积极面子的愿望。第四要素——温文尔雅,则体现了礼貌的标准性特征,这在各种文化中是共同的,但迄今为止西方学者似乎未对此进行描述。第二要素——谦虚,其重要性虽然在不同的文化中不尽相同,但在很大程度上也具有普遍性,将谦虚解释为贬己则是中国的特色。第三要素——态度热情,则明显具有中国特点(如例 65 所示)。

　　顾对礼貌的这一描述,兼顾了不同文化中礼貌的共同特点和汉文化中的个体特征,似乎更符合中国的实际情况。

　　总而言之,礼貌虽然是一种普遍的社会现象,但它又具有文化特征,不同文化对礼貌行为有不同的要求,不同文化赋予礼貌不同的内涵。要解释礼貌的文化特征,我们就需要探讨文化价值观。

第九章 跨文化语用学

跨文化语用学是近 20 年来发展起来的、而且发展得很快的一个新的语用学分支。这一领域的学术成果对外语教学的重要作用在应用语言学及外语教学界已被普遍认可。近年来有大量的研究成果问世,国外学术刊物上用英语发表的有关这一领域的学术论文大约就有 600 多篇,每年还有许多硕士、博士生撰写这一方面的论文。跨文化语用学具有广阔的前景。因此,本书对此单独列章介绍。本章主要论述以下几方面的内容:什么是跨文化语用学、跨文化语用学的形成和发展、主要的研究内容、研究过程中应该注意的问题以及研究趋势。

9.1 什么是跨文化语用学

由于语用学本身是语言研究的一个新兴学科,语用学家对其研究范围的看法不尽相同,而且对"跨文化"的理解也各不相同,因此,人们对跨文化语用学的研究范围就更难有一致的看法了。如何自然认为:"跨文化语用学研究在使用第二语言进行跨文化言语交际时出现的语用问题。跨文化言语交际指交际一方或双方使用非母语进行的言语交际。由于在这样的环境中所使用的第二语言总是或多或少地伴随着母语的文化特征,所以称之为跨文化言语交际"(1997:11)。Yule 则认为跨文化语用学研究的是不同社团(community)对意义构建方法的不同期盼(1996:87—88;128)。还有的跨文化语用学著作,如 Wierzbicka(1991),没有对跨文化语用学下明确的定义。要回答什么是跨文化语用学这一问题,首先要知道什么是跨文化,什么是语用学。

"跨文化"在英语文献中通常用两个术语来表示:一个是"inter-cultural",另一个是"cross-cultural"。因此,我们常可以看到英语中"跨文化交际"分别用"inter-cultural communication"和"cross-cultural communication"来表示。语言学家和文化人类学家根据各自研究领域的特点对这两个术语的使用各有偏爱。语言学家和应用语言学家较多使用"cross-cultural",而人类学家则更喜欢使用"inter-cultural"。他们的偏爱不无道理,因为语言学家和应用语言学家研究的重点是对各种语言活动进行跨文化对比。从广义上来说,这种研究非常接近"对比语言学"的研究传统,因为其研究重点是就某种语言现象进行跨文化的对比以发现它们之间的差异,如对某一特定言语活动在不同的文化/言语社团是如何进行的,对某一言语行为在不同的文化中是如何实施的等进行的研究。而文化人类学家研究的是代表不同文化的个体之间的交际,他们研究的重点主要是面对面的非正式的交际(encounters)。Prosser 在谈到"inter-cultural"和"cross-cultural"交际的区别时这么说:"inter-cultural communication"可以简单地定义为不同文化群体成员间个体层面上的交际,而"cross-cultural communication"则可简单地定义为不同文化群体或不同文化群体的文化代言人间的集体交际"(1978:xi — xii)。但 Gudykunst 和 Kim 则认为:"inter-cultural communication"是对某些现象的跨文化比较,而"cross-cultural communication"指的是来自不同文化的人之间的交际,"inter-cultural communication"的研究包括"cross-cultural communication"(1984,转引自 Kitao1985:8)。

尽管不同的人对以上两个术语的解释有所不同,但有一点是基本一致的,那就是"inter-cultural communication"的研究并不只对言语交际感兴趣,它还力图对影响跨文化交际的各种因素作出解释。它研究的重点是在非语言的文化因素上,尽管不否认语言在体现文化差异上的重要性,但文化问题似乎比语言问题更为重要。正如 Prosser 指出:"事实上,尽管个人的语言与文化紧密相连,也确实在跨文化交际中造成重要的障碍,但语言问题没有其他的文化障碍那么严重"(1978:102)。

尽管文化人类学研究领域的研究者设法区别"inter-cultural"和"cross-cultural"这两个术语,但对语言学家和应用语言学家来说这两个术语的区别就显得不那么重要了。近年来,我国出版的有关跨文化交际的著作,如胡文仲(1988,1990)、林大津(1996)、贾玉新(1997)等几乎都用"inter-cultural communication",这也许是"inter-cultural communication"涵盖的范围更广之故吧。跨文化语用学是对不同文化背景的人之间的交际进行的研究,其重点是对不同文化的语言活动进行跨文化对比研究。因此,"跨文化语用学"中的"跨文化"在英文中用"cross-cultural"而不用"inter-cultural"。

"跨文化交际"这一术语常用来指任何两个不同语言文化背景的人之间的交际。这样,跨文化交际不仅包括国际间的跨文化交际、还包括跨种族交际、跨民族交际,以及属于同一文化背景的不同群体之间的交际,包括不同年龄、不同职业、不同社会阶层、不同教育背景等人之间的交际。本章"跨文化语用学"中的"跨文化"只限于不同国别/语言的人之间的交际,或者说本族语使用者和非本族语使用者之间的交际。

什么是语用学以及语用学研究的内容已在前面论述,这里就不再赘述。目前人们对语用学的界定还未有定论。不同的人对其研究的范围也有不同的看法。Leech(1983)在对普通语用学定义时,作了语用语言学(pragmalinguistics)和社会语用学(sociopragmatics)的区别。我们在给跨文化语用学定义时也将采用这一区别。笼统地说,跨文化语用学指的是本书前面各章所论述内容的跨文化研究和语际语的语用学研究。前者的主要内容可归纳为:

跨文化语用语言学研究(cross-cultural pragmalinguistics)和跨文化社会语用学研究(cross-cultural sociopragmatics);后者称为语际语语用学研究。

9.2 跨文化语用学的形成和发展

跨文化语用学的产生是语用学理论本身发展的结果。许多语用学理论的提出,如 60、70 年代的言语行为理论(Austin,1962,Searle,1969,1979)和会话原则(Grice,1975,1981)的提出;70 年代末、80 年代初"面子"理论(Brown 和 Levinson,1978)和"礼貌"理论(Leech,1983)的提出都引起了各国专家、学者的极大兴趣。这些理论尽管以某种文化为背景,但它们似乎都认为这些理论具有普遍性。正如 Wierzbicka 所说:"言语行为理论和与哲学家 John Searle(1969,1970)、Paul Grice(1975,1981)著作相关的以及以后的会话逻辑理论都认为美国白人的说话方式代表了人类一般的说话方式"(1991:67)。而以牺牲文化差异为代价、寻求普遍性的原则也是 Brown 和 Levinson(1978)的"面子"理论的特点,这些理论都因以说英语国家文化或以西方文化为背景在语言学界常常受到批评。这些理论究竟在多大的程度上具有普遍性,这是各国语用学家所关心的问题。Leech 提出其"礼貌"理论时已意识到这点,他在"Principles of Pragmatics"的 "A Survey of Interpersonal Rhetoric"一章中说:

> 本章对这一论题未论述的另一个方面是与人际修辞有关的不同语言和文化的类型研究。至今我们对不同文化间在这一方面差异的了解是带有趣闻轶事性质的,比如有这样的观察:有的东方文化国家(如中国和日本)比西方国家更强调"谦虚准则",英语国家则更强调"得体准则"和"讽刺原则"……。当然,这些观察认为,作为人类交际的总的功能规则,这些原则多少是具有普遍性的,但其相对重要性在不同的文化、社会和语言环境中是各不相同的。

(Leech 1983:150)

在同一书的最后一章"Retrospect and Prospect"中 Leech 写道:"在交际行为的跨语言比较方面我没有做什么,但这是一个非常诱人的领域,许多研究还有待去做。"因此,以上这些语用学理论的提出促使许多非西方文化国家的学者根据本国的情况,对这些理论的普遍性进行研究。跨文化语用学研究也就随之产生了。

跨文化语用学早期的研究主要是探索语用理论的普遍性问题,也就是说,以上提到的语用学理论在多大程度上具有普遍性。这种普遍性与言语行为研究尤其相关,因此,80 年代初就有许多实施言语行为的实证研究。(详见 Kasper & Dahl, 1991; Ellis, 1994; Hong, 1996)最著名的研究要数 Blum-Kulka(1984, 1989)等人在八十年代初做的 CCSARP(Cross-Cultural Speech Act Realization Patterns)项目。该项目就"请求"和"道歉"这两个言语行为进行了八种语言和语言变体之间的对比。这些研究通常都与"礼貌"现象有关。这一时期跨文化语用学研究的主要内容有以下这些:

1) 确定不同语言文化语境中实现言语行为的常用策略以及这些策略是否具有普遍性;
2) 研究实现这些言语行为所用话语的礼貌程度;
3) 确定影响语言使用者选择某一言语行为的情景因素;
4) 调查与情景特征有关的言语行为形式的变化;
5) 语境变异的跨文化差异。

以上大多数研究都是在话语层次上进行的,语料收集方法大多采用非交际性的,像"话语完型"这样的引发法。"这些研究往往忽视了言语行为的多功能性,无法解释交际的动态性和意义的可磋商性。在日常生活中,同一言语行为可能具有多种功能,其言外之力在不同的语境中各不相同。另外,言语行为还会在交际的不同阶段起不同的作用,对它的解释也会因言语事件的不同而不同"(Hong Gang, 1996:42—43)。后来人们意识到有必要对言语行为从动态的角度进行研究，研究的单位也从单个的话语转向整个会话，如话语分析家发现"礼貌"常常隐含在整个话语的组织中，优先选择结构(preference organization)就是考虑"礼貌"的结构之一，其他如前置系列、插入系列、旁侧系列、修正系列、会话开始和会话结束的方式等对"礼貌"都有影响(参看本书第十一章)。

　　80 年代中后期以及 90 年代初，语用学家们对不同语境中情景的总体结构(global situational frame)以及话语组织是如何影响礼貌行为的进行了研究，如 Labov 和 Fanshell(1977)、Lakoff(1989)、Thomas(1994)等对医疗话语(医生—病人的会话)进行了研究；Lakoff(1989)、Penman(1990)对法庭上的会话进行了研究；Thomas(1985)对警察会话进行研究。这些都是对一些专门情景(institutionalised settings)的话语进行的研究。另外，还有人对非专门情景(non-institutionalised settings)的会话，如家庭情景的对话进行了研究，如 Watts(1989)、Blum-Kulka(1990)、Blum-Kulka 和 Sheffer(1993)等。

　　近年来，除了对以上提到的不同文化对言语行为策略的选择、不同文化在不同的情景语境中遵循 Leech 的礼貌原则及其各准则的差异等研究以外，人们还对涉及到语言使用的各个方面进行研究，如对不同文化对各种语用因素的不同解释、不同文化在遵循 Grice 会话原则及其准则差异等等进行对比研究。除了对以上这些方面进行跨文化的对比研究外，人们还对第二语言或外语学习者使用第二外语或外语的语用特征及语用能力的习得进行了研究(详见"语际语语用学"一节)。

9.3　跨文化语用学的主要论题

　　不同的人对跨文化语用学研究的内容有不同的看法。何自然(1997:11)赞同 Blum-Kulka(1989)等人的观点把跨文化语用学的研究内容大致分为以下四个方面：1)言语行为的语用研究；2)社会

—文化的语用研究;3)对比语用研究;4)语际语言的语用研究。Yule 则认为跨文化语用学研究的是不同社团对意义构建方法的不同期盼(见 Yule, 1996),其内容包括该书论述的各个章节的内容。"对各种文化语言使用的不同方式的研究有时叫对比语用学。如果研究的重点放在非母语说话者试图用第二语言进行交际时的行为,那么,就被称作语际语语用学"(同上,187—88)。

我们不把对比语用学看作是跨文化语用学的一部分,是因为"对比"只是一种方法。对比语用学是采用对比语言学(指语音、语法、语义等层面的对比研究)的研究方法对语言的语用层次进行研究的一门学科,是对比语言学的自然延伸。跨文化语用学是对语用各层面的跨文化研究,而任何层次上的跨文化研究都必然要采用对比的方法。我们比较赞同 Yule 的观点,但他的定义太宽泛,归纳性不够。跨文化语用学研究的内容很多,主要内容可以归纳为以下三个方面:

1) 跨文化语用语言学研究,如对不同文化中相同或相似的语言形式语用功能的差异进行的研究、不同文化对言语行为策略的选择差异进行的研究等;

2) 跨文化社会语用学研究,如对不同文化对各种语用参数(pragmatic parameters)的不同解释、不同文化在遵循 Grice 会话原则及其准则上的差异、不同文化在遵循 Leech 的礼貌原则及其各准则上的差异进行的研究等等;

3) 语际语语用学研究,如对人们在使用第二语言进行跨文化言语交际的语用行为以及习得第二语言时的行为模式进行的研究。

下面我们将这三项内容逐一进行介绍。

9.3.1 跨文化语用语言学

语用语言学主要研究语言形式和语用功能之间的关系。跨文化语用语言学研究的是不同语言文化中相同或相似的语言形式的语用功能的异同,以及人们在理解这些语言形式和使用这些语言形式实施言语行为的异同。这包括语言形式的各个层面:语音、词汇、语法、修辞、语篇等等。如在语音层面,声调语言与非声调语言的语调功能有明显的区别。汉语是声调语言,汉语里如果一个词的声调变了,该词就可能变成另一个词。英语中的词尽管可以改变它的声调,但词的本义却不变。但英语中的语调却常常能表达一定的语用功能。如对"Do you know John Smith?"至少可以用两种语调作答,即升调和降调,但它们所表达的意义不同。用升调表示说话人要求问话人继续他想说的话,用降调则意味着对话就此结束(Roach,1983:117—118)。

两种语言中语义相同或结构相似的词可能会有不同的"解释倾向性"(interpretive bias)。如法语中的"prix incroyable"、英语中的"incredible price"和汉语中的"难以置信的价格"都有"价格低得难以置信"和"价格高得难以置信"这两个意思。但法语中往往指的是前者,而英语和汉语中往往指的是后者。又如"of course"在英语、汉语和俄语中语义相同,在汉语、俄语以及许多斯拉夫语言中都无贬义,而英语中在类似以下的对话中"of course"具有说话者认为问话者无知这样的含义:

(1) A: Is there a party on Saturday evening?

　　 B: Of course.

(2) A: Would you like something to drink?

　　 B: Of course.

如前所述,同一言语行为可以用多种语言形式来实施,但这并不意味着这些语言形式可以相互替换,在一种语言中用来表达某一言语行为的最常用的言语行为策略在另一种语言中并非也是如此。如在汉语和西班牙等语言中顾客到商店买东西常常用"给我……"这样的祈使句,而英语中却用消极礼貌策略,即常规的间接请求"Can I have...,"加上"please"。

同一言语行为的构成在一种语言与另一语言中会有差别。如Coleman 和 Kay(1981)指出典型的"撒谎"有以下特征:1)所说的话是不真实的;2)自己知道是不真实的;3)有欺骗的企图。因此,典型的说谎应具有以上所有特征,如:你未经同意拿了别人的伞,然后说你没拿。次典型的"撒谎",也许只符合其中的两个特征;如果只符合一项特征,那么,就很少有人会认为是撒谎。在大多语言文化中,"撒谎"这一言语行为都具有这三个特征,但并非所有的言语行为都如此。如汉语中的"道歉"和英语中"道歉"特征大致相同,但和日语中的道歉相比,则差别较大。汉、英语言中的"道歉"有以下特征:1)说话者对某一行为表示后悔;2)说话者对这一行为负有责任。日语中的"道歉"却并不一定具有第二个特征,人们有时认为在汉、英语中应该表示感谢的,日语中却要"道歉"。这种看法是由于汉、英语和日语中"感谢"和"道歉"这两个言语行为使用范围的不同而引起的。日语中表示道歉的用语 sumimasen 不仅可表示"感谢"还可表示"道歉"以及其它五种语用功能(Ide,1998:509—29)。

同一种言语行为在不同文化中使用的范围也会有差别。英语中用于表示说话者要求别人做事的动词很多,如 invite、suggest、request、command 等等,但这些动词具有的特征却不完全相同,它们所表示的说话双方之间的权力关系不同、被要求的一方可能是受益者也可能不是收益者,可以粗略地图示如下:

Invite $\longrightarrow$	Suggest $\longrightarrow$	Request $\longrightarrow$	Order
+GOOD FOR H	±GOOD FOR H	-GOOD FOR H	-GOOD FOR H +S HAS POWER OVER H

但在汉语中表达同一言语行为的动词就非常有限。

不同文化在会话结构上也有较大的差异,以电话会话为例,汉语中的个人会话(这里指非工作环境的公事电话)在谈正事之前除了日常的问候外,常常会谈点家常,然后才讲打电话的真正目的。当然,有急事或打越洋电话则另当别论。会话的结束方式,汉英两种语言也有较明显的区别,尽管汉、英语中会话结束通常都包含结束系列、前置结束系列和话题界限系列三个组成部分,但具体实现这些系列的策略不同。以结束系列为例,英语中会话常常以会话双方交换以下这类道别语的方式结束:"Goodbye"、"Bye"、"See you",而汉语中则未必用"再见"、"明天见"来结束会话,人们常常以"好吧,就这样"、"好,那就这样了"等来结束会话。

以上举例说明了跨文化语用语言学研究的各个层次,但目前以言语行为为单位进行的研究居多,其中研究得最多的是与"礼貌"有密切关系的言语行为,如请求、道歉、恭维、拒绝等。言语行为的研究主要包括以下几个方面的内容:

1) 不同文化在实施同一言语行为时所采用的语言形式的差异,如祈使句、情态动词等等;
2) 不同文化中能用于实现同一言语行为的不同语言形式中最常用形式的差异;
3) 在实现某一言语行为时,常常与之配合使用的言语策略,如定景(grounding)、缓和语、礼貌词语、敬语等方面的差异;
4) 同一言语行为在不同文化中使用范围及频率的差异;
5) 不同文化对言语行为理解的差异。

除以上几个方面外,还有一些与社会文化有关的因素,我们将在下一节中讨论。

9.3.2 跨文化社会语用学

"社会语用学是语用学研究的社会学侧面"(Leech,1983:

10)。它研究的是"影响语言使用的社会环境"(Thomas, 1983: 99),即对影响人们语言使用的社会文化因素进行研究的一门学问。尽管"合作原则"、"礼貌原则"、"面子理论"等语用原则具有普遍性,但不同文化背景的人在遵循这些原则、以及对影响遵循这些原则的因素的解释上存在着差异。跨文化语用学就是要对不同文化间的这些异同进行研究。下面我们先介绍一下影响人们使用间接言语行为的因素,然后,说明人们在遵循语用原则上的差异。

9.3.2.1 影响人们使用间接言语行为的因素

在任何社会的自然言语交际中,间接言语行为可以说是一个很普遍的现象。正如 Austin 和 Grice 所说,除了"显性行使句(explicit performatives)"外,任何言语行为在某种程度上都是间接的。对什么是间接言语行为以及人们为何要使用间接言语行为在"间接言语行为"一章中已讨论过,这里不再赘述。我们知道影响人们使用间接言语行为的因素很多,但我们可以这么说,任何社会支配间接言语行为的因素是基本相同的,它们大致可归纳如下:

1) 权力关系:你对听话者拥有多大的权力? 会话双方的权力差别越大,说话就可能越间接(你对上司说话比对你儿子说话更间接);

2) 社会距离:你对听话者的熟悉程度如何? 你和听话者越熟悉,说话的方式就可能越直接;你与听话者的关系如何(是亲密的朋友还是陌生人)? 你与听话者关系越密切,说话的方式就可能越直接;

3) 要求大小(size of imposition):你要求别人做的是小事还是大事? 如你是问别人借辆自行车用一小时,还是借辆小车用一个周末? 你向别人提的要求越高,问话的方式就可能越间接。这里的要求并非一定与物质相关,也可能指信息。如在英国问"时间"可以用非常直接的方式,但要问别人的收入则常用非常间接的方式;

4) 权利与义务:会话双方的相对权利与义务如何? 如果你要
求别人做的事是你的权利(或者是别人的义务),那要比你
求别人帮忙用的说话方式直接。例如你叫出租车送你去
车站所用的说话方式要比叫你的邻居送你去车站要直接。
以上所列的影响语用选择的因素并非一成不变,不同文化间的差
别则更大。这些因素在言语交际的过程中是可以磋商的,也就是
说随着会话的进行,这些因素是会发生变化的,如下面是个对"要
求大小"(size of imposition)进行磋商的例子:

(3) (A is going off to a University. B is her mother.)

A: Mum. You know those browny glasses.

B: Mm.

A: The ones we got from the garage.

B: Mm.

A: Do you use them much?

B: Not really, no. Can I have them then?

(Thomas, 1995: 132)

A打算去学校。她设法劝她母亲 B 给她几个玻璃杯。在她提出
要杯子之前的一系列话语降低了杯子的价值,最后在她向母亲提
出要杯子时,母亲就很难拒绝了。

又如下面是个对社会距离进行磋商的例子:

(4) A: 殷院长。

B: 不用客气,我们都是朋友,你们年纪又比我大别叫我
殷院长了,就叫我小殷吧?

A: 小殷……。

以上例子在英文中更为常见,如:

(5) H: Dr Thomas?

J: Jenny.

H: Jenny.

以上两个例子中,会话双方都是初次见面。例(4)中的 A 和例(5)中的 H 为了礼貌起见都用了头衔加姓作为称呼,而 B 和 J 却都拒绝用这样的称呼,而要求用直呼其名或者"小"加上姓的方式来缩小说话双方的距离。有时为了达到某一特定的目的,说话者可能会改用称呼来改变听话者的社会角色以表示尊敬(何兆熊、蒋艳梅,1997:19)。以上例子说明影响间接言语行为的因素在日常交际中既可以缩小也可扩大。

以上语用因素还可根据不同的文化再进行细分,如:Spencer-Oatey(1992)把"权力"这一因素分为五种:

1) 奖赏权力(Reward power):说话者权力高于听话者,因为说话者有对听话者产生积极影响的控制权(如说话者能给听话者高分、积极的推荐等等);

2) 强制权力(Coercive power):说话者的权利高于听话者,因为说话者有对听话者产生消极影响的控制权,如说话者有损害、惩罚听话者的权力;

3) 专家权力(Expert power):说话者的权力高于听话者,因为说话者有听话者所需的特殊的知识或专长;

4) 合理/正当权力(Legitimate power):说话者的权力高于听话者,因为说话者在年龄、地位、作用等方面有优势,有权指示或要求听话者做事,如说话者可以要求听话者做事,因为说话者是听话者的老师、是警察等等;

5) 参考权力(Referent power):说话者的权力高于听话者,因为听话者崇拜说话者,或想在某一方面与说话者一样,如因为说话者是体育明星、流行歌星、民族英雄等等。

以上这些因素在不同文化的交际中的重要性也不尽相同,详见下节。

9.3.2.2 对语用参数的跨文化研究

以上我们谈了影响人们言语行为选择的因素,尤其是间接言语行为选择的诸因素。尽管这些因素本身在各种文化中具有普遍性,但不同的文化对这些因素的解释却各不相同。上节中的例子说明影响间接言语行为的因素在日常交际中既可以缩小也可以扩大,但在不同文化中人们对哪项因素应首先缩小或扩大以及如何缩小或扩大存在着差异。据观察,英国文化中似乎更喜欢缩小"要求"(imposition),而美国文化中则更喜欢缩小"社会距离"。在不同的文化中人们所渴望的"权力",尤其是说话者言明的这种权力也是有差异的。如在英国许多人都渴望有"专家权力"或者"参考权利",而不愿言明其"合理/正当权力"。而在其他一些国家,如日本,会话双方一开始就弄清对方与自己在年龄、社会地位等方面的关系是非常重要的。但遗憾的是这方面的研究成果不多。

以上提到的是各种文化背景的人对他们所渴求的权力存在着差异。另外,更容易被人忽视的是,会话双方的同一种关系在不同的文化中会有不同的解释,如父(母)子(女)关系在所有文化中都存在,但在有的文化中,这种关系意味着亲密的、非权威的关系,在语言上反映在T-形式(Brown & Gilman 1972)的使用,而在另一些文化中却意味着疏远的、权威的关系,在语言上反映在V-形式的使用。

不同文化对会话双方的角色,以及与言语事件有关的会话双方的相对权利和义务的看法也各不相同。如在中国,教师对学生的衣着、发式提出批评,用命令的口吻叫学生擦黑板实属正常,但在英国,这是不可思议的。这就是因为中国与英国对师生的相对权利和义务的看法不同之故。因为在中国强调"教书育人",对学生的不良行为提出批评是教师的职责,而象擦黑板这样的事是学生的义务,也是尊敬教师的表现。

在这些语用参数中,各种文化间区别最大的也许要数"要求的大小"了。如在前苏联,香烟非常便宜,你可以直截了当地向陌生人要烟;在中国,你也可以用不十分间接的言语行为向不十分熟悉的人要烟,如"我今天匆匆忙忙忘了带烟,给我一支烟"。而在英国香烟非常贵,即使向朋友要烟,也常常要用间接言语行为。又如在中国私人小车非常少,要问别人借小车是"大事",因此,要用非常间接的请求;而在美国这种请求就没有中国那么严重,因此,使用的语言也就直接得多。

前面我们已经提到"要求的大小"并非只是指物质上的,也可以指其他的东西,尤其是信息。如问别人的体重,在中国是常见的事,在西方国家,除了在医院里医生问病人外,这一信息只能通过非常迂回的方式才能了解到。

9.3.2.3 不同文化在遵循格莱斯会话原则上的差异研究

语言哲学家 H. P. Grice 提出了解释语言间接性的会话原则及其准则(质量准则、数量准则、关联准则和方式准则)。当说话者有意违反,并且让听话者知道他是有意违反某一准则时,就产生了会话含义。如我说:"他真够朋友,我一有困难,就找不到他的人"。很明显,我的话"蔑视"(flouting)了"质量准则",我是在说反话。尽管这些准则具有相当的普遍性,但也受到不少批评。如 Keenan (1976)指出"这些哲学家可能反映了适用于他们自己社会的会话行为准则。也就是说,这些准则不适用于其它社会的会话行为",她又说,在有的社会,说话者可能不遵循某一条或更多的准则,听话者也知道他是有意不遵循某一准则,但不产生会话含义。Keenan 观察到在马尔加什共和国,人们似乎常常不遵循"数量准则",她说:"尽管他们拥有所需的信息,但他们给听话者的信息常常比所需的要少"(1976:70)。如马尔加什共和国的妇女可能会用"有个男孩"来指自己的儿子,在别的语言中,如果人们说"有个男孩"一般都含有说话者不知该小孩的身份的意思。在马尔加什共和国人们常常这样指称,有意避免说出其名以避免引起恶怪对小孩的注意。Keenan 认为这是 Grice 会话理论的反证。我们认为把这种现象归于违反"合作原则"的一种,即搁置准则(suspending a maxim)更合适。因为,这种违反准则的现象具有系统性,而且属于同一言语社团的人在理解上不会有任何问题。比如打国际长途电话、发电报时,为了省钱,人们常常违反"数量准则",但这时不产生会话含义,通常也不会引起误解。

正如以上准则在某种文化的不同言语事件中人们可能遵循、也可能搁置一样,不同文化遵循这些准则的方式也不完全相同。在有些国家,如印度,当你问到某一地点有多远时,你得到的很可能是一个过分乐观的回答,如:"不远,走路只需一小时",而事实上可能要走一整天。外国人不知道当地人在这种情况下会不遵循"质量准则",只按字面意义理解,这样就会被误导,他们就会把当地人看作说谎者。而印度的当地人知道应如何去理解这种"误导"的信息,因为他们知道当地人是不想告诉他们坏消息使他们失望才这样说的。因此,印度本地人就会对这种话语的理解作相应的调整而不至于误解。在这种情况下,"质量准则"就被搁置了。

9.3.2.4 "礼貌原则"和"面子"的跨文化研究

对于人们为什么说话时采用间接言语行为,Leech(1983)提出了"礼貌"原则来解释;Brown 和 Levinson(1978/1987)则提出了"面子"理论来解释语言使用中的礼貌现象。这两个有关"礼貌"的理论的共同点是旨在能对"礼貌"这一普遍现象作出解释。但同时他们也意识到在不同文化中礼貌具有的特殊性。Brown 和Levinson 认为他们理论中的核心——"面子"这一概念具有普遍性,但在特定的社会它又受到该文化规则的制约,如什么言语行为威胁面子? 怎样的人有保护面子的特殊权利? 以及怎样的个人风格受人喜欢等(1987:13)。Leech 也指出,"礼貌原则"的各准则在不同的文化中的重要性不同。他举例说在日本文化中"谦虚准则"置于"一致准则"之上(1983:136—38)。

尽管礼貌具有普遍性,但不同文化在实现礼貌的方法以及在礼貌的判断标准上却存在着差异。这些差异是有其历史原因的。它是在社会、历史、人文、地理等多种因素的长期影响下逐步形成的。如 Leech 的"谦虚准则",即"尽力缩小对他人的贬损;尽量扩大对他人的赞赏"具有普遍性,但在不同的文化中遵循这一准则的程度却不同。当英语文化背景的人受到表扬,常常说一声"Thank you",接受别人的赞扬,以避免伤害表扬者的积极面子(positive face)来表示礼貌,而中国人常常以否定别人赞扬的真实性的方法进行自贬来表示礼貌。因为自贬是两千多年来中国人表示礼貌的核心(He,1995:7)。

He(1995:7—8)在讨论礼貌和个体主义* (Individualism)时说:个体主义可能与人们从欧洲大陆教派的束缚中解放出来和大西洋彼岸新世界的开发有关,它在英语文化中受到高度的尊重。因此,尊重个人自由、尊重个人权利、尊重个人自主在英语国家被认为是礼貌的。Brown 和 Levinson 把"主动给人提供便利或物品"(offering)和"向他人发出邀请"归为威胁面子的言语行为也就不足为奇了,因为它们在某种意义上妨碍了听话者的自由。但是,这对具有两千多年封建社会历史的中国人来说却很难接受,因为对中国人来说"主动给人提供便利或物品"和"向他人发出邀请"是出于诚意和关心,是为了让对方受益,所以,不管听话者的选择和喜好如何,说话者这样做总是被认为是礼貌的,必要时还得强行让对方接受,才真正体现他们的礼貌。

Leech 的"赞同准则",即"尽量缩小自身和他人之间的分歧;尽量夸大对自身的贬损"(1983:132)也同样是这样。尽管在各种文化中不同意别人的观点是非常正常的,但用怎样的方式来表示不同意却各不相同。如在英国,人们表示否定时常常使用"Yes,but..."这样的方式。这里的"yes"是与"赞同准则"一致的,表面上的同意,是为后面表示不同意作铺垫,使人更容易接受。其他文化中(或在英国的学术研讨场合)却更能容忍对方直接表示不同的观点。而日本

---

* 这里我们把"Individualism"译作"个体主义"以区别"个人主义",因为"个人主义"在汉语中是贬义的,而英语中的"Individualism"是褒义的。

人表示不同意别人的方式常常非常间接,他们常用像"(Oh.)Do you think so?"这样的问句来表示反对,以至于非日本本族文化的人难以辨认他们究竟是同意还是不同意自己的观点。

9.3.2.5　不同文化在解决准则之间矛盾的差异

人们在日常交际中无论是在遵循 Grice 的会话准则还是 Leech 的"人际交往准则"时常常会处于一种顾此失彼的境地,比如,很难同时做到既"真实"而又"策略",或者既"真实"而又"谦虚",或既遵循"数量准则"又遵循"慷慨准则"。在这种情况下,不同的文化解决这种冲突的方式不尽相同。如在许多西方国家,人们在"质量准则"和"礼貌原则"发生冲突时,往往是遵循"质量原则",而不是"礼貌准则",而在一些东方国家,如中国、日本,人们采取的方式往往与西方人相反。在"数量准则"与"慷慨准则"发生冲突时,有的国家,如中国、希腊、乌克兰总是把"慷慨准则"置于"数量准则"之上,在这些国家在客人接受主人的茶水、饮料或食物之前,主人往往要问多次,而西方国家却相反。

9.3.3　语际语语用学研究

9.3.3.1　语际语语用学研究的主要内容

语际语语用学是本世纪 80 年代兴起的一个新的语用学分支*,在近二十年的时间里已有大量的成果问世,这些成果主要包括以下内容:非母语使用者对目的语的言外之力和礼貌的判断和理解、非母语使用者的言语行为、情景因素对选择语言形式和言语策略的影响、语用失误、语用迁移、目的语语用能力的形成和发展、教学对目的语语用能力形成和发展的作用等。正如我们以上所说

---

　　* Kasper, G. & Blum-Kulka, S. 合写、1981 年出版的 Pragmatische Aspekte in der Interimsprache 一书是从语用学角度研究第二语言习得的最早的成果。

的,语际语语用学研究是从对母语使用者的言语行为的研究借鉴而来的,因此它还包括像话语顺序(discourse sequencing)和会话技巧(conversational management)、以及工作场合会话的研究等。上述这些研究都是从实证语用学,尤其是言语行为、跨文化语用学以及言语交际社会语言学(interactional sociolinguistics)的研究为基础的。其研究成果对外语教学起着非常重要的作用。它的出现受到各国语用学家,尤其是应用语言学家和外语教师的极大关注和高度重视。因此,它的发展非常迅速。

"语际语语用学"这一术语来自英语,英语术语是 interlanguage pragmatics。Interlanguage 这一术语是心理语言学家 Selinker(1972)提出的,指的是第二语言学习者在学习第二语言过程中所掌握的目的语。Selinker(1988)认为语际语系统是一种既不属于母语也不属于目的语的特殊语法系统,这种语法系统只能在第二语言习得环境下出现。Selinker 对语际语的研究只局限于其语法系统。而 Interlanguage pragmatics 则是在 Selinker 的 interlanguage 研究的基础上增加的一个新的层面,即语际语的语用研究。从这一意义上来说,它可归属于第二语言习得研究。又因为"语际语语用学"是从语用学的角度来研究语际语的,而语用学研究的许多论题都与文化有关,因而语际语的研究又必然涉及到两种语言和文化,所以,语际语语用学又属于跨文化语用学。正如 Kasper 等人所说:

> "语际语语用学"是一个第二代的"混血儿"(hybrid)。正如其名所示,它同时属于两个不同的交叉学科。作为第二语言习得研究的一个分支,它是语际语研究的一个专题,与语际语音位学、语际语词法学、语际语句法学和语际语语义学相对应;作为语用学的一个分支,它可以是社会语言学、心理语言学或只是语言学研究的内容,就看你如何确定语用学研究的范围了。"

(1993:3)

目前我国的语言学和外语教学学术杂志上几乎所有作者都把"interlanguage pragmatics"译作"语际语用学",而不是"语际语语用学"。我们觉得尽管"语际语语用学"读起来比较拗口,但它更符合英语 interlanguage pragmatics 的原意,interlanguage pragmatics 顾名思义是对语际语进行的语用学研究。interlanguage 又称作"过渡语"或"中介语",因此,interlanguage pragmatics 也可译为"过渡语语用学"或"中介语语用学"。而"语际语用学"或"过渡语用学"或"中介语用学"则较难理解,因为"语际"指的是语言与语言之间,那么,语言间的语用学研究的是什么呢?是指语言间的语用对比研究呢?还是指跨语言语用研究呢?令人迷惑不解。

语际语语用学是对语际语言的语用学研究,它可以分为广义的和狭义的两个方面。狭义的语际语语用学指的是对非母语使用者语际语言的语用现象和特征,以及这些现象和特征的形成和发展规律进行研究的一门学问。广义的语际语语用学还包括母语使用者通过语言接触而形成的跨文化语际语语体、语际语形成和变化的条件、语际语和源发语的关系和语际语的交际效果等的研究。我们把狭义语际语语用学中从静态的角度对非母语使用者语际语言的语用现象和特征进行的研究称作"静态语际语语用学"。静态语际语语用学可分为两部分,一是从语用学的角度对非母语使用者使用目的语的语用现象进行研究,二是对非母语使用者理解目的语时的语用知识进行研究。我们把对非母语使用者语际语言特征的形成和发展规律进行的研究称作"动态语际语语用学"。由于狭义语际语语用学研究的内容在第二语言习得的研究中最受重视,对外语学习的作用也最大,下面我们就狭义语际语语用学的两个分支,即静态语际语语用学和动态语际语语用学分别作一介绍。

9.3.3.2　静态语际语语用学研究

从静态的角度对语际语言进行的语用学研究在八十年代大多都集中在对母语使用者和第二语言学习者在言语行为的理解和使

用以及礼貌级别的识别的差异上。这方面研究成果的总结介绍不少,主要有 Kasper 和 Dahl(1991)、Kasper（1992)、Kasper 和 Blum-Kulka(1993)和 Ellis(1994)等。Kasper 和 Dahl(1991)对研究非母语使用者言语行为的使用和理解、第二语言言语行为有关知识的习得的 39 项语际语语用学研究所使用的语料收集方法以及研究本身作了较详细介绍和评论。Kasper(1992)对第二语言的言语行为进行了研究并着重探讨了迁移的作用。Ellis(1994)则主要对语际语中"请求"、"道歉"和"拒绝"这三个言语行为的研究作了详细的介绍。还有的学者如 Wolfson(1989)从社会语言学的角度对语际语进行了研究。Kasper 和 Blum-Kulka(1993)在其"Interlanguage Pragmatics"一书的前言中把语际语语用学的研究成果归纳为语用理解、语言行为的表达、语用迁移和交际效果等四个方面,并作了介绍*。下面我们根据 Kasper 和 Blum-Kulka 的归类分别就语用理解、语言表达、语用迁移和语用失误等四个方面的研究作一简要的介绍。

1) 语用理解

对语用理解的研究包括外语学习者对目的语言语行为的理解和礼貌手段的识别,这种研究主要集中在七十年代末和八十年代前期。研究表明,语言形式、语境以及文化背景在非母语使用者理解第二语言间接言语行为时都起着重要的作用。但研究人员对哪一种因素的作用更大却存在不同看法。Carrel(1981)发现外语学习者不论其语言、文化背景如何,年龄大小如何,也不论他的英语能力如何,在理解间接言语行为时常常依靠语言信息。但 Ervin-Tripp 等人(1987)的研究表明儿童在理解间接言语行为

* 何自然先生(1996)对 Kasper 和 Blum-Kulka (1993)的前言作了译介。

时主要依靠语境信息,而非语言信息。对不同文化背景的人在理解间接言语行为时存在差异这一点是比较一致的。在礼貌手段的识别方面,研究表明母语使用者和外语学习者对表达"请求"策略的礼貌判断上具有很大的相似性,但也存在着一些差异。主要表现为,外语学习者对同一语境中语言形式礼貌的定位比母语使用者要高,这反映了他们对语言形式的礼貌级别过于"敏感"(Hong, 1996:8—9)。但不同文化背景的外语学习者在识别目的语礼貌手段时常常会借助于识别母语礼貌手段的方法,因此,他们之间也存在着差异。礼貌手段的识别主要取决于对目的语接触的程度,尤其是与目的语母语使用者接触时间的长短以及接触的频繁程度。

2) 语言表达

研究表明各种语言虽然其系统不尽相同,但他们能表达的言语功能以及表达这些言语功能的策略大致相同。外语学习者在使用目的语表达言语功能时常常受其目的语的语言知识和使用目的语技巧的影响。因为同一语言形式在不同语言中能表达的言语功能以及使用的范围都可能不同,外语使用者常常有意无意地按照其母语语言、文化模式来操纵第二语言。因此,外语使用者与母语使用者在语用策略模式方面不完全一样。研究表明语际语中表现出来的语用语言知识的不足在一些像"I'm sorry","Excuse me","Never mind"等这样的形式化的日常用语的使用上体现得最为明显(洪岗,1991)。在礼貌表达方式和礼貌策略的选择上,本族语与非本族语人之间也有差异。在许多场合美国人常用取悦对方的方式,如赞扬对方来表示礼貌,而中国人却常采用贬己尊人的策略来表示礼貌(Gu,1990)。本族语人大多以语境作为依据,而非本族语人常较少考虑语境。

3) 语用迁移

语用迁移指的是外语使用者在使用目的语时受母语和母语文化的影响而套用母语的语用规则的现象。根据对交际的作用,语用迁移可分为正迁移和负迁移。正迁移指外语学习者在用目的语进行交际时套用母语语用规则获得成功,而负迁移则相反。语用迁移也可按照语用学研究的两个侧面分为语用语言迁移和社会语用迁移。语用语言迁移主要是指外语学习者在使用目的语时套用母语的语言形式,例如日语表示不同意可以使用疑问句,但日本人讲英语时表示不同意也采用这一句式的话就会产生负迁移,因为英语通常不用疑问句表示不同意。社会语用迁移指的主要是外语学习者在使用目的语时套用母语文化中的语用规则以及语用参数的判断。迄今为止对语用迁移的研究大多都集中在负迁移上,对正迁移的研究较少。目前文献中证明语用迁移存在的材料很丰富,但对语用迁移在怎样的情况下起作用,在怎样的情况下不起作用的调查研究却很少。

4) 语用失误

语法错误从语言的表层结构就能看出,受话者很容易发现,常常把这种错误归咎于说话者语言知识的缺乏,因此可以谅解。语用失误则不然,如果一个能说一口流利外语的人出现语用失误,人们不会把他的失误归咎于其语言能力,而很可能认为他不友好或缺乏教养(Thomas, 1983:96—97)。引起语用失误的原因可粗略地分为两种:一种通常是由于外语学习者使用的目的语不符合本族语人的语言习惯或套用母语的表达方式而引起的;另一种是由于不了解或忽视会话双方的社会、文化背景差异而引起的

(洪岗,1995a)。Kasper 和 Blum-Kulka 认为研究语用失误的方法有三种：

1) 交际失败研究。可以用微观社会语言学对自然语境会话进行分析的方法,在节律(音量、音调和言语节奏变化的统称)、语用学、句法学、词汇学、会话组织、会话技巧和非言语行为等层次上进行分析；

2) 对比语用学研究。通过区分两种或一组语言的异同,对实施言语行为的模式进行跨文化、跨语言的对比；

3) 语际语语用学研究。典型的语际语语用学研究,与语际语其它研究一样,将学生使用语际语的语料与母语和目的语的语料进行对比,为确定他们的语用行为在哪些方面与第二语言不同、如何不同,以及他们的语际语在什么地方受母语知识的影响(1993:12)。

9.3.3.3　动态语际语语用学研究

近二十年来的语际语语用学研究与语际语其他领域的研究不同。其重点一直都是对第二语言使用者所使用的目的语的语用特征进行研究,而很少对第二语言使用者或学习者语用能力的形成和发展进行研究(Kasper & Schmidt,1996:149)。其主要原因是语际语语用学的基础主要是跨文化语用学的实证研究,而不是第二语言习得。因此,语际语语用学研究的课题基本上也就是跨文化语用学研究的课题。动态语际语语用学研究,即对第二语言使用者或学习者语用能力的形成和发展进行的研究则主要属于第二语言习得研究的范畴,因此,其研究内容也和第二语言习得的研究内容密切相关。Kasper & Schmidt 把近年来动态语际语语用学研究的问题归纳如下：

1) 跨语言变体是否有语言共性,如果有,在语际语语用学中起什么作用？

2) 语际语与目的语的近似性如何测定？

3) 母语是否影响第二语言习得？

4) 第二语言的语用习得与母语习得是否相似？

5) 儿童在语用习得方面是否优于成人？

6) 语用习得是否有自然发展的道路,或习得顺序,或具体的阶段?

7) 不同的语言输入对第二语言的语用习得是否有不同的影响?

8) 课堂教学对第二语言的语用习得的作用如何?

9) 学习动机和态度对习得水平有何影响?

10) 个性特征对第二语言语用习得的作用如何?

11) 性别对第二语言语用习得的作用如何?

12) 第二语言的语用理解是否(一定)领先于表达?

13) 形式化的言语表达(formulaic speech)在第二语言的语用习得中是否有作用?

14) 语用能力从一个阶段发展到另一个阶段的驱动力是什么?

(1996:154—164)

迄今为止,动态语际语语用学的研究发现对语用能力习得起着重要作用的因素有三个(Ellis,1994)。第一是学生语言能力水平的高低。尽管语言水平不十分高的学生在表达其所需的言语行为时并不感到十分困难,但是要像母语使用者那样实现言语行为却十分困难。另外,如果第二语言学习者要想构造出像母语使用者一样的语篇,没有掌握相应的语言手段是不可能的。因此,在外语教学界对是否先培养语言能力再培养语用能力这一问题存在着两种观点,一种观点认为,应该先培养语言能力,然后再培养语用能力;另一种则认为,语言能力与语用能力的培养应该同时进行(洪岗,1991:60;1995b)。

第二个因素是母语的语用迁移。研究发现第二语言使用者常常会把母语说话规则迁移到第二语言的使用中去。这种迁移在第二语言使用者认为某种特定情景中会出现的言语事件中较明显。主要在以下几个方面存在:参与言语事件的方式、特定的言语行为及其实现方式、话题的提出和展开方式以及话语的调节方式等。迁移是个非常复杂的问题,涉及的因素非常多,如在第二语言习得的不同阶段,迁移的方式就可能不一样。另外,对语用迁移的研究,尤其是正迁移的研究还较少,目前我们还不能过分强调迁移在第二语言语用习得中的重要性。

　　第三个因素是第二语言学习者交际时的地位。外语学习者在交际过程中总觉得自己与交际者的地位不相等,至少在与母语使用者的交际过程中是这样。有时是因为外语学习者在母语社团的社会地位较低,有时就是因为自己是学习者而觉得地位低。正是由于这一原因,他们在交际过程中就很少有机会选择话题,也不会和别人抢话轮。这就限制了外语学习者实现言语行为的范围,减少了他们在真实语境中实现言语行为的机会。有的言语行为他们就很少有机会使用。尽管外语学习者在交际时的这种地位对他们语用能力和语言能力习得的影响如何还不十分清楚,但有足够的材料证明在交际中外语学习者与其交际者的地位平等对他们的语用能力的发展更有利。

　　另外,应该指出的是第二语言习得的语际语语用学研究到目前为止主要集中在对口头交际的研究,尤其是对言外之力的研究,而对书面语的关注较少。尽管我们对外语学习者如何习得在口语中实现像"请求"、"道歉"、"拒绝"这样的言语行为有所了解,但对他们如何习得在书面语中实现言语行为所知甚少。有研究表明在口语中实现像"请求"、"道歉"这样的言语行为的能力与在书面语中实现像"下定义"这样的言语行为的能力是不同的。要对非母语使用者的语际语有全面的了解,就应该对书面语也作深入的研究。

9.4　跨文化语用学研究中值得注意的几个问题

　　在日常生活中,人们常常会因为同一个概念在不同文化中的所指不同或对同一个概念有不同的理解而引起误解。这种误解的原因通常有两种:一种是同一个词或术语在不同文化中所指的范围不同,另一种是不同文化对同一词或术语有不同的理解或解释倾向(interpretive bias)。如"人权"在不同的文化中的理解倾向就不一样。对美国人来说"人权"指的是"政治权",而对中国人来说

"人权"指的是"生存权"和"发展权"*。Thomas(1995)在说明解释倾向时以她自己的经历为例,她说一次她在法国的 Mercure in Grenoble 旅馆前看到一则酒的广告,广告上写着:

(6) Des plaisirs raffines a des prix incroyables!

该旅馆为英语国家的游客提供了以下译文:

Refined pleasures at an incredible price!

遗憾的是 *incroyable* 和 *incredible* 虽然语义相同,但在英、法两种语言中有不同的解释倾向,在法语中最可能的意思是"难以置信的低价格",而在英语中指的是"难以置信的高价格"。这种情况不仅发生在不同国别的人之间,同一国家的人之间也同样可能发生。如以下是笔者(A)(中国南方人)与一位北方人(B)之间的一段对话:

(7) B:你中饭吃什么?

A:吃饭。

B:废话!我问你吃什么东西?

A:我不是已经告诉你吃饭了么?

B:(不耐烦并生气地说)算了,不跟你说了。

以上交际失败的原因就是因为南方人与北方人对"饭"这一词的不同解释倾向。尽管无论在南方还是在北方"饭"的所指是相同的,它既可指"米饭",也可指"每日定时吃的食物",但在中国南方"饭"首先被当作"米饭"来理解,而在北方它却首先被理解为"每日定时吃的食物"。

在跨文化语用学研究中也常常发生类似的事。研究人员常常忽视对"礼貌"、"权力"和"距离"等这些重要概念下明确的定义。Wierzbicka(1991)注意到了这一现象,她在谈到"直接性"和"志趣相同(solidarity)"时指出:

---

* 摘自 CND Global, March 1, 1996 和 CND Global April 10,1996。

> 跨文化语用学的研究人员在想通过像"直接性"或"间接性"、"志趣相同"……等语用价值设法解释人们不同的说话方式时,对这些概念指的是什么不作解释,好像它们都是不解自明的。但是如果我们把他们用的术语作一比较的话,就会发现他们指的并非一回事。

(Wierzbicka,1991:70)

Wierzbicka 发现跨文化研究中出现的一些互相矛盾的结论,例如,在研究日本社会文化的材料中,日本人的说话方式被认为比英语文化的人更间接,日本文化中说话避免或压制"自信"(self-assertion),而高度的自信是英语文化说话方式的特点。在研究黑人英语的社会文化的材料中,白人英语的说话方式被描述为"间接"而非"直接",说话时避免"自信"等等。经过研究她发现这些相互不一致的结论并非是黑人英语中的说话方式比白人英语直接,白人英语的说话方式比日语直接等这样一个程度问题,而是一个质的问题。其原因是像"自信"这样的概念在日语文化研究与英语文化研究中的所指不同。不同的研究人员指的是不同的概念。但这些术语在很大程度上是以英语文化为基础的,在其他语言中未必有与之完全对应的术语。

尽管有的研究者对这些术语作了解释,但他们的解释仍使读者迷惑不解,如以下 Blum-Kulka 等人对权力的定义:"权力我们指的是在一定的角色关系中说话者对听话者的权力。因此,当司机对乘客说话时,权力就高,而司机与司机说话时权力就相等"(Blum-Kulka 等,1985:118)。这一定义之所以令人迷惑,原因有二:其一,它没有说明权力究竟指的是什么,是指支配权,还是指地位,还是两者都包括;其二,她用说话者高于听话者来解释权力,当司机对乘客说话时就是高权利情景,而当他对别的司机说话时就是权力相等情景,那么,乘客对司机说话时是否就意味着低权利情景呢? 如果是这样,那么,就难以理解了,因为 Brown 和 Levinson(1978,1987)把高权力情景定义为听话者权力高于说话者的情景。

与之相关的另一个问题是同一概念用许多不同的术语来表达,如:"权力"(power)、"社会权力"(social power)、"地位"(status)、"控制"(dominance)和"权威"(authority)都用来指"平等—不平等"这同一个概念;而"距离"(distance)、"社会距离"(social distance)、"志趣相同"(solidarity)、"亲近"(familiarity)、"相对亲密"(relational intimacy)都用来指说话双方关系"亲疏"这一概念。

除了以上问题外,要使跨文化语用学研究既有效度又有信度,首先要考虑的就是跨文化的可比性,也就是说,某一语用现象在两种文化中有多大的可比性。要对两种文化中的某一现象进行对比,这两种文化必须要有共性,而对比必须要有参照点,没有这些前提要进行对比是不可能的。许多研究人员想当然地认为不同文化背景的人,尤其是在作语际语语用学调查时的调查对象,对相同或相似语境中的语境因素的解释是相同的。但事实上并非如此。因此,如果是进行语用调查,首先要弄清受调查者对一些情景因素的看法是否一致。只有在对这些情景因素的解释基本一致的情况下,研究结果才可信。影响人们选择语言形式的因素很多,包括话题、情景语境、会话双方的关系等等。在跨文化语用学研究中人们常常设法选一些具有可比性的情景,但这些选择常常是靠直觉来判断的。如采用"话语完型"或"多项选择"的典型做法是,问卷设计者为受调查者用一段文字描述情景特征,以下就是一例:

(8) At the professor's office

A student has borrowed a book from her teacher, which she promised to return today. When meeting her teacher, however, she realises that she forgets to bring it along.

Teacher: Miriam, I hoped you brought the book I lent you.

Miriam: _____.

Teacher: OK, but please remember it next week.

(Blum-Kulka, & Olshtain, 1984:198)

要对不同文化中的同一言语行为进行比较,往往将类似以上的话语完型直接翻译成不同的语言,以便收到可比的效果。这种跨文化对比常常建立在这样的基础上,即同一情景的描述翻译成不同的语言后保持不变。其假设是不同文化背景的人对同一语境的看法基本相同。因此,大多跨文化言语行为研究的重点都放在言语行为的语言形式本身,而很少有人注意到这些引发言语行为的情景在不同文化中的差异。我们以以上例子为例来说明这一点。

第一,以上例子中的"professor"在英国指的是一小部分有教授头衔的资历较深的大学教师,而在美国"professor"既可指教授又可指教师,在日语中,"先生"与美国英语中的 professor 一样,既可指教师也可指教授。因此,如果把 professor 翻译成其它语言而不作适当调整的话,它的所指可能就不完全一样。那么,含有类似内容的问卷所收集的语料就没有可比性。第二,师生关系在以上问卷题中也是影响受调查者选择语言形式的因素之一,以上问卷似乎认为师生关系在所有文化中大致相同,而事实上不然。研究证明不同文化中(如中、英文化中)的师生关系不尽相同(Spencer-Oatey 1992);第三,以上问卷引发的是"道歉"这一言语行为,问卷似乎认为各种文化中"道歉"、"赞扬"指的是同一概念,而事实上,不同文化对这些概念的理解也不一样。如日语中使用"道歉"的范围比英语要广得多。别人帮你从旅行架上取下行李,在汉、英语中应该表示感谢,分别说"谢谢"和"Thank you";而在日语中却要表示道歉,说 sumimasen(对不起)。这里的"对不起"意思是"麻烦你了,对不起。谢谢!"

跨文化语用研究中的另一个值得注意的问题是,研究者常常认为问卷调查中描述同一情景在不同的文化中是相同的,不同文化背景的人们对这些背景的看法也是相同的。这常常使人误解，因为问卷调查中描述的同一情景在一种文化中可能经常出现，而在另一种文化中却很少出现。因此，Eisentein 和 Bodman(1986)在作了问卷调查后进行非正式的面谈时发现，有的文化中没有"送别晚会"，另外一些文化中人们不向朋友借钱，因为他们觉得让朋友知道自己没钱是件非常尴尬的事。因此，表面上看上去可比的情景实际上并无可比性。因此，要确定哪些情景具有可比性，研究者可以用问卷的办法或者向双语者咨询以便弄清研究者想要调查的情景在不同的文化中是否具有可比性。

由于研究者想当然地认为所有的受调查者，不管他的社会文化背景如何，对情景因素的解释都是相同的，他们也常常忽视向受调查者核实他们对这些因素的看法是否一致，而简单地认为研究者对这些情景因素的看法与受调查者的看法是相同的。如 Scarcella (1980)对阿拉伯人和英国人在使用母语和第二语言时采用的礼貌策略进行比较，对说话的语境进行简短的描述时都是基于这种观点。而这种观点无论是在理论上还是在实证研究中都受到了挑战。Brown 和 Levinson 的礼貌理论就强调了对有关情景语境因素判断存在的潜在文化差异。Hill(1986)等人在对日本人和美国人"请求"这一言语行为进行研究时，证实了不同文化背景的人对同一语境的熟悉程度存在着差异，不同文化背景的人对同一社会文化因素存在着不同的解释，这一点在跨文化语用学研究中必须引起广泛注意，因为忽视了这一点研究的效度就会直接受到影响。

然而，大多数研究人员在研究时都是按他们自己的判断来行事的（如：Blum-Kulka 等，1985；Trosborg，1987；Holmes，1990，Wood and Kroger，1991）。有的研究人员尽管对这一方面进行了研究，但未见这种差异从统计学的角度来说是否具有显著性(Spencer-Oatey，1993:32)。正如 Spencer-Oatey 所说，目前在语言学资料中还未见有专门对这方面进行研究的报道。语言学资料中报道的第一项详细的研究是 Spencer-Oatey 所做的中英研究生导师与学生关系的问卷调查。为了让大家对这种研究有一个初步的了解,我们对该研究作一简要的介绍。该研究的对象是英国的研究生导师和研究生以及中国的研究生导师和研究生。其目的是研究师生关系的以下几个方面:

1) 导师的地位在多大程度上高于研究生;

2) 导师与学生之间的社会距离;

3) 导师与学生之间的权利和义务的性质和范围。

(Spencer-Oatey,1993:35)

该研究的问卷调查分四部分:第一部分是导师和研究生的交往,这部分有一系列导师和研究生之间可能产生交往的情况描述,要求受调查者对这些情况出现可能性的大小划分等级;第二部分为导师和研究生的责任,这部分分别列出一系列导师和研究生可能要担负的责任,要求受调查者对导师和研究生是否要担负这些责任划分等级;第三部分是导师和研究生的密切程度,这部分有一系列导师和研究生之间可能会产生的各种行为和感情的情况,要求受调查者对这些情况出现的可能性大小划分等级;第四部分是导师的身份,这一部分涉及有关导师身份的一系列问题,如导师的权利、权力和专长等(这里的导师并非指某一位具体的导师,而是'导师'这一身份和地位),要求受调查者判断是否同意导师的这些权利等,并对同意或不同意的程度划分等级。问卷中英文各一份,在问卷制作中用了"分散"原则,即不以某一份问卷为中心,同时采用"回译"(back translation)法和"多人复译法"(multiple translators)。

以上讨论的是跨文化语用学研究中的一些最常见的问题。在跨文化语用学研究过程的每一个环节中,都有一些问题如处理不当就会导致不可信的结果。Wolfson 等人曾指出:"众所周知对人类行为的研究非常复杂,要达到可信,能使我们的分析具有预测力和普遍性,需要采用多种方法"(1989:194)。在跨文化语用学研究中要使不同文化中的语用现象具有可比性,研究人员不仅要仔细考虑他们打算调查的内容的性质、严格地给使用的术语下定义,而且还要让不同文化背景的受调查者对有关的情景因素进行评价以确定它们在不同文化中的异同。

9.5 跨文化语用学研究的几个主要趋势

如以上所述,大多早期跨文化语用学研究,尤其是实证研究的重点都是在不同语境中言语行为的实现上。其目的主要有三个:1)找出不同文化的人在不同语境中实现言语行为的常规方法;2)与这些常规方法有关的礼貌形式及级别;3)与情景特征有关的言语行为实现模式的变化。大多研究都是在话语层次上进行的,语料的收集也大多采用像"话语完型"这样的引发法。这些研究的主要问题是它们忽略了交际的动态性、意义的可磋商性和言语行为的多功能性。在现实生活中,某一言语行为可能同时涉及多种功能,其言外之力会随情景的不同而发生变化。言语行为还常常在交际的不同阶段起不同的作用,对言语行为的解释也会因言语事件的不同而变化。研究者现已认识到要从相互作用的角度来研究礼貌、言语行为等这些语用现象。也有人把言语行为看作是言语交际或言语事件的一部分。因此,近年来跨文化语用研究出现了以下趋势:

1) 从对单个的话语的研究转向对会话整体的研究;更加注重对话语的多功能性和语境中的话语目的的解释;从相互作用的角度来研究礼貌、言语行为等这些语用现象。

2) 对礼貌现象的实证研究也已从言语行为的实现和孤立话语的礼貌级别的研究转向在话语群中用于表达言语行为的结构、语义和语用方法的描述;转向不同文化中会话情景的框架以及话语的组织对礼貌行为影响的研究。

3) 语际语语用学研究的趋势与上述趋势大同小异。除此之外,语际语语用学研究似乎已开始注意语际语的语用特征的形成和发展问题。

另外,根据以上趋势,跨文化语用学的研究方法也有作相应改变的趋势。首先,语料更倾向于用自然语境中的话语来代替用引发法收集的语料。第二,尽管在第二语言习得方面的研究有采用定量研究方法的趋势,以 Language Learning 杂志为例,1970 年采用定量研究方法的论文占 24%,到 1985 年高达 92%(Henning,1986:704)。然而,在语用研究中情况并非如此。语用现象要比词汇、句法现象要难预测得多,因此,它既无法用严格的规则或条件来解释,也无法依靠严格的假设来解释,语用研究的趋势似乎更倾向于定性研究,倾向于使用更广泛的话语分析或人类文化学的方法。但这并不意味着定量研究在语用研究中就毫无用处。事实上,要使定性研究更有效,定量研究的方法常常是需要的(Hong,1996)。应该注意的是定性研究中使用定量方法能给研究的现象提供基本的信息。这种信息既可用作背景也可作为一种参照点,但它必须要对研究的现象进行定量分析。近年来,定性和定量研究的界限日趋模糊,但是,正如我们在"语料收集方法"一章中说的:研究者应该采用能够收集到他们所需信息的方法。

第十章 前 提

10.1 前提的概念

对"前提"(presupposition)的研究起源于哲学界,20世纪60、70年代随着语义学的发展,这个概念引起了语言学界的兴趣,语言学家把它作为一种语义关系来研究;其后,语用学的兴起又给这个概念的研究增添了一个新的研究视角。各家学者的介入有助于加深对前提这一概念的理解,但同时也使对它的研究复杂化。从哲学家到语用学家,各人对它的界定和理解不尽相同。有人认为前提指的是真实值的必要条件;有人把前提看作是施行言语行为的恰当条件;有人把前提解释为交际双方的共有知识;也有人把它看作是使话语具有意义所必须满足的条件。下面,我们从发展的角度,大致按照时间顺序分别对哲学家、语义学家、语用学家对前提提出的各种理解进行简单的归纳,当然,我们最关心的是语用学范畴里对前提的研究。

10.1.1 前提的哲学渊源

哲学界对前提的兴趣来自哲学家对所指(reference)和所指词语(referring expressions)性质的争论,如何把自然语言中的所指词语转换为逻辑语言,这是逻辑理论的一个核心问题。近代哲学家中,首先对这一问题认真进行研究的是被誉为现代逻辑学奠基者的德国哲学家 Frege(1848—1925),他认为,人们在通过一句句子作出声言时,必然存在显而易见的前提,即在声言中所用的专用名词必有所指。他举了以下这个例子：

（1）Kepler died in misery.

句中的 Kepler 这个专用名词必指某一客观存在的实体，这句话的声言在内容上虽然不包含(2)，但无疑是以(2)为前提的：

（2）Kepler existed.

同时他还指出，(1)和(3)虽相互矛盾，但具有同样的前提(2)：

（3）Kepler did not die in misery.

此外，他还举了一个英语中时间状语分句的例子：

（4）After the separation of Schleswig-Holstein from Denmark, Prussia and Austria quarreled.

他认为，很显然，Schleswig-Holstein 原先并没有被从 Denmark 分割出去正是使 " After the separation of Schleswig-Hosltein from Denmark" 具有所指的前提。

Frege 勾画的前提理论大致包括以下这三个要点：

（ⅰ）指称短语和(例如)时间分句均有所指，因而具有前提

（ⅱ）一句句子和它的否定形式具有同样的前提

（ⅲ）句子或声言，不论真实或谬误，其前提必须成立

对于 Frege 在十九世纪末对前提作出的解释，在其后半个世纪的时间里哲学界存在不同的看法，但这些基本构想对于后来语言学界对前提的研究仍然具有很大的影响。

10.1.2　语义前提

语言学家对前提的兴趣是从他们对语义关系的研究开始的，他们把前提看作是两个语义命题之间的一种关系。在语义学家发现的诸种语义关系中，"蕴涵"(entailment)是十分关键的一种。对"蕴涵"可以作这样的定义：

如果在任何使 A 真实的情况下，B 也都真实，那么 A 语义上蕴涵 B。

例如：

(5) That person is a bachelor.

这一句子便蕴涵

(6) That person is a man.

在任何情况下，如果某人是个单身汉，他必定是个男人，但试想如果 A 是不真实的，那么它的蕴涵会是什么样的呢？如果说 That person is not a bachelor，那么原句的蕴涵(6)便很难说是真实的还是不真实的，因为不是单身汉的人可能是男的，也可能是女的。因此，在 A 不真实的情况下，它的蕴涵可能真实，可能不真实，因此可以说是没有结论。句子 A 要蕴涵句子 B 必须满足两个条件：

1) 如果 A 真实，B 也真实，

2) 如果 A 不真实，B 可能真实，可能不真实。

和蕴涵关系一样，前提关系也是一种对一句句子的命题所作的推理。如果 A、B 两句要构成前提关系，必须要满足以下这两个条件：

1) 如果 A 真实，B 也真实，

2) 如果 A 不真实，B 仍然真实。

例如：

(7) John is married.

这句句子的前提是

(8) John exists.

如果这句话不真实，即

(9) John is not married.

它的前提，即(8) John exists 仍然是真实的。

不难看出区别蕴涵关系和前提关系在于第二个条件，也就是在 A 句不真实或者说在被否定的情况下，这种推理能不能继续存在。根据这一差别，语言学家常用"否定测试法"（negation test）

来判断对一句句子所作的一个推理是该句子的蕴涵还是它的前提。把这句子否定后,仍然真实的推理是前提,句子否定后,未必真实的推理便是它的蕴涵。例如:

(10) John managed to stop the car.　　　　(句1)

从(句1)至少可以作出这样两个推理:

John stopped the car.　　　　　　(句2)

John tried to stop the car.　　　　(句3)

现在否定(句1):

John did not manage to stop the car.　(句4)

很显然,从(句4),我们无法得到(句2)这样的推理,也就是说在(句1)被否定的情况下,(句2)不再真实,但从(句1)和(句4)我们都可以作出(句3)这样的推理,因而(句2)是(句1)的蕴涵,(句3)是(句1)的前提。

如果把这两个推理看作是句子意义的一部分,那么一句句子可以说具有三种不同类型的意义:声言意义(asserted meaning)、蕴涵意义(entailed meaning)和前提意义(presupposed meaning)。这三类意义的区别在于他们要求不同的真实条件,例如:

(11) John has a sister. (句1)

根据 sister 这个词的词义,我们可以得出这句句子的释义(paraphrase):

John has a female sibling. (句2)

根据这句句子所声言的意义,我们可以作出这样的推断:

John's parents had more than one child. (句3)

John exists. (句4)

现在来看一下(句1)和(句2)、(句3)、(句4)在真实条件方面的关系,从而决定它们之间不同的语义关系:

如果(句1)真实,(句2)也真实,

如果(句1)不真实,(句2)也不真实,

那么(句2)是(句1)的声言。

如果(句1)真实,(句3)也真实,

如果(句1)不真实,(句3)可能真实,可能不真实,

那么(句3)是(句1)的蕴涵。

如果(句1)真实,(句4)也真实,

如果(句1)不真实,(句4)仍然真实,

那么(句4)是(句1)的前提。

上面我们把前提作为一种语义关系作了解释,并且和另一种语义关系蕴涵作了比较和区别。如果前提纯粹是一种语义关系,那么和其他语义关系一样,它应该是一成不变的,是语言本身所固有的属性,独立于语言的使用以外。但随着对前提关系研究的深入,越来越多的语言学家发现,前提关系不同于其他语义关系,它对语境因素十分敏感,在一定的语境中,原有的前提会消失,前提又和说话人以及其他语言外因素有密切的关系。出于这些原因,语言学家感到像前提这样的推理不能从狭义的真实条件语义上去考虑,从而开始把前提作为一种语用推理去研究。

10.1.3 语用前提

对于什么是语用前提,同样存在不同的理解和定义,有的对它理解得概括些,有的对它作了比较特定、狭窄的定义。归纳起来有三种主要的说法。

第一种对语用前提的理解认为语用前提指的是说话人对言语的语境所作的设想。按照这一种观点,自然语言是在一定的语境中用于交际的,每当说话人使用一句话语时,他总是对语境持有某些设想。他们举了下面这些例子:

(12) a. Sam realizes that Irv is a Martian.

    b. Sam does not realize that Irv is a Martian.

    c. Irv is a Martian.

(13) a. Sam has stopped beating his wife.

b. Sam has not stopped beating his wife.

c. Sam was beating his wife.

在这两组例句中,句 a 和句 b 都以句 c 为前提,也就是说,说话人在说 a 和 b 这两句话时已经分别具有 Irv is a Martian 和 Sam was beating his wife 这样的设想。

第二种理解把语用前提看作是施行一个言语行为所需要满足的恰当条件或是使一句话具有必要的社会合适性所必须满足的条件。

Fillmore 对语用前提的理解完全是从言语行为的恰当条件出发的,他认为语用前提就是指"通过一句话来有效地实施某一个言外行为所必须满足的条件"(1971:276)。他举了以下这两个例子:

(14) a. John accused Harry of writing the letter.

b. There was something blameworthy about the letter.

(15) a. John criticized Harry for writing the letter.

b. Harry wrote the letter.

在这两对句子中,句 a 都是以句 b 为前提的。

Keenan 把前提看作是话语的社会合适性所要求满足的条件,这种看法也具有一定的代表性。她曾明确指出:"……有许多句子要在受文化制约的条件或语境得到满足后方能使这些句子的话语为人所理解。这些条件自然应该被称为这些句子的前提。一句句子的话语的语用前提是该句子的语境合适性"(1971:45)。她举了一个法语的例子:

(16) Tu es degoutant. (You are disgusting.)

Keenan 认为这句话的前提是受话者是一只动物、一个小孩、或者是一个社会地位低于发话者的人,或是发话者极为亲密的朋友,如果不存在这些条件中的任何一个,这句话便缺乏前提,因而

也就缺乏必要的社会合适性。同样,

(17) Mr. Smith, can I get your coat?

这句话应该具备这样的前提:听话人是个成年男子,他的社会地位高于说话人,或者说话双方相互不十分熟悉。

第三种对语用前提的理解是把语用前提看作是交际双方所共有的知识,或者说是背景知识。Jackendoff 说:"我们将把'句子的前提'用以表示说话人认为他和听话人所共有的句中的知识"(1972:230)。可以举出的例子很多,例如:

(18) a. John has a sister.

b. John exists.

(19) a. The concert last night was marvellous.

b. There was a concert last night.

(20) a. Was it Margaret that Peter married?

b. Peter married someone.

(21) a. The Indian he befriended was the chief.

b. He befriended an Indian.

对语用前提的这三种理解是相互联系的,尤其是第一种和第三种,在很大程度上是重复的,被说话人认为是双方共知的命题无疑也应该是说话人本人认为是真实的命题。同样,根据第二种理解,即把前提看作是实施某一种言语行为的必要条件,那么说话人在说话时无疑应该相信这种前提是存在的。这三种对语用前提的理解具有一个共同之处,即前提是交际双方所共有的背景知识,基于这种知识,说话人才有可能对听话人说某一句话,并认为听话人会理解他的话,也正是基于这种共有知识,听话人才可能正确理解说话人对他所说的话。如果不存在 John 这个人,或双方之中有一方不知道有 John 这个人的存在,那么说话人不会说 John has a sister 这样一句话,即使说了,听话人也不会理解。同样,如果缺乏必要的前提,首先说话人不大可能会说 "Tu es degoutant" 这样缺乏社会合适性的话,如果说了,听话人必定会感到难以理解。

以上谈到的 70 年代初语言学家们对前提所作的语用界定过了二十多年后在 90 年代出现的语用学文献中依然得到反映。Grundy (1995) 把前提分为语用前提和规约性前提(conventional presupposition) 两类。他把语用前提解释为"背景假设"(background assumption),并指出这类前提的本质明显是非语言性的(non-linguistic)。他举了下面这个例子:

(22) Tell Madonna I'm at lunch.

Grundy 认为在说这句话时,说话人具有一系列的设想,例如,他肯定 Madonna 这个人在他说话后不久将会出现,他认为听话人知道 Madonna 是谁,并且愿意为他传递这个口信。如果没有这些设想,说话人显然不会说这句话,说了也是毫无意义的。因此,Grundy 的语用前提同样也是话语要具有合适性所必须满足的条件。

语言学家对前提从语用角度所作的界定侧重不同,措辞不同,但他们有一个共同点,也正是这一点区分了语用前提和语义前提,这就是任何一个语用前提的界定都是把前提和说话人联系在一起的,而语义前提则是把前提和句子或者和句子的命题联系在一起的;换言之,从语用学的角度看,前提是说话人的预设,从语义学的角度看,前提是句子本身具有的一层意义。

Yule (1996) 对前提和蕴涵的共性和差异作了十分简明扼要的归纳。他说前提和蕴涵都是没有被说话人通过话语直接表达但在交际过程中得以传递的信息,两者均属于已知信息;不同的是,前提是一个依存于说话人的概念,蕴涵是一个依存于句子的概念;前提是说话人在说话前所作的一系列设想,蕴涵是根据话语内容进行逻辑推理得到的结论;因而,说话人具有前提,句子具有蕴涵。

10.1.4 前提和语境

交际双方所共有的知识是语境的一个重要构成因素,因此,语用前提实际上存在于整个交际语境之中,是语境的一部分。不过要注意的是,交际双方所共有的知识不是固定不变的,在交际过程中,这种共有知识是不断扩大、不断积累的。原来不为双方所共知的事情可以通过语言交际变为双方共知的事情。

Leech 曾把语用前提这个概念粗略地解释为"在说 X 时,说话人自认为 Y 理所当然是真实的"(1981:287)。不过对于什么算是"理所当然"这一点,他觉得需要澄清。他认为如果把前提作为一种语义关系来对待,那么主要的问题是区别前提和蕴涵这两种既有相同之处,却又不相同的语义关系。但从语用的角度去考虑,重要的却是区分前提和声言。如果把前提看作是一句话中那部分被看作是熟悉的、已知的内容,那么声言便是一句话中被看作是不熟悉的、未知的内容,是这句话所要传递的新的信息。这样,一句话的前提和声言常和英语句子的主语和谓语这两个语法成分相对应:

(23) The book I spoke of is not available now.

        主语   谓语

        前提   声言

    (I spoke of a book. (It is not available.)

    You know which

    book I spoke of.)

(24) John's kids all play football.

        主语   谓语

        前提   声言

    (John has kids. (They all play football.)

    You know he

does.）

　　对于成功的语言交际来说,前提是至关重要的。交际双方必须具备一定的共有知识,否则很难想象交际怎么能进行下去。事实上,我们不时会遇到因为缺乏必要的前提而导致交际受挫的情况;前提是说话人的假设,但说话人的假设并不总是正确的,说话的一方自认为存在必要的前提,事实上并不一定存在,于是交际的另一方会提出异议,要求说话人提供或澄清必要的前提:

　　（25）A：... I was just going to set down to my essay when John came in. He said he had just bought a new record, an album of his favourite singer. And next moment, he was playing it on the turntable. And then he started to sing and ...

　　　　　B: Wait a minute. Who is this John you've been talking about all the time?

　　　　　A: Don't you know John? John Gregory? I'm sorry. I thought you knew him. He's staying with his parents now just for a visit. He is always so self-centred, just like his dad ... .

　　在面对面的口头交际中,这种因为缺乏必要的前提而妨碍了交际的情况还可以比较容易地得到修补。但在另一种交际场合,当一方认为存在的前提实际上并不存在,但又无法即刻得到修补时,交际就会由此受到阻碍。阅读别人写的文章（尤其是外国人写的文章）就常会出现这样的一种情况。在阅读过程中,读者常会因为缺乏必要的背景知识而感到困难。读者不具备作者以为他具备的背景知识,而在“阅读”这种特定的交际场合,读者无法要求作者给予澄清或提供必要的背景知识。由于缺乏前提,读者会感到文章不连贯,难以跟上作者的思路,因而无法准确地获得作者所想传递的信息。这一点,对于我们外语教学是有一定启示的。黄次栋

(1986)在这方面作了初步的探讨,他举了这么一个例子:

(26) George got his arm stuck in the drain cover, so the fire-brigade was called in.

他认为中国学生对这句话会感到迷惑不解,难于接受,因为中国人只有在发生火情时才会叫消防队,因此他们不理解前半句和后半句之间存在什么因果关系。作者从英语本族语使用者的常识出发,认为消防队是日常生活中解决各种难题的能手,遇到解决不了的问题,包括手臂卡住在阴沟里这样的事,找消防队来帮忙,是很自然的。因此,要帮助中国学生理解这句句子,需要先介绍英国的文化背景知识,也就是为学生提供必要的前提。

一句话中的声言,即作为对一方来说是未知的信息来处理的那一部分内容,一旦成了双方共知的内容,很可能在下一句话中被作为前提来处理。这样,在交谈的过程中,双方都不断为进一步的谈话提供基础或者前提,例如:

(27) The kids saw a film last night.

　　　　前提　　　　　声言

The film (the kids saw) was very amusing.

　　　前提　　　　　　　　　声言

(28) The tourist bought some clay figurines.

　　　前提　　　　　　声言

The clay figurines

　　　　　前提

are made by a blind craftsman.

　　　声言

The blind man was ...

　　　前提　　　　　　声言……

当然,这并不是说,在语言交际中,话语总是按照以下模式机械地发展的:

前提 1 + 声言 1

↓

前提 2 + 声言 2

↓

前提 3 + 声言 3

↓

前提 n + 声言 n

实际上的语言交际要比这个模式所呈现的情况复杂得多,多样得多。不过这个模式说明了在语言交际中未知的内容变为共知的内容,从声言变为前提,从而使话语合理地发展的过程。违背了人类的这一个基本的认知模式的语段会给人以不连贯的感觉,这可以通过比较下面这对句子看到:

(29) Sheila's engaged to be married, and her fiance's an airline pilot.

(30) Sheila's fiance's an airline pilot, and she's engaged to be married.

一读以后,我们便会感到(29)是个合情合理的句子,但(30)则有点异常。原因何在? 原因在于这两句句子都是由两个从句构成的并列复合句,在(29) 中,第一个从句的声言"is engaged to be married"成了第二个从句的前提,基于 Sheila 已经订婚这一事实,说话人才能说她的未婚夫是何许样人这样的话。但在(30)中,这两个从句的位置被交换了,第一个从句 Sheila's fiance's an airline pilot 的前提应该是 Sheila has a fiance,但这个内容却通过第二个从句 She's engaged to be married 来表达,因而,在这个句子中,声言—前提的顺序被颠倒了,成了 *前提—声言,因此,听上去便有异常感。综上所述,从内容的新与旧去考虑,在交际活动中的任何一句话都包括两类意义成分,一类是作为前提看待的内容,因为它已经成了语境的一部分,另一类是这句话的声言内容,因为在说话人说话时它尚未成为语境的一部分(见 Leech, 1981:288)。

10.2 前提语

和会话含义一样,前提也是一种语用推理,这两种语用推理有共同的地方,它们都具有可撤销性或可废弃性,不同的是,会话含义这种语用推理是以整句话的语义内容为基础的,但前提未必以整句话的语义内容为基础,它可以以某些词语、某些句式为基础。这些能作为前提基础的词项或表层结构形式称为前提语(presupposition trigger)。这是这一节所要谈的内容。对于英语中的前提语,有不少人作过归纳和分析,几乎在谈到前提这个题目时都少不了要罗列一下前提的语言表达形式。Karttunen 收集了三十一种,Levinson 在《语用学》一书中选择了其中的十三种(1981:181—184)。下面将以此为基础对主要的前提语作必要的解释。

1) 确定性的描述 (definite descriptions)

除了专用名词这种确凿无疑的确定性描述方式外,英语中其他一些用以照应的手段也都是确定性的描述,如带定冠词 the、指示代词 this、that 的名词短语,第三人称人称代词,用名词所有格修饰的名词等:

(31) *John* got married last week.

>> There existed a person called John.

(32) *The team of explorers* got lost in the jungles.

>> There was a team of explorers.

(33) *This house* was once owned by a rich merchant.

>> There once existed a house.

(34) *John's wife* is a school teacher.

>> John has a wife.

＊符号＞＞表示"以……为前提",斜体表示前提语

2) 实情动词 (factive verbs)

实情动词指的是那些宾语或宾语从句反映的是已经发生的事实的那些动词,例如 regret、realize、know 等。此外,还包括一些起到谓语动词作用的形容词短语,它们后面所跟的 that 从句也反映了已经发生的事实,如 be aware that、be sorry that、be glad that、be proud that、be pleased that、be odd, be strange that、be disappointing that 等等。从语法作用上看,这些形容词短语后的 that 从句可能是形容词的宾语或状语,也可能是句子的主语:

(35) John *realized* that he had made a mistake.

　　＞＞ John made a mistake.

(36) He *regretted* having started the project.

　　＞＞ He started the project.

(37) *I'm sorry* that your dog died.

　　＞＞Your dog died.

(38) *He is pleased* that his son is making progress in his music lessons.

　　＞＞ His son is making progress in his music lessons.

(39) *It is disappointing* that only half of the students passed the test.

　　＞＞ Only half of the students passed the test.

3) 含蓄动词 (implicative verbs)

这些动词能产生前提是由这些动词的词义决定的,这些动词的词义本来就包含了两个语义成分,例如 manage 的意义包含了"设法去做"和"做成"这两个部分,forget 包含了

"该做某事"和"实际上没有做",happen 包含了"原来没有打算做"和"实际上做了"这两层意义,因此:

(40) He *managed* to get the ticket.

　　＞＞ He tried to get the ticket.

(41) I *forgot* to bring the book.

　　＞＞ I ought to have brought the book.

(42) We *happened* to meet our neighbour in the cinema.

　　＞＞ We did not expect to meet our neighbour in the cinema.

4) 表示状态改变的动词 (change of state verbs)

如果一个动词表示了状态的改变,那么前一种状态的存在就必然是 这种改变的前提。这类动词有 stop、finish、begin、start、carry on、continue、cease、leave、arrive、enter、come、go、turn、transform 等等:

(43) He *stopped* smoking cigars.

　　＞＞ He had been smoking cigars.

(44) It *began* to snow at midnight.

　　＞＞ It did not snow before midnight.

(45) The guests *arrived* at 6.

　　＞＞ The guests were not here before 6.

(46) He *carried* on the work.

　　＞＞ Someone was doing the work.

(47) Her face *turned* pale.

　　＞＞ Her face had not been pale.

5) 表示反复的词语 (iteratives)

属于这一类的有动词、副词以及一些状语短语。它们的共同特点就是都表示某个动作的反复或某种状态的延续,它

们的前提是某个动作曾经发生过或某种状态曾经存在过，
例如：

(48) The spaceship came *back* to earth.

>> The spaceship had been on earth.

(49) He promised to ring *again*.

>> He had rung before.

(50) Order was *restored*.

>> There had been order before.

(51) I'm visiting China *for the third time*.

>> I have visited China twice before.

(52) This book is not *reprinted* any more.

>> This book was reprinted before.

其他表示反复的词语还有 return、repeat、another、too
等。

6) 判断性动词 (verbs of judging)

(53) Peter *accused* Smith of forgery.

>> Peter thinks forgery is bad.

(54) Mike *criticized* Mary for backing out at the last
minute.

>> Mary backed out at the last minute.

7) 时间状语从句 (adverbial clauses of time)

(55) *After his father died* he stepped into a large for-
tune.

>> His father died.

(56) *Since the new cabinet was formed*, there have
been a lot of reforms in the country.

>> A new cabinet was formed.

(57) They left *while the rest of the party were still en-*

joying themselves.

> The rest of the party enjoyed themselves.

当然,一些表示时间的状语短语也包括在这一类里。实际上时间状语从句和时间状语短语经常是可以相互转换的。上面(55)和(56)中的时间状语从句便可以分别压缩为"After his father's death"、"Since the formation of the new cabinet",但它们的前提是一样的。

8) 断裂句 (cleft sentences)

断裂句结构包括 It is … that (who) …(或称 it 型断裂句)和 What …(或称 wh 型断裂句)这两种。它们的作用是强调一句句子中的某一成分。不过这两种结构并不总是可以相互替换,这是因为 wh 型断裂句主要用于强调句子成分中的名词性短语,而 it 型断裂句则可用来强调句子中的状语成分。但不论用什么方式来强调句子中的哪一个成分,对句子中某一个成分的强调必然具有一个意义更广泛的前提,例如:

(58) *It was John who* danced the last dance with Mary.

> Someone danced the last dance with Mary.

(59) *It was in the coffee shop* that they got in touch with each other.

> They got in touch with each other in a certain place.

(60) *What I am looking for* is my passport.

> I am looking for something.

(61) *What John bought last week* was a second-hand car.

> John bought something last week.

9) 表示比较的结构和词语 (structures and expressions indi-

cating comparison)

进行比较必然有一个比较的基础,这个基础便是比较的前提:

(62) Carol is a *better* pianist than Mike.

> > Mike is a pianist.

(63) This essay is *as good as* the one you wrote last time.

> > You wrote a good essay last time.

(64) Your house *resembles* ours.

> > We have a house.

10) 非限定性定语从句(non-restrictive attributive clauses)

英语中定语从句有两种,限定性的和非限定性的。非限定性的定语从句实质上是对先行词的一种解释、说明或补充,因此,它不受从句范围之外的否定的影响,也就是说,即使主句的动词被否定了,非限定性定语从句的真实性不会改变,因此它是整个句子的前提:

(65) The islands of Japan, *which are located to the east of China*, have frequently been struck by earthquakes of varying forces.

> > The islands of Japan are located to the east of China.

(66) Australia, *which was settled by the British in the 1770's*, had been inhabited by the aboriginals.

> > Australia was settled by the British in the 1770's.

11) 与事实相反的条件从句(counterfactual conditionals)

一个与事实相反的条件恰好从这个虚假条件的反面表现出前提:

（67） *If Beethoven were still alive*, he would be sur-
prised to hear this rendition of his "Ode to Joy".
　　＞＞ Beethoven is not alive.

（68） *If I had not burnt the cake*, we would be having
it for tea.
　　＞＞ I burnt the cake.

（69） *If Columbus had not discovered America*, some-
one else would.
　　＞＞ Columbus discovered America.

除了虚拟语气的条件句外,英语中还有一些动词和结构
也能表示与事实相反的情况,这些动词和结构也同样能
产生前提:

（70） He *wished* he had not left his wife and kids.
　　＞＞ He left his wife and kids.

（71） The beggar *pretended to be deaf*.
　　＞＞ The beggar was not deaf.

（72） The visitors *looked as if* they were interested.
　　＞＞ The visitors were not interested.

12）问题（questions）

提问总是有一定的前提的。yes/no 问句,选择疑问句和
wh 疑问句具有各自不同的前提:

（73） Is there a piano in the room?
　　＞＞ Either there is a piano in the room or there is
not a piano in the room.

（74） Does he speak English or French?
　　＞＞ He speaks either English or French.

（75） What can you expect?
　　＞＞ You are expecting something.

(76) When did he come back last night?

>> He came back sometime last night.

(77) How did she manage to stop the car?

>> She managed to stop the car somehow.

以上我们摘引了十二种常见的前提语。前提可以在三个不同的语言层次上产生，即语义、句法和音系。在上面这十二种前提语中，1)—6)大体上是属于语义层次的，它们大体上是一些能产生前提的词语，前提包含在这些词语的语义之中；7)—12)大体是属于句法层次的，这后六种大体上都是通过一定的句法结构来产生前提的。此外，前提还可以通过一定的音系手段来产生。Levinson 提到的第十三种前提语便属于这一种。能产生前提的音系手段主要是指通过移动句子的语调核心来强调句中某一成分。英语句子的语调核心通常落在句子中最后一个重读音节上，但如果要强调某一句子成分，可以把语调核心移到所要强调的成分上去，以显示出对比。这种通过音系手段来达到的强调和运用句法手段（如断裂句式）来达到的强调是一致的，如：

(78) John bought a watch 'yesterday. （通常）

It was a 'WATCH that John bought yesterday. （强调）

>> John bought something yesterday.

但不运用句法手段，只运用音系手段也能达到强调的目的，从而也同样能产生前提：

(79) His sister flew to Beijing last 'Friday. （通常）

(80) It was TO BEI'JING that his sister flew last Friday. （句法手段和音系手段同时使用）

>> His sister flew to a certain place last Friday.

(81) His sister flew to BEI'JING last Friday. （只运用音系手段）

>> His sister flew to a certain place last Friday.

(82) His sister 'FLEW to Beijing last Friday.

　　＞＞ His sister went to Beijing by some means last Friday.
（83）His 'SISTER flew to Beijing last Friday.

　　＞＞ Someone from his family flew to Beijing last Friday.

以上我们罗列了十多种称之为前提语的语言形式和手段,给人的印象好像前提是由语言本身产生的,英语中"presupposition trigger"的提法也的确会给人这样的误解,即前提是由这些语言形式触发的。Grundy 区分的规约性前提指的就是那些通过某些语言形式来表达的前提,这些语言形式就是前提语,给人的印象是规约性前提是由语言本身产生的。但如上所述,前提是说话人的前提,不是句子本身具有的前提。因此,这些所谓的前提语应该被理解为表象、理解为潜在的前提的语言表达、理解为表达说话人的前提的语言手段。

10.3　前提的特点——可撤销性

前面我们讲到过会话含义具有可撤销性,也就是说在一定的语境中,一句句子原来具有的会话含义会消失。这种可撤销性是语用推理的共同特点。前提和会话含义一样,也是一种语用推理,因此也具有这种可撤销性。一句话中虽然存在着能产生前提的前提语,但由于某种语境因素的影响,原话的前提不复存在。前提对语境因素的这种敏感性表明了前提的语用性质,因此很难以把它作为一种纯粹的语义关系来研究。导致前提消失的语境因素大致有两种,一种是语境中的语言因素,另一种是语境中的非语言因素。

导致前提消失的一种常见的语言因素是话语因素,也就是说如果把一句带有前提语的话置于一定的话语环境之中,或者说置于一定的上下文中,原话的前提便会消失。这方面的例子很多。例如,manage 这个含蓄动词会产生 having tried 这样的前提:

（84）John didn't manage to pass the exam.

>> John tried to pass the exam.

但如果把这句话置于以下这样的话语中:

(85) John didn't manage to pass the exam. In fact he didn't
even try to.

那么原话的前提就消失了,因为它在下文中被否定了。又如,断裂句结构也是一种前提语,因此

(86) It isn't Luke who will betray you.

>> Someone will betray you.

但假设这句话出现在下面这样的话语环境中:

(87) You say that someone in this room will betray you.
Well, maybe so. But it won't be Luke who will betray
you. It won't be Paul. It won't be Mathew, and it
certainly won't be John. Therefore no one in this
room is actually going to betray you.

在这一段话中存在四个断裂句,孤立起来看,它们的前提都是 Someone will betray you,但这个前提却被这段话的最后一句"no one in this room is actually going to betray you"否定了,因此这个前提也就消失了。

导致前提消失的非语言因素是指交际双方所共有的知识或设想和某一前提矛盾,这种冲突也会导致前提的消失,例如,时间状语从句是一种前提语,因此,

(88) She cried before she finished writing the novel.

>> She finished writing the novel.

但下面这句话:

(89) She died before she finished writing the novel.

便不再具有 She finished writing the novel 这样的前提了。这是因为人们都知道人死了以后是不会写小说的,这种常识导致了原话前提的消失。除了一般常识外,交际双方对某一特定情景

所具有的知识也会引起前提的消失。例如,在一般情况下,regret 这个词会产生前提,因此,

(90) At least John won't have to regret doing a PhD.

>> John did a PhD.

我们可以假设一下说这句话的语境,比如说 John 读博士学位时有点抱怨,后悔当初作了读学位的决定,但学成后因为有了这个学位而找到了满意的工作,在这种情况下,这句话的前提当然是 John did a PhD。但是换一种假设,如果交际的双方都知道 John 因为某种原因,事实上未能攻读博士学位,当一方对另一方说这句话时,原来的前提也就不存在了。

上面所说的导致前提消失的语言因素和非语言因素本质上是一致的。前提原来是指为使交际顺利地进行下去交际双方所具备的共同知识,当这种共同知识的真实性被否定时,前提也就消失了。这种否定可以通过语言形式表达出来,这就成了导致前提消失的语言因素;但如果这种对前提的否定是交际双方共有知识的一部分,那么它不一定要通过语言形式加以表达,这就成了导致前提消失的非语言因素。在某些情况下,非语言因素可以通过语言因素来加以明确,也就是通过语言表述来确认这种对前提的否定是双方所共知的。例如:

(91) He died before he could give the evidence.

对这样一句话,说话人完全可能再作这样的解释:

(92) Dead men tell no tales, you see. So there was no evidence against the accused man.

这样就明确否定了 before 时间从句通常包含的前提。

10.4 前提的映射问题

上面所说的导致前提消失的语言因素指的是话语因素,即一句话所处的话语环境。如果把一句句子嵌入到另一句句子中去,

即把一句句子变成一句更大的句子的一个构成从句,原句的前提
会发生什么变化呢? 哲学家们传统地认为一句句子的意义是它各
个组成部分的意义的总和,如果句子 S 由 S_1 和 S_2 两个从句构成,
那么 S 的意义就是 S_1 的意义和 S_2 的意义之和。对于前提,也有
人依此类推,认为一句句子的前提是它各个组成从句的前提的总
和,也就是说 S_1 和 S_2 原有的前提,在它们被嵌入 S 后,都会成为 S
的前提。但只要对一些复合句作些观察,便可发现这种看法是过
于简单化的,复合句的前提问题远比想象的复杂。前提的这个组
合问题被称为前提的映射问题(projection problem),这是对前提
在"嵌入"这个特定的语言环境中所作的研究。据一些学者所作
的初步观察和研究,句子在被嵌入后,它的前提存在两种可能,一
种是消失,即被撤销,另一种是继续存在。先看看前提消失的几种
情况。导致前提消失的常见情况是一个从句原有的前提被同一句
子中另一个从句所否定,例如:

(93) John doesn't regret inviting the dean to the party be-
cause in fact he never did so.

(94) He didn't manage to pass the exam for he simply did
not try to.

(95) He claims to be the emperor of China but there is of
course no emperor in China today.

在这些例句中,主句原有的前提 John invited the dean to the par-
ty、He tried to pass the exam 和 There is an emperor in China 都
分别被这三句句子中的另一个构成成分否定了。这种前提被否定
的情况并不新鲜,我们在前面讲前提在一定的话语环境中消失的
情况时已经讲到过,比较一下 ,便可以看出,这两种对前提的否定
实质完全一样,只是所采取的句法形式不一样而已,一种是在一句
句子的范围之外被否定,另一种是在同一句句子的范围之内被否
定:

(96) John didn't manage to pass the exam. In fact he never tried.

(97) John didn't manage to pass the exam because in fact he didn't even try to.

值得注意的是,当主句是肯定句时,这种用一句从句去否定另一句从句的前提的做法在许多情况下会产生语义异常的句子:

(98) * John managed to pass the exam because in fact he didn't even try to.

(99) * He regrets inviting the dean to the party because in fact he never did so.

(100) * It was Luke who would betray you because in fact no one would.

前提消失的另一种常见结构是条件从句。条件从句有时会把主句原有的前提"悬起"(suspend),例如:

(101) John didn't drink again, if he ever did.

(102) He doesn't regret being a police officer, if he ever was one.

主句原有的前提也会因为在条件句中变成假设而消失,例如:

(103) If John resigns, he will regret doing so.

虽然主句具有 John resigns 这样的前提,但由于它在条件从句中变成了假设的条件,因而不能作为整句的前提来看待。

用 either...or... 连接起来的两个从句有时会出现一句从句否定了另一句从句的前提的情况:

(104) Either he will not invite the dean or he will regret doing it.

第二个从句中由 regret 产生的前提恰好是第一个从句所否定的内容。

前提在从句中消失的情况还不止上面说的这几种,但有的还有争论,上面只是比较常见的几种。

映射问题的另一方面是一句句子被嵌入后,它的前提仍能继续存在。前提能继续存在的语言语境包括具有情态意义的上下文,用 and、or、if、but because 等表示逻辑关系的连接词连接起来的复合句。试把 John's car broke down 这句句子嵌入到各种从句中去,便可看到它的前提 John had a car 在新构成的复合句中仍然存在:

(105) John's car broke down.

　　　 >> John had a car.

(106) It's possible that John's car broke down.

　　　 >> John had a car.

(107) John's car broke down and he rang for help.

　　　 >> John had a car.

(108) Either John's car broke down or he was held up by a traffic jam.

　　　 >> John had a car.

(109) If John's car had not broken down, he would not be late for dinner.

　　　 >> John had a car.

(110) John's car broke down but he managed to come in time.

　　　 >> John had a car.

与前面所说的前提可能消失的情况相比,内嵌以后句子的前提能继续存在的情况是大多数,是一般情况,而内嵌后,句子的前提被撤销的似乎是少数,是特殊情况。

有人比较了句子嵌入后,句子的前提和蕴涵的变化。他们发现前提通常能继续存在,但蕴涵却通常不能。这使我们想起用以区别前提和蕴涵的否定测定法。如果说,否定一句句子是使前提

和蕴涵显示出它们区别的一种语境,那么,嵌入一句句子可以说是
使它们显示出区别的另一种语境。例如,John has three sons 具
有 John exists 这样的前提,它蕴涵了 John has two sons。现在把
句子嵌入:

(111) If John has three sons, he will buy a bike for each of
   them.

这个带条件句的复合句仍然具有 John exists 这样的前提,但却不再
具有 John has two sons 这样的蕴涵了,因为 John has three sons 在
这个复合句中只是一种假设的条件。同样,如果把这句句子嵌入到
具有情态意义的上下文中去,或者表示选择的复合句中去:

(112) It's possible that John has three sons.

(113) Either John has three sons or he has three daughters.

原句的前提都依然存在,但它的蕴涵却不再存在。如果 John has three
sons 只是一种可能,我们不能从一种可能去作出这种可能性的部分必
然是真实的这样的结论。但是,复杂的是,并不是在所有的复合句中
原句的蕴涵都会消失,试把上面这句话嵌入到用 and、but 构成的并列
复合句中去,很明显,原句的前提和蕴涵都不受影响:

(114) John has three sons and his brother has three daugh-
   ters.

(115) John has three sons but he wants a fourth one.

这样看来,嵌入不同于否定,不能总是作为区分前提和蕴涵的试金
石。只有嵌入到某些特定的语境中去时,句子的前提和蕴涵才显
出区别,这些特定的语境包括具有情态意义的语境,带条件句的语
境和表示选择的语境。

前提关系是一种十分复杂的关系,前提的映射问题更是个使
人感到棘手的问题。在句子被嵌入之后,前提既可能存在,也可能
消失,在前提能继续存在的情况下,蕴涵又呈现出继续存在和消失
这两种可能性。

　　前提关系的复杂性和多变性,只有通过对语境因素的考虑才能作出较为满意的解释。

第十一章 会话的语用研究

11.1 会话结构的语用研究和话语分析

在第六章里，我们谈了语用学对会话原则的研究，除了制约会话活动的一些原则外，会话的结构也同样是语用学研究感到兴趣的领域。语用学研究会话结构的目的是要通过探索自然会话的顺序结构来揭示会话构成的规律，解释会话的连贯性。从这一点看，语用学家和话语分析家有着共同的目标。当然，话语并不限于会话，但会话是话语的一种最基本的形式，也是话语分析家研究得最多的一种话语形式。因此，对会话结构的分析很难说是属于哪一家的专门领域。在会话结构方面所取得的成果是语用学和话语分析两家的共同研究成果，在这两个领域的文献中常常可以找到同样的引证。

不过，也有人认为这两家对会话结构的研究有较大的差异，Levinson 便是其中之一。在指出它们的共同目标之后，Levinson 强调了会话分析(CA)和话语分析(DA)在研究方法和途径上的区别(见 1983:286—294)。他认为话语分析家采用的是语言学研究中十分典型的那些方法和原则，实质上是把在语言学中运用得很成功得那一套技巧延伸到句子范围之外，扩大到话语的范围中去，在判断话语的连贯性时，常常凭借本能。Levinson 认为篇章语法学以及以言语行为为基础的那些研究是话语分析的两大范畴。会话分析的不同之处在于它避免了先入为主的理论框架，采用了以经验为基础的归纳法，从大量自然会话的资料中去寻找反复出现的模式,从中归纳出规律来。

诚然,对会话结构进行研究,存在多种途径和方法,在 Levinson 所提到的三种主要途径中,篇章语法学家所采用过的方法应该说是一种不成功的尝试。话语根本不同于句子。句子是一个语法单位,它的构成需要符合一定的语法规则,但话语绝不是个语法单位,把话语看作是一个“超级句子”(supersentence),试图用分析句子的方法来分析话语是不可能获得令人满意的结果的。这种方法在七十年代初曾有人作过尝试,但后来多被摒弃。

被 Levinson 归于话语分析的另一种途径,即以言语行为为基础的研究是对话语进行研究的一种重要的、也是颇有成效的途径。我们在第五章第四节中所例举的 Labov、Sinclair & Coulthard 和 Criper & Widdowson 等人对间接语言的解释都是这一类的例子。这是言语行为理论在话语分析中的实际应用,这一理论对话语分析的发展 起了相当大的促进作用。但用言语行为理论去分析话语并非十全十美, Levinson 对其中的问题作了归纳。他认为如果把会话过程看成是由一系列的行为构成的,那么首先要解决的问题是把一句句的话语“翻译”成行为,然后再找出行为构成系列的规律。但这并不容易做到。这是因为话语常具有双功能乃至多功能,同一话语,置于不同的语境中又能行使不同的功能。这并非是把言语行为理论运用于话语分析时才出现的问题,实际上这是言语行为理论本身的一个弱点。Levinson 强调了这个理论在运用过程中的一些问题,认为这并不是一种理想的分析会话的途径。他主张采用以经验为基础的归纳方法,或者采用他称之为会话分析家所采用的方法。

自然会话不同于句子 ,它的构成在很大程度上受到许多语言外语用因素的影响。对会话的构成难以进行像句法分析那样严谨的、形式化的分析。以言语行为为基础和以经验为基础进行的分析,从不同的侧面对会话进行了分析,在不同程度上揭示了会话的构成规律。这两种分析途径各有其特点,因此很难以比较它们的优劣。把这两种方法简单地分别划归话语分析和语用研究两家,也不合适。话语分析和语用研究这两个领域之间的分界线本来就不是很清楚的,话语分析家并不认为自己的工作是完全游离在语用研究的范围之外的,相反,有的话语分析家明确指出"在语言学中任何涉及语境考虑的分析途径都必然属于称为'语用学'的那一个语言研究领域。'搞话语分析'当然要'搞句法和语义',但它首先包含'搞语用学'"(Brown & Yule, 1983:26)。从第五章第四节中所举的例子不难看出,以言语行为为基础的分析方法是完全不能脱离对语境因素的考虑的,因此,通过这一途径所取得的研究成果完全可以归入到对会话结构进行语用研究所取得的成果中去。对于这方面的成果,我们在前面已作过一些介绍,因此,在这一章里,我们将主要介绍被 Levinson 称为会话分析的那种方法所取得的成果。在这方面,美国社会学家 Schegloff、Sacks 和 Jefferson 堪称代表人物。60 年代到 70 年代,他们从大量的真实语言资料中寻找反复出现的模式,从中探索自然语言的构成规律。

早期语用学对会话的研究大体上局限于会话本身的结构,不论采用哪一种方法或途径,都属于静态性质的研究。到了 80 年代后期和 90 年代,语用学这一学科的动态性质越来越明显,不少语用学家开始采用动态的研究方法。对会话的研究也是如此。在本章的第二、三节里,我们介绍的主要是 70、80 年代对会话进行的静态研究,在第四节里我们将介绍 90 年代对会话进行动态研究的一些成果。

11.2 会话的局部结构

对会话结构的研究可以从两个方面去着手。一是从整体上去看一个完整的会话过程是怎样构成的,即会话是怎样开始,怎样结束,期间又是怎样发展的,这是对会话整体结构的研究。二是研究会话的局部构成,一次会话活动是由参加者一次接一次的局部发言所构成的,一个参加者的发言和另一个参加者的发言之间有什么联系,如何构成连贯的话语,他们如何进行更迭,这是会话的局部结构研究所要解决的问题。我们先来看一下会话的局部结构。

11.2.1 会话中的轮换

会话的一个特点是说话人的轮换 (turn-taking),即参加会话的人在参加整个会话过程中轮流说话。这似乎是一个显而易见、毋庸多说的事实。但是如果再多想一想就会发现在这一极为普通的社会行为中存在一些令人吃惊的现象:在会话过程中很少会出现重叠的情况,也就是说很少会出现两个或更多的人同时开口讲话的情况。有人作过统计,这种重叠的情况还不足全部会话活动的百分之五。然而一个说话人停止说话和另一个说话人开始说话之间的间隙却是惊人地短。说话人之间这种有条不紊的更迭是怎样进行的呢? 这种有秩序的更迭不仅见于只有二、三个人参加的会话,甚至也见于十几人乃至几十人的近乎集会这样的场合。不仅在会话者相互看得见得情况下很有秩序地进行更迭,在会话者相互看不到,如打电话这种场合,更迭也同样有秩序地进行。这些极为普通的现象引起了一些人的注意,成了他们研究分析的对象。

60 年代末、70 年代初,美国社会学家 Schegloff 等人对自然会话的结构进行了观察和分析,虽然他们的兴趣主要在于人类的社会互往(social interaction),但他们的观察结果对会话结构的研究是很有意义的,他们指出会话中最基本的一条规律就是:每次至少有一方,但又不多于一方在说话。虽然在日常生活的会话中短暂的重叠或冷场时有发生,但一旦出现这样的情况,参加会话的各方都会按照这条基本规则设法调整和修补。如有一人以上同时讲话,其中总有人会迅速退让。如果在会话过程中出现了暂时的冷场,那么总有人会开口讲话,或通过"er"或"mm"这样的声音来表示他打算要说话。

正在说话的人对下一个说话轮次有三种不同程度的控制。

第一,一个正在说话的人可以通过提名来选定下一个说话人。在选定下一个说话人的同时,他往往同时也指定了下一个说话人的话语类型。例如在下面这些话语中:

(1) I wonder if you could show me the letter, Mr. Fox.

(2) Do you know how to draw a panda, Mary?

(3) Hi, Professor Price!

Mr. Fox, Mary 和 Professor Price 不仅被指定为下一个说话人,同时他们该说什么也都被说话人所说的话决定了。当然,除了指名道姓外,说话人也可以用眼光、头部动作等伴随语言手段来指定下一个说话人。

第二,说话人可以限制下面一位说话人将要说的话的类型,但不指定下一个说话人。如他可以说"Can anyone of you describe the picture?",留待在场的其他人自己去作出选择。

第三,说话人既不指定下一个说话人,也不指定下一步的会话活动,而是完全由参加会话的其他人自选,并决定说什么。

在某些特定场合,常常有一个有权决定下一个说话人的人,例如,在教室里,教师有权指定让哪一个学生说话,法庭上的法官、会议的主席都是具有这种权力的人。在一般的日常会话中,说话人自选的情况是十分普遍的,尤其是当参加会议的人身份、地位大致相同时。在自选时,又产生了另一个问题:自选的人怎么知道正在说话的人话已经讲完、他自己可以开始说话了呢? 能辨认这一点是很重要的,否则在会话过程中就会出现大量的抢说话的重叠现象。不过,正如 Sacks 所指出的,自选的说话人无法真正辨认正在说话的人是否说完,因为任何人都可以在自己好象已经结束的话之后再加上一句、甚至更多的话。因此,说得精确些,不存在绝对的话语结束之处,自选的说话人所寻找的只是话语的可能结束之处。一个说话人所说的话包括一句或更多的句子。一句句子是一个完整的单位,因此话语的可能结束之处不会出现在一句句子的中间,而总是出现在一句句子结束的地方。如果自选的说话人在别人一句句子没有结束的时候开始说话,那么他就违反了最基本的一条会话规律,变成打断别人的说话人了,这是很不礼貌的做法。那么自选的说话人是否具备对别人的"可能结束之处"的识别能力呢? Jefferson 举了三个例子说明人们一般是具备这种能力的。例如,他们可以不留间歇地给前面一位说话人已经完整的话语加上一个恰当的结尾:

(4) Ben: And there-there was at least ten miles of traffic,
    bumper to bumper.

 Ethel: —because of that.

  (Jefferson, 1973, 转引自 Coulthard, 1977:55)

这说明听话人意识到了说话人的话到了一个可能结束之处,因此,他所说的话是对说话人的一种补充,而不是打断。又如,说话人能够在恰当的时刻给一个尚未结束但已经接近可能结束之处的话加上一个他建议的恰当的结尾:

(5) Louise: No, a Soshe is someone who is a carbon copy of
    their friend.

 Roger: —drinks Pepsi.

    (同上)

再如,听话人能够正确预测一句话的结尾部分,从而能和说话人同时讲出同样的内容来结束一句话:

(6) Dan: The guy who doesn't run the race doesn't win it,
    but he doesn't lose it.

 Roger: —lose it.

    (同上)

前面说过,说话中的"可能结束之处"都出现在一句句子的结束之处,不在句子中间。因此,在每句句子结束的时候,说话人都面临着被下一个自选的说话人把说话轮次接过去的可能。如果说话人想越过一个"可能结束之处"而继续往下讲,他有几种技巧可以选用。最简单的是采用被 Sacks 称为"话语未结束语"(utterance incompletor)的一些词项,如 but, and, however 等从句或句子的连接词。这些词项在会话中的重要作用之一就是使一句原来可能是完整的句子变得不完整,使听话人知道说话人至少还有一句话要说,因而还没有到达可能结束之处。另一种技巧是用像 since、when 这样的"未完成标记"(incompletion marker)来向听话人表明在第一个可能的结束处出现之前至少还有两个分句。如果一段话比较长,说话人也可以把话讲在前头,预先告诉听话人,他大概要讲多少内容,比如,他可以说" There are two points I'd like to make. First … ,"这样,他在两点没讲完之前,不必担心被对方接去话头。此外,在说话人一时没有考虑好说什么,但又不愿放弃说话轮次的情况下,他可以用所谓"搪塞语"(hesitation filler),如"er"、"Well"、"Um"、"You know"、"Let me see"等来为自己争取时间,保住说话的轮次。

综上所述,要使会话顺利地、有秩序地进行下去,参加会话的各方都必须善于运用一些技巧或手段,相互配合,达到某种默契。在 Sacks 所提到的几种技巧之中,虽然有语义上的考虑,例如"搪塞语",但他考虑比较多的还是句法上的标记。实际上,在一个听话人判断说话人是否到达一个"可能结束之处"时,他所依靠的并不只是句法标志,在很大程度上,他是从语义上来判断对方的话是否到了可以告一段落的时候。

除了句法和语义手段外,还有人注意到了伴随语言手段甚至体动(kinesics)在轮次更迭中的作用。Kendon(1967,转引自 Coulthard, 1977:60)发现在说话人的顺利轮换中,"注视"(gaze)

起着重要作用。他发现听话人在说话人说话时,目光通常总是注视着说话人,只是偶而把目光移开,但说话人却不总是看着听话人,他看着听话人和不看着听话人的时间大约各占一半,但在他行将结束一次说话时,除了头部会作出一定的姿势外,他的目光会稳定地停留在听话人身上。Duncan 观察了许多说话人在行将更迭时行为上的特征,除了句法,音系方面的特征外,Duncan 发现了一种伴随语言特征,即说话人往往停止手部的姿势,或者放松在说话时处于紧张状态的手的位置。这些伴随语言手段向听话人表明,一个"可能结束之处"即将出现,他可以准备接过轮次。(1973,转引自 McLaughlin,1984:100)

由此可见,在会话过程中,说话的一方向听话的一方作出各种提示(cues)来表明"可能结束之处"是否出现。这种种提示包括句法方面的,语义方面的,语音方面的,也包括伴随语言和体动方面的。应该说,前面三种是根本的,因为在说话人和听话人相互看不见的情况下,也就是在伴随语言和体动手段无法起作用的情况下,会话轮次的更迭仍然可以顺利地进行。

尽管有这些提示以及会话各方的合作,在会话过程中,重叠和冷场还是会出现。但是由于会话各方都意识到"在会话中至少有一方,但又不多于一方在说话"是一条应该遵守的规则,因此,在出现重叠或冷场时,他们都会主动对这种局面进行修补。打断别人说话或抢说话都是不礼貌的行为,因此,当出现重叠时,总有一方会主动退出,把说话轮次让给对方;同样,在会话中出现"冷场"也会使人感到难堪,冷场往往是由于该说话的人不接过话头而引起的,在这种情况下,前一位说话人可以重复一下他刚说过的话,或者问一句"Didn't you hear me?"之类的话,或通过指名的方式,如"I was asking you ,Mary",来促使下一个说话人接过话头。如果下一个说话人还没有作好说话的准备,他可以用些搪塞语来表示自己说话的意愿,填补一下由冷场造成的使人感到窘迫的空白。

11.2.2 会话中的相邻对

对会话结构进行分析可以采用不同的单位,有人把参加会话者每说一次话的内容作为分析单位,也有人把每说一次话的内容分为更小的单位,因为每次说话未必只说一句,即使只有一句,它所施行的动作有时却不仅是一个。但由于会话是至少有两个人参加的合作性的语言交际活动,因此,要研究会话的局部结构,相邻对(adjacency pair)是一个比较合适的基本单位。相邻对指的是两个谈话者各说一次话所构成的对子。相邻对具有以下这些特征:一个相邻对包括两次讲话的内容;这两次讲话是由两个说话人前后相继所说的;这两次说话有一定的先后次序,分别属于相邻对的第一部分和相邻对的第二部分;这两个部分是相互关联的,并不是任何一种类型的第二部分都可以用于任何一种类型的第一部分之后,某一种第一部分要求某一种合适的第二部分;一个相邻对的第一部分常常选定下一个说话人,总是规定了下一个行为,也就是说相邻对的第一部分预示了第二部分的出现。

当然,由于句法形式和句子的交际功能之间的差异,相邻对的第一部分和第二部分之间的相互关联并不体现在句法形式上,而体现在两部分的话语所施行的言语行为上。常见的第一部分所施行的言语行为包括致意(greeting)、挑战(challenge)、请求(request)、邀请(invitation)、评估(assessment)、抱怨(complaint)、威胁(threat)、宣告(announcement)等等。那么,和这些第一部分相关联的合适的第二部分是什么呢? 第一部分"致意",第二部分似乎也只能是致意,除此之外,不会有其他的可能。但对其他类型的第一部分来说,却未必如此。"提问"可能得到"回答",也可能得不到期待的回答,有时甚至会遭到拒绝或受到揶揄:

(7) A: Who was the first president of the United States?

B: You could ask my five-year-old kid.

(8) A: Are you still having some sort of contact with your former husband?

　　B: I'm afraid that's a rather personal question.

"抱怨"以后,对方可能表示歉意,但也可能申辩:

(9) A: You are stepping on my toes.

　　B: I'm sorry. Did I hurt you?

(10) A: Your HiFi is loud enough to wake up the dead.

　　B: But it's not nine o'clock yet.

"请求"和"邀请"都有被接受和被拒绝这两种可能,对一方作出的"评估",另一方可能同意,也可能不同意。

　　因此,我们可以得出这样的结论:同样一个第一部分具有不止一种可能的第二部分。但这些可能的第二部分不都具有同等的地位。其中有一种第二部分是说话人所希望得到的反应,这种反应被称为"期待的第二部分"(preferred second part),其他的各种反应则不是说话人所希望得到的反应,可以称它们为"不期待的第二部分"(dispreferred second part)。对于相邻对的两个组成部分之间的关系,Schegloff 介绍了"制约关联"(conditional relavance)这个概念来进行解释。一个相邻对的第一部分的产生必然会形成某种期待,需要得到满足,满足这种期待可以通过不同的反应,但如果这种反应不出现,那就会形成一种令人瞩目的空缺。但会话的一方提出一个问题之后,它固然期待得到回答,但并非只有提问—回答才算构成一个完美的相邻对;和"提问"这个第一部分形成"制约关联"的不仅有"回答"这样的第二部分,其他类型的第二部分如"拒绝"、"抗议"等等虽然不是提问者所期待得到的反应,但仍然和"提问"构成一个完美的相邻对。这就是说,一个相邻对的第二部分是否是第一个说话人所期待的反应,并不影响相邻对构成的完美性。"期待的"和"不期待的"是一种心理上的考虑。在一般情况下,在向别人提出请求时,我们总是希望他能接受,而不希望遭到拒绝;在对某一事物作出评估时,我们总是希望对方同意自己的意见,并不希望听到他表示异议;在对别人抱怨时,我们总是希望他能表示歉意,而不希望听到他对自己的行为作出申辩。这些期待是合乎人们的一般心理的,可以说是人之常情。当会话的一方讲出了一个相邻对的第一部分时,便产生了某种期待,如果另一方的反应满足了这种期待,那么第一方在心理上就得到了满足,这两个部分构成了一个完美的相邻对;如果第二方的反应是一个"不期待的第二部分",那么第一方在心理上没有得到满足,但从会话结构上看,这两个部分仍然构成一个完美的相邻对。

"期待的"和"不期待的"这两个概念类似于语言学研究中的"无标记的"(unmarked)和"有标记的"(marked)这两个概念。简单说来,"无标记"是个比较通常的形式,结构形态比较简单;"有标记"则不是通常的形式,结构形态比较繁复。如果对一个第一部分的反应是一个"期待的第二部分",结构就比较简单:

(11) A: Her performance last night was fantastic, wasn't it?

B: Absolutely.

(12) A: Can you help me fix this frame?

B: With pleasure.

但是如果第二方的反应是"不期待的第二部分",那么结构上就会出现某些特点。在对"不期待的第二部分"作出反应前,总是有某种形式的迟缓,说话人在开始说话前会有比较长的间隙,在作出这样的反应前常会用一些"引语"(preface),除了常见的"Uh"、"Well"这些不期待的第二部分的标记外,说话人也可能根据不同的第一部分用不同的"引语"。例如,在对"评估"表示不同意之前,先象征性地表示同意:

(13) A: English is easier to learn than Russian.

B: Well, on the whole, but the spelling is troublesome.

对邀请、提供、建议作出谢绝前,先对对方的善意表示欣赏:

(14) A: Come and join us in the picnic.

B: It's certainly nice of you to ask, but I haven't been feeling well these days.

对不能接受的邀请、不能服从的要求先表示歉意:

(15) A: Don't you think you ought to return me the notes today?

B: Sorry. I really ought to. But I don't have them with me now.

所有这些"引语"的使用都为会话的另一方作好心理上的准备,准备接受一个不能满足他原来期待的反应——"不期待的第二部分"。除了这些"引语"外,说话人有时还会用更多的话语对自己为什么不能满足前一个说话人的期待作出更为详细的解释:

(16) A: Say, how about going with me to the dance Saturday night?

B: I'm sure it would be great fun, but Mum doesn't like me to go alone and come back home late at night. What's more, I have an exam next week.

为了避免自己的期待受挫而造成心理上的不满足,以及避免可能出现的某种窘迫局面,在实施某些行为之前,说话人往往先要对实施某一行为的条件存在与否作一下探测,在得到对方的确认后,他才进而实施这一行为,这种为探测条件而进行的对话构成了一种特殊的相邻对,它被称为"前置系列"(pre-sequence)。常见的前置系列有"前置邀请"、"前置请求"、"前置宣告"等:

(17) 前置邀请
A: Say, what are you doing?
B: Well, we're going out. Why?
A: Oh, I was going to say come out and

come over here and talk to the people.

(18) 前置要求
A：Do you have hot chocolate?
B：Mmhmm.
A：Can I have hot chocolate with whipped cream?
B：Sure.

(19) 前置宣告
A：Oh, guess what?
B：What?
A：Professor Smith came in and he put another book on his order.

前置系列反映了人们在会话时的一种普遍的心理要求,即希望从对方得到"期待的"反应,而不是"不期待的"反应。如果在自己说出话后,对方的反应是"不期待的",那么这话还不如不说的好。这种心理要求在不同的前置系列中有不同的具体表现。如在前置邀请中,说话人要探测的是对方在客观上有没有可能接受邀请;在前置要求中,说话人先问一下对方有没有能力去做他所想要他去做的事;在前置宣告中,说话人先问一下他将要宣告的事情对对方来说是否具有"新闻价值"。

前置系列在结构上是独立的,它大多数是一个由"问题"和"回答"构成的相邻对。但有时,一个前置系列中的第二部分包含下一个相邻对的第一部分,这是因为说话人在同一个说话轮次中既对前置系列的第一部分作出了反应,又接着说出了下一个相邻对的第一部分,例如：

(20) 前置系列
A：I forgot to tell you the two best things that happen to me today.
B：Oh, superb! What were they?

相邻对
A：I got a B on my math test and I got an athletic award.

(21) 前置系列 {
A: Did you hear the terrible news?
B: No. What?

相邻对 {
A: You know Grandpa Bill's brother Dan. He was killed in an accident this morning.

(22) 前置系列
相邻对 {
A: Say, what're you doing?
B: Well, we're going out. Why?
A: Oh, I was just going to say...

当然,这并不是前置系列必须恪守的模式,在不少情况下,前置系列和下一个相邻对是完全分开的:

(23) 前置系列 {
A: What're you doing?
B: Nothing.

相邻对 {
A: Want a drink?
...

从上面举过的前置要求的例子可以看出,前置要求的第一部分往往就是一个间接的要求,而在这个第一部分得到了一个期待的第二部分后,说话人便以更直接一些的方式再次提出要求,例如上面例(18)中的"Do you have hot chocolate?"和"Can I have hot chocolate with whipped cream?"以及下面(24)中的"Do you have blackberry jam?"和"Can I have half a pint then?"

(24) A: Do you have blackberry jam?
B: Yes.
A: Okay. Can I have half a pint then?
B: Sure. (Turns to get)

这表明从前置请求到提出要求实际上是提出请求的方式在间接程度上的减弱。为了避免遭人拒绝的难堪,说话人先提出一个前置请求,这实际上是个比较间接的请求,它的间接性体现在听话人可以很方便地给对方一个否定的回答而不会使任何一方感到难堪。出于客观原因去拒绝请求总不像出于主观原因去拒绝那么难于启齿。因此，在前置请求中，常常可以看到"Do you have …?"这样的句式，如果对方不同意，他完全可以说"No, I'm afraid I have run out of …"之类的话作为托词。只有在第二方作出一个肯定的答复后，提出要求的一方才能以更直接一点的方式提出请求，这时的请求方式取决于双方的关系等社会因素，因而可以说："Can I have …?"，也可以更直接地说"Give me …, please!"

11.2.3 相邻对的内嵌

相邻对是会话的基本组成单位，但真实的自然会话却不总是简单地由一个接着一个的相邻对串联起来的。常常会出现一个相邻对的两个部分被分隔开的现象，这处于一个相邻对的两个部分中间的话语有可能是另一个相邻对，甚至可能包括一个以上的相邻对。Schegloff 把这部分嵌入一个相邻对之间的话语称作"插入系列"（insertion sequence）（Schegloff：1972, Coulthard, 1977：72），例如：

(25)　　　　　A：May I have a bottle of Mich?　　(Q1)

　　　　　　　B：Are you twenty-one?　　(Q2)

插入系列

　　　　　　　A：No.　　(A2)

　　　　　　　B：No.　　(A1)

对于 A 提出的买一瓶 Mich 的要求（用 Q1 表示），B 没有马上接受或拒绝，而是向 A 提了个问题（Q2），在 A 回答了这个问题后，他才对 A 的要求作出答复。出现这种嵌入的原因是多种多样的，大多是因为一方没有听懂另一方的话。或是在了解更多的信息前不肯随便作出答复、同意要求、作出允诺等，当然，也完全可能是为了拖延时间。又如：

(26)   A：I don't know where the-this address is.

(Q1)

插入系列 { B：Well, where do- which part of town do
              you live?   (Q2)

            A：I live four ten East Lowden.   (A2)

            B：Well, you don't live very far from me.

(A1)

从理论上来说,在第二个说话人 B 不是说出第一个说话人 A
所期待的第二部分,而是说出了另一个相邻对的第一部分时,A
也有可能不说出 B 所期待的第二部分,而说出第三个相邻对的第
一部分,这样继续下去,直到必须的条件得到满足后,整个对话中
一系列相邻对的第一部分逐个得到合适的第二部分作为反应。这
样,一个相邻对的基本构成 Q — A 便被扩展为：

Q(Q1(Q2(Q3(Q4 ... (Qn—An) ... A4)A3)A2)A1)A

自然,这只是理论上的可能性,在真实会话中很少会有这种先出现
一连串的相邻对的第一部分,然后再出现相应的相邻对的第二部
分的组合。由于人们心理的承受能力等因素,在 Q 和 A 之间大多
只是插入 Q1 + A1;插入 Q1 +Q 2 + A2 + A1 的情况已不算
多见了。

也许在 Q 和 A 之间以下面这种方式插入的更加普遍：

Q(Q1—A1) (Q2—A2) (Q3—A3) ...(Qn—An)A

当然,这两种嵌入方式还可能相互结合,这可以从下面这段对
话中看到：(27) ...

B：And I wanted to order some more (paint).
The name's Boyd.

A：Yes. How many tubes woud you like, sir?

(Q)

B：Uhm, what's the price now eh with V. A.

T.? Do you know? (Q1)

A：Er, I'll just work that out for you. (HOLD)

B：Thanks. (ACCEPT)

A：Three pounds nineteen a tube, sir. (A1)

B：Three nineteen, is it? (Q2)

A：Yeah. (A2)

B：Eh, yes. Just think, that's what three nineteen? That's for the large tube, isn't it? (Q3)

A：Well, Yeah. It's the thirty-seven c.c.s. (A3)

B：Er I'll tell you what. I'll just eh ring you back. I have to work out how many I'll need. (A)

(借自 Levinson, 1983：305, 略有删节)

在这段对话中 A 的问题"How many tubes would you like, sir?"没有得到明确的回答,但 B 对为什么不回答这个问题是作了交代的,我们不妨把 B 的最后一次说话看作是对 A 这个问题的回答,那么在这个 Q — A 相邻对中间的插入 系列是这样构成的：

Q(Q1((HOLD — ACCEPT))A1) (Q2 — A2) (Q3 — A3)A

可以看到,这个插入系列基本上是按照第二种方式构成的,但在构成这个系列的相邻对中间还有一个低一个层次上的嵌入,不论给这两个会话轮次什么名称,"I'll just work that out for you"和"Thanks"实际上总是构成 了一个相邻对,这个相邻对是以第一种方式嵌入 Q1 — A1 的一个插入系列。因此,这是存在于一个插入系列中的又一个插入系列。插入系列是会话结构中比较常见的情况,很少有会话是一点也没有这种节外生枝的复杂情况而完全按照（Q — A）(Q1 — A1) (Q2 — A2) (Q3 — A3) …这样机械地构成的。

除了插入系列外,还有一种 嵌入系列,Jefferson 把它称为"旁侧系列"(side sequence)(Jefferson, 1972, 见 Coulthard, 1977:73)。旁侧系列是在会话过程中,听话的一方认为说话人的话中有需要澄清或需要更正的地方,从而打断了说话人正在说的话向他提出疑问而产生的。听话人提出疑问一般不在说话人所说的一句话的中间,而在一句话的终止处。这是因为在一句话的中间打断别人是不礼貌的,而且只有在说话人说完了一句话又没有表示出将进一步澄清或更正时,听话人才有理由提出疑问。在听话人提出疑问之后,说话人进行 澄清或更正,然后听话人表示接受,并以某种结束语表示 这个要求澄清或更正的嵌入系列业已结束,说话人可以继续说下去。因此,一个旁侧系列包括三个组成部分:疑问 + 澄清 + 结束语,如:

（28）陈述　　A: If Percy goes with Nixon, I'd sure like that.

旁侧系列
- 疑问　　B: Who?
- 澄清　　A: Percy. That young fellow. His daughter was murdered.
- 结束语　B: Oh, yeah, yeah.

(Coulthard, 1977:74)

下面这个例子显得复杂些,因为在第一次提出疑问后,说话人并未作出更正,于是另一个听话人再次提出疑问,这次说话人才更正了自己话中的错误:

（29）　　　　陈述　　　　Steven: one, two, three (pause) four, five, six (pause) eleven, eight, nine, ten.

Susan: Eleven? — eight,

疑问 1	nine, ten.
	Steven：Eleven, eight, nine,
澄清 1	ten.
	Nancy：Eleven?
疑问 2	Steven：Seven, eight, nine,
澄清 2	ten.
	Susan：That's better.
结束语	Steven：...

旁侧系列 ｛

(Jefferson, 1972, 转引自 Coulthard, 1977：73)

旁侧系列和前面讲的插入系列并不一样。插入系列嵌入到一个相邻对的两个组成部分中去，但旁侧系列并没有嵌入到一个相邻对的第一部分和第二部分中去，旁侧系列的前面和后面都是同一个说话人的陈述，这同一个人的两个说话轮次当然不会是构成一个相邻对的两个部分。第二个不同之处是插入系列本身是一个相邻对，会话双方各说一次话，分别是一个相邻对的第一和第二部分，但旁侧系列却不是一个相邻对，因为它是由三个而不是两个部分构成的，疑问和澄清或许可以称得上是一个相邻对，但第三个成分"结束语"是必须的，如果没有这个结束语，第一个说话人似乎没有得到可以继续说话的认许，三个成分自然称不上是个对子。

上面介绍了会话的某些局部结构，这仅是对会话的局部结构进行研究所取得的一些主要成果，这些对会话局部结构的分析都是以相邻对这个概念作为基础进行的。自然会话的结构十分复杂，一个完整的会话能否全部以相邻对为基本单位分析成各种系列，这恐怕是需要通过更多的观察和分析才能作结论的。确有一些学者对相邻对这一概念提出了不同的看法，有人认为对这个基本单位的作用有点过分强调了（详见 McLaughlin, 1984：70—75）。但不论怎么说，相邻对这一概念的确为我们揭示会话的结构发挥了作用,也为进一步的研究奠定了基础。

11.3　会话的整体结构

作为一个整体,会话在结构上也呈现出某些特点和规律。任何一次完整的会话都由开端(opening)、本体(body) 和结尾(closing) 三个部分构成。比较起来,开端和结尾更能体现出结构上的特点,本体则因各次会话的性质、内容的不同而具有不同的结构上的特点。

11.3.1　会话的开端

在对会话的开端所作的多种研究中,比较著名的是 Schegloff 对电话会话的开端所作的研究。Schegloff 采集了五百多次电话通话作为他的研究资料,从中他发现了一条普遍规律,即在电话会话开始时,先说话的总是接电话的一方,尽管说话的方式多种多样,如:"Hello"、"Yeah"、"Dr. Brown's office"、"Macy's"、"Shoe department"等等,但是先说话的总是听到电话铃声后接电话的人这一条"分布规则"(distribution rule)不变。在他分析的五百多例中,只有一例违反了这条基本的分布规则,那是警察给美国红十字会打的电话,在听到对方拿起话筒约一秒钟但仍不见有人说话后,打电话的警察不得不先说了"Hello"。Schegloff 并没有把这一例外作为异常情况处理,他发现这一所谓例外可以通过一条十分概括的规则来解释。他提出了"召唤—回答"系列 (Summons — Answer Sequence) 这一说法。人们通常认为被"回答"的总是"问题",固然,"问题—回答"是一种常见的相邻对,但在广义上来说,可以被回答的除了"问题"之外,还有"来信","点名","挑战"等等,也包括打来的电话。电话的铃声是一种"召唤",虽然这种召唤不是语言形式的召唤,回答这种召唤的只能是接电话的人,这就解释了总是接电话的人先说话这一现象。警察给红十字会打电话的那个例外,是因为在电话铃声这一召唤没有得到期待的回答后,警察才使用了语言的形式再次召唤,于是成了先说话的一方。因此,警察说的这一声"Hello",其作用相当于在电话接通前的又一次铃声。Schegloff 发现的这种"召唤—回答"系列具有普遍意义,也可以用来解释一般会话的开端。当一方想和另一方会话时,他总得先以某种方式发出"召唤"。他可以采取不同的语言形式,如可以用对方的称谓:"John"、"Mr. Jones"、"Mum"、"Waiter"等;对于陌生人,尤其是不知道其姓名的人,可以通过其他方式礼貌地引起他的注意,如"Excuse me","Pardon me";当然有时也可以用一些非语言的方式,例如拍一下别人的肩膀,举手,乃至干咳一声等等。这其中的任何一种方式都是"召唤",都和电话铃声具有同样的作用。

"召唤—回答"系列有几个明显的特点。第一是它的"非终止性"(non-terminality)。也就是说,"召唤—回答"不会是一次会话的最后一次交换,相反,它通常是一次会话的开始,它具有类似"开场白"的作用,它后面必定 接着有别的会话内容,这是因为"召唤—回答"系列规定了"召唤者"在"召唤—回答"系列结束之后有义务再次说话。这比一般的"提问—回答"系列更具有约束力,因为"提问—回答"系列规定提问者在"提问—回答"系列结束后有再次提问的权利,但不是义务。

第二个特点是它的"不可重复性"(non-repeatability)。这就是说在一个召唤得到回答后,召唤者不能再次提出召唤。这又是和"提问—回答"系列不同的地方,提问者在问题得到回答后有权再提出另一个问题,也就是说,理论上这种"提问—回答"系列可以一直重复下去,但"召唤—回答"却不能。

第三个特点是它的"制约关联性"。这不是"召唤—回答"系列所独具的特点,而是所有的相邻对都具有的特点。根据这一特点,有了"召唤",理应要有"回答",如果"回答"不出现,召唤的一方便有理由重复"召唤"。电话铃的响—停—响—停便是多次重复的"召唤",一次又一次的敲门也是多次重复的"召唤"。如果在面对面的语言交际中,在对方听见了我们的召唤但没有回答的情况下,我们一次又一次地重复召唤,那就会显得过于坚持而给人以咄咄逼人之感了。

11.3.2　会话的结尾

会话结构呈现出比较明显特征的另一个地方是会话的结束之处。妥善地结束一次会话是需要一定的技巧的。会话是一种合作性的社会活动,在对方话语未尽的情况下唐突地结束会话是非礼之举,反之,如果双方想说的话都已说尽,却还不结束谈话,也会使人感到难堪和不快。

Schegloff & Sacks (1973, 转引自 Coulthard, 1977:86) 认为会话的结尾包括三个基本的组成部分:结束系列(closing sequence)、前置结束系列 (preclosing sequence)和话题界限系列 (topic bounding sequence)。

结束系列表示一次会话的正式结束。结束系列由双方交换以下这类道别语构成:"Goodbye"、"Good night"、"See you"。但在正式结束之前,双方都会先发出一些信号。向对方表明自己已经没有更多的话要说了,让对方去考虑是否还有别的话题可谈,如果对方也认为可以结束了,他也会作出一定的表示。这种说明双方一致同意结束会话的表示称为"前置结束系列",常包含有用降调和拖长的声调说出的 "Alright"、"Okay"、"So"、"Well" 这样的词语:

(30) 前置结束系列 ⎰A: Alright, Tess.
　　　　　　　　⎱B:

　　　结束系列　⎰A: Goodbye.
　　　　　　　　⎱B: Goodbye.

(31) 前置结束系列 ⎰A: Okay.
　　　　　　　　⎱B: Okay. Bye.

　　　结束系列　⎰A: Bye.

但在"前提结束系列"出现之前,双方应该表示出对某一话题的交谈已经结束,这就是"话题界限系列"。话题界限系列的内容是很多的,常因话题内容、双方的关系的不同而异,常见的有问候对方的家人,安排活动,提醒对方约会的时间、地点等等,也可以对所作的谈话作简洁的归纳:

(32) 话题界限系列

A: Yeah, well. Things always work out for the best.

B: Certainly.

前置结束系列

A: Alright, Tess.

B: Uh huh. Okay.

结束系列

A: Goodbye

B: Good night.

(Schegloff & Sacks, 1973, 转引自 Coulthard, 1977:86)

(33)

A: Why don't we all have lunch?

B: Okay. So that would be in St. Jude's, would it?

A: Yes.

B: Okay. So...

A: One o'clock in the bar.

B: Okay.

A: Okay?

话题界限系列

B: Okay then. Thanks very much indeed, George.

A: All right.

B: See you there.

A: See you there.

前置结束系列
$\left\{\begin{array}{l}\text{B：Okay.}\\\text{A：Okay. Bye.}\end{array}\right.$

结束系列
$\left\{\begin{array}{l}\text{B：Bye.}\end{array}\right.$

（引自 Levinson，1983：316）

Schegloff & Sacks 所指出的会话结尾的三个基本组成部分是符合客观实际的，任何一次会话的正常结束大体上都要经历这样三个步骤。当然，在基本上有一定规律的前提下，每一次会话都可能有自己独特的复杂的情况。且不说那些类似不辞而别、突然中断会话的"非常"情况，在正常结束的会话的结尾部分中，这三个基本组成部分有时会出现重叠的情况，在上面的（31）中可以看到前置结束系列和结束系列的重叠。另外，每一次会话结束前，会话者用以表示话已说尽的方式是十分多样、灵活的，这就会使话题界限系列出现复杂情况，而且使得这一系列和下一系列之间的界限变得模糊。

除了 Schegloff & Sacks 外，其他学者也对会话的结尾作过分析，McLaughlin 对几种主要的描述方法作了简单的综述（1984：176—179），虽然各家对这一部分的各个构成步骤的分割和各个步骤的具体化的程度不尽相同，但对结尾部分的基本构成和它的总的发展趋向，看法是一致的。这并不奇怪，因为，给对方一定的思想准备，在对方默许的情况下再结束谈话，这是结束会话的一般规律，是合乎人的一般心理和礼仪的做法。

对会话结构的讨论，我们所介绍的大体上是 Schegloff、Sacks 和 Jefferson 这几位美国社会学家对会话结构进行分析所使用的框架和描述方法，他们的工作使我们对会话的构成有一定程度的认识，但这并不等于说他们的方法是十全十美的。实际上，对他们的这一套方法，一直是存在一些争议甚至批评的。Coulthard 归纳了他们分析方法中的一些主要问题（1977：91—92）。首先，他们对自己的分析中所使用的描述范畴没有作出明确的定义，这使得其他人难以沿用他们的方法去作出更多的分析。此外,他们的分析只限于会话的个别部分,从没有对一次完整的会话作过通篇的分析,这是他们的分析工作中的一个不足之处。他们在分析中使用的基本单位是相邻对,但对于相邻对这一个概念,一直有人抱怀疑态度,有人认为在人们的会话中有相当一部分话语并不是由相邻对组成的,这就使得他们的分析方法失去普遍意义。但是我们不应该忘记的是会话毕竟不同于句子,会话是一种复杂的人际社会交往,它的构成牵涉到许多因素,包括许多语言外因素,这就使得对它的分析复杂化。也许我们根本不能期待对会话的分析能和句法分析一样的严谨。我们只能通过对自然语言的观察和分析总结出一些粗线条的规律。

11.4 会话的动态语用研究

这一章第 2 和第 3 节主要介绍了 Schegloff、Sacks 和 Jefferson 这几位美国社会学家对会话结构进行分析所使用的框架和描述方法,他们的研究使我们对会话的结构具有一定的认识,但应该指出的是,他们的研究以及 Sinclair et al(1975)对课堂上师生会话结构的分析模式,主要注重对交际结果静态的分析与描述,而忽视对交际动态过程的研究;这类会话结构分析只描述会话话语的交换系统,而对为什么在某一语境中交际双方采用某一特定的会话交换系统或结构不加以研究。因此,随着语用学研究的深入,从90 年代初开始,对会话的分析与研究开始从静态描述发展为动态研究;用英国语用学家 J. Thomas (1991)的话来说:"动态语用学关注内在的动机,即人们在相互交际的动态过程中为什么选择某些语言形式而不选择另一些语言形式来表达自己的思想感情或以言'行事'是有其内在原因的。"语用学对会话的分析和研究就是要对这些内在的动机和原因作出合理充分的解释。本章这一节将要介绍的话语角色类型、语用模糊与会话策略和会话活动类型研究就是近几年兴起的对会话进行动态研究的主要内容(cf. Thomas, 1991,1995,1998;俞东明 1993,1996,1997)。

11.4.1　话语角色类型

在给交际双方所担当的角色进行分类前,首先有必要区分话语角色和社会角色(discourse role vs social role)。社会角色指的是言语交际过程中交际双方或多方之间的社会关系,如一方是大学教授,另一方是大学生,等等;而话语角色指的是参与交际的任何一方与话语信息之间的相互关系,即研究和区分交际的某一方是在发出信息,接受信息,还是代表某一方在传递信息这类关系。本节内要讨论的只是话语角色。社会角色属于社会语言学研究范畴,不在本节讨论的范围之内。

根据上述定义,我们可以把话语角色分成两大类:即谈话的产生者和谈话的接收者。

我们先讨论第一大类及其在言语交际中的转换现象。J. Thomas(1991)依据谈话产生者对所传递的信息担负责任的大小程度,将该大类话语角色类型细分为五种具体的话语角色:说话者(speaker)、作者(author)、传递者(reporter)、代言者(spokesperson)和传声筒(mouthpiece)。不言而喻,上述五类话语角色在言语交际中所发挥的作用和各自所具有的权力和承担的责任与义务无论在程度和范围上均有很大的差异,一般不能超越自身的角色而行使权利,否则属于话语角色的转换现象,这类话语角色的转换必须符合言语交际中的适切性原则,否则,则属于"变异"的,或反常的话语角色转换现象。

说话者是一个语用学意义上"无标记"的话语角色,一般指在特定言语交际过程中正在说话的那个人,通常说话者代表自己的意志说话;换言之,说话者这一话语角色在言语交际过程中同时发挥和行使作者和传声筒这两种话语角色的作用、权利和义务。

作者指的是那位隐藏在话语信息后面不直接说话的话语信息产生者,而传声筒则是按原话传达作者话语信息的某个人。作者这一话语角色跟其它"产生"型的话语角色有许多不同之处。最明显的差异在于作者和话语信息的接受者之间没有直接联系渠道,尽管和说话者一样,作者也是正在被传递的言外行为的产生者;其次,作者在自然真实的言语交际中没有出场的资格和可能,往往以其社会角色和社会机构角色来代替,如:Dad says,The University regulations state 等。"作者"这个术语主要用来区分隐藏在言语交际后面的言语行为的创始者和事实上说出或实施某一言语行为的那个人,即传声筒或代言者。例如:当摩西从山上下来向芸芸众生传达"十戒"时,他只扮演"传声筒"这一话语角色,而上帝才是真正的"作者"。通常人们会以某种方式明确表明所说的话是代表自己的意志还是只传递别人的信息而已,例如:

(34)"But I tell you, you're to come down, Miss, this minute:*your mother* says so."

(*The Mill on the Floss*,ch. vii)

此外,更常见的情况是,如果要说明正在传递的信息是代表别人的,往往通过只使用情态语式这一方法来实现,这在英语中是屡见不鲜的,如:I have to inform you. 此句表明说话人被迫、不得不这么做。再比较下列一组句子,A$_1$ 句是代表自己意志的言语行为;而 A$_2$ 句则表明传递的只是别人的意志而已,说话者只扮演"传声筒"这一角色,例如:

(35) A$_1$: Do you think you could make less noise?

A$_2$: I must ask you to be quiet or you have to be quiet.

同样在官方信函或告示中通过使用被动语态或者在语句中不出现主格也可以是表明某一言语行为非签署者本人之本意的一种有效方法:

(36) A$_1$: Trespassers will be prosecuted.

A$_2$: Infringing the rules of the library may lead to the
suspension of borrowing rights.

有时社会或机构行为规范及众所周知的事实也被用来充当作者这一话语角色:

(37) The *regulations* clearly state that all course work has to be submitted by the senate deadline.

(38) *Someone's* got to tell you, Brian, you can't go around insulting people!

上例中的说话者拉开了自己和所说话语的距离,只说明说话者仅仅是被动地传递他本人同意或不同意的一种事实而已。从以上分析可知,在言语交际中,交际者不仅在努力扮演好自己的话语角色,而且往往出于礼貌或其他内在的动机有意识地选择不同的,最有利于自身利益的话语角色;而其选择的熟巧程度在某种程度上也反映了一个人言语能力的大小,交际水平的高低和他的性格特征。

传递者指的是自己决定来传递某一话语信息的某一个人。传递者这一话语角色跟代言者和传声筒这两类话语角色最大的区别在于,他没有得到作者的授权,而是自作主张地来报道某一言外言语行为,因此有时对传递的言外行为的后果在某种程度上要负有一定的责任,典型的例子是传播"小道消息"的人,或没有得到官方认可报道"假新闻"的记者等。

代言者与传声筒之间的差别不像说话者与传声筒之间的差别那么明显。典型的代言者这一话语角色的特征可以概括如下:代言者是某一个人,或某一团体中的一员或代表,传递的言语意图代言者本人也是认可的;而传声筒只代表某一团体或个人,不是该团体中的一员,只是传递该团体或个人的言语意图而已。因此,代言者对其传递的言语信息负有一定的责任,而传声筒则毫无责任。下例中的第一句话,说话者扮演的是传声筒这一话语角色,而第二句话则说明说话者扮演的是代言者这一话语角色：

（39）Laird：Our senior shop stewards called together our members just a few weeks ago and asked them would they be prepared to work in a defence project and the answer was er 2500 'yes' and 35 'no'. I don't know who Bruce Kent speaks for but I know I speak for our members …

如例（39）所示，产生型话语角色常见的转换模式是从"传声筒"或"代言者"向"说话者"转换。此类转换的原因错综复杂。我们认为，可以将此类转换看成一种语用策略，当"传声筒"或"代言者"认为所传递的话语有利于自身或缩短与话语接受者的距离时，上述转换的可能性就更大；反之则有可能出现"逆向转换"，如（34）、（35）中的 A$_2$、（37）就是典型的例子。上述两种方向的转换现象在中外记者招待会这一活动类型中也可得到证实。当然，对这两种产生型话语角色转换现象产生的原因和内在规律性的研究还有待深入。

参照 Thomas 划分谈话的产生型角色的方法，对受话者的划分可以参照以下标准：（1）是否是言外行为实施的对象；（2）能否参与谈话；（3）是否被允许参与谈话；（4）是否影响言外行为的表层形式；（5）是否属于某一言语事件的正式参与者。根据这几条标准，谈话的接受者可以划分成下列四种：受话者（addressee）、旁听者或观众（auditor or audience）、旁观者或无意中听到者（bystander or overhearer）和窃听者（eavesdropper）。

受话者是指某一话语的直接对象；而旁听者虽然也是某一言语事件的参与者，但并不是话语的直接对象，因此，比受话者享有小得多的回话权利。但有时旁听者也可能主动地发话，下例中的 Man 就是典型的一例：

（40）Woman：Go away, smelly!

Man：Thanks!

Woman：The dog,you idiot!

受话者有时还可区分为"事实上"的和"表面上"的两小类,说话者似乎是在对"表面上"的受话者发话,而其话语的真正对象则是第三者,如例(41)中正在哭闹的婴孩和例(42)中那位年轻人的伙伴只是"表面上"的受话者而已:

(41) (Old woman to an infant crying in its pram and his mother was present)

Doesn't your mommy change your diapers?

(42) (On a long-distance coach,on which a man was smoking a particularly malodorous pipe.)

Young man to his companion：Some people have no consideration at all!

上述两例中说话者完全可以直接向"事实上"的受话者发话,但出于礼貌或由于所说话语有可能威胁对方的面子,而采用了"声东击西"的方法来传达说话者的意图。因此,说话者向"表面上"的受话者发话,而实际上话语是针对第三者的这种情况,也可以被看作说话者采用的一种语用策略(cf. 俞东明,1993)。

受话者与观众这两种话语角色的主要不同之处在于后者发话的权利比前者要小得多;观众对说话者的反应一般限于鼓掌、喝彩和发笑或喝倒彩之类,一般不能与说话者对话。虽然如此,观众和受话者均是言语事件的积极参与者,特别是在戏剧演出这一言语事件中,观众的反应如何往往决定演出效果和成败,Peter Schaffer(1981)的剧本 Amadeus 中有一个典型的例子:

(43) (A member of the audience at the premiere of Figaro notices the Prince yawning.)

If the Prince yawns once,the opera will not last three weeks,if the Prince yawns twice,it will not last the week. If he yawns three times, they bring down the curtain straight away.

旁观者或无意中听到话语者一般均在说话者的听觉范围之内,但跟旁听者不同的是旁观者不属于某一言语事件的正式参与者,因此一般没有发言权;换言之,旁观者不是说话者的话语对象。

窃听者跟旁观者一样不是言语事件的正式和合法参与者,说话者甚至不知道有人在偷听,因此,窃听者通常没有发话或插话权;而旁观者或无意中听到话语者如认为说话者与受话者的话语跟自己有关,则可以插话,如例(44)中的 C 无意中听到了 A 和 B 的对话后便开始插话:

(44) A: You're putting it away, you gusty swine!

B: I'm absolutely famished!

C: There's loads more food in the kitchen. I'm bringing it through as fast as I can!

B: Oh. I didn't mean …

我们在描述每种话语角色时,为了描述的方便,都是以单个的谈话参与者作为单位的;但在实际的言语交际过程中每种话语角色既可以以单数,也可以以复数的方式来充当。正如观众可以是一个人或很多人,说话者也可以是多个,其它话语角色(如受话者、旁听者等)的情形也是如此。下面是一个极端的例子,该例子中成千上万的人扮演了旁听者这一话语角色。

1984 年 8 月 11 日,在总统选举日前夕,美国总统里根在不知道电台已开通,世界各地成千上万的人都能听到他声音的情况下,对着话筒向在场的伙伴开玩笑地说了下面这么几句话:

(45) My fellow Americans, I am pleased to announce I just signed the legislation that will outlaw Russia for ever. We begin bombing in five minutes!

里根总统这几句话曾经使当时驻扎在欧洲的苏联军队在两天

内处于高度的戒备状态。

本节对话语角色的类型进行了初步的分类,探讨了话语产生类话语角色在言语交际中的转换现象,并提出了划分话语接受类话语角色的五条标准。但正如 Thomas(1990)所说,话语角色类型的划分并不绝对,其中会有相互重叠交叉的部分;划分的标准不同,得出类型的数量也不相同,Levinson 划分的话语角色类型就达 24 种之多。因此,进一步的实证研究将有助于拓宽研究的广度与深度,进一步扩大语用学和话语分析的研究范畴。此外,此类研究还有助于相关学科的发展。如话语角色与意识形态相互关系方面的研究将有助于批评语言学研究方法的拓展;话语角色类型研究也有助于深化话语分析中"话轮替换系统"的研究,为戏剧文体学(cf. 俞东明,1996)的建立提供分析方法和手段。此外该领域的研究成果还有利于培养中国学生的语用和跨文化交际能力,在交际中善于使用适切的语用策略以保证跨文化交际的成功。

11.4.2 语用模糊与会话策略

语用模糊指的是说话人在特定语境或上下文中使用不确定的、模糊的或间接的话语向听话人同时表达数种言外行为或言外之力这类现象(cf. Thomas 1995,俞东明 1993)。例如:

(46) Would you like to come in and sit down?

这句话语可以同时在实施"邀请、请求或命令"等不同的言外行为,也可以是三种言外行为兼而有之,其界线是模糊的。语用模糊大致有下列几种类型(cf. Thomas 1991,俞东明 1993):

1) 多重语用模糊(pragmatic multivalence),即说话人在一话语中对不同的听话人表达其不同的言外行为:

(47) (Old woman to an infant crying in its pram and his
     mother was present):

Doesn't your mommy change your diapers?

（48）（On a long-distance coach, on which a man was smok-
ing a particularly malodorous pipe.）：

Young man to his companion：Some people have no
consideration at all!

2）双重或数重语用模糊（pragmatic bivalence/plurivalence），
即指一话语对同一位听话人表达两个或两个以上，有时甚至是截
然相反的言外之力：

（49）A：Next door's dog's in our garden.

B：I must have left the gate open.

上例中 B 的回话所传递的言外之力似乎介于"陈述事实—不
太情愿地承认过错—道歉"之间，处于一种模糊状态。同样下例中
顾客所表达的言外之力也介于"提醒—抱怨"之间：

（50）（Restaurant customer to waiter）：

We ordered some beer。

3）条件性的双重言外行为（conditional bivalent illocutionary
act）可用句式：if X then Y；if not X then Z 表示：

（51）（A 在卫生间外等着使用，B 不知 A 在一旁等着，一看
到卫生间空了便径直走了进去）：

A：I was waiting。

B：Oh, were you? I'm sorry。

上例中 A 的话语既可以表示陈述，也可以表示警告或责备。
只要 A 陈述的条件（condition = she was waiting）成立，B 只能作
出该话语是"责备"这一理解，这也可以从 B 的回话"I'm sorry"得
到证实。

英国语言学家 Leech 认为，语用模糊，即谈话话语的这种不
确定性，使话语的言外之力不明确是带有动机的，是为了交际双方
的共同利益。说话人让听话人对其话语的意图有两种或两种以上
的解释的目的是为了让听话人为其承担由该话语引起的后果的一

部分责任，使自己处于进退自如的主动地位(1983:23—24)。例如：

(52) If I were you I'd leave town straight away.

这句话可以根据不同的语境分别理解为一项"建议"，一个"警告"或"威胁"。听话人很可能将其理解为一种"威胁"，而说话人事后仍可能说这只是出于友好的动机而提的一项建议，对听话人的行为造成的损失可以不承担任何责任。可见，有意识地使用语用模糊可以显得极其礼貌，同时又能达到自身的目的，是交际双方常用的一种语用策略，它能实施下列语用功能：1)使话语更有趣或不那么有趣；2)增强话语的感染力或使其陌生化以增强话语效果；3)协调彼此冲突的交际目的；一般是"命题目标"与言外之的的冲突；4) 出于"礼貌"的考虑或照顾对方的面子(cf. Thomas 1995；俞东明 1996，1997)。

从以上的讨论可知：交际双方均可以在谈话中使用语用模糊的话语来达到自身的交际目的或意图. 双方为了在谈话中取得有利和主动的地位总是设法限制对方使用模糊性话语，为此目的，双方就必须采用一些会话策略来限制和防止对方的话语带有模糊性。Thomas 将这类会话策略概括成两类：一类是话语层次上的；另一类是语篇层次上的 (1991,1995)。

话语层次上的会话策略又可以分下列两类，即着重说话人的元语用评论语 (speaker-oriented metapragmatic comments, S-MPCs) 和着重受话人的元语用评论语 (addressee-oriented metapragmatic comments, A-MPCs)。S-MPC 包括言外之力显示手段(illocutionary force indicating devices, IFIDs)，例如：

(53) A₁: Be quiet.

A₂: I order you to be quiet.

话语 A₂ 使用 IFID，其目的是排除该话语可能有的语用模糊，使听话人对此话语只有一种解释。Leech 认为，在谈话双方地位平等的话语里,IFIDs 只能用于说话人利益受损的语境中,如表示"道歉"、"允诺"等;而在谈话双方地位不平等的话语里 IFIDs 则经常出现在听话人利益受损的语境中,如对听话人发出"命令"、"警告"等(1983:107—8),例如:

(54)(Headmaster addressing child):

... I advise you very very seriously to keep away from this, Maggie.

S-MPC 有时会被在谈话中占主导地位的说话人用来对自己话语的意图进行预先或追溯性的评说,从而使对方无法推诿、含糊其词或抱怨:

(55)(Inspector to police constable):

... it probably sounds a bit cruel but I'm going to be honest with you ...

(Headmaster to schoolgirl who has been playing truant):

I warned you, I always find out.

A-MPCs 则往往被谈话中占主导地位的一方用来迫使对方无法使用语用模糊,逃避责任,使处于劣势的一方不得不从话语的几种解释作出一种选择:

(56)(Supervisor and Ph.D student during a supervision):

Student: It's not so much that you've misunderstood but that I don't think your account is particularly clear.

Supervisor: Are you retracting?

此外,谈话双方中占上风的一方有时用将对方的话语用清晰、明白的语言重新加以概括、归纳的方法使对方无法用模糊的话语推诿或逃避责任:

(57)Constable: I've never had any comment other than

that.

    Inspector: Are you saying that nobody's brought your
        shotcomings to your notice?

（58）A: I'm not convinced that we went about it in the best
        possible way.

    B: So you're saying that I cocked it up.

语篇层次上的会话策略主要有下列三种：第一种是限定语篇的长度。这一方法使说话人有足够的话语空间使自己的话不被对方时时打断,例如:"I have three points to make …"。这样,在说话人没有讲完要讲的内容之前,对方一般是不能将其打断的,否则便有违反礼貌原则和合作原则的危险。第二种是确定谈话的目的和范围,即占主导地位的一方首先决定谈话的题目和目的,对方一般只能就这一主题和范围参与谈话;如处于从属地位的一方要想改变话题往往有冒违反会话准则的危险,且必须具备极高的交际能力。最后一种是谈话双方中占优势的一方对谈话中已知的事实以有利于自身的语言加以重新表述作为谈话进一步深入下去的基础,请看下例:

（59）A: Now you will recall that um, I did see you on a
        particular day and ask you where they were?

    B: That's right, Sir, yes.

    A: And you were unable to give a satisfactory expla-
        nation and in fact I understand they were found in
        your locker?

    B: That's right, yeah, found them in there, Sir.

上述对话中,B 即使想对 A 的话进行反驳也并非易事。首先,要发现对方话语的漏洞并非易事,其次,在谈话过程中,特别是在对话过程中要打断对方会影响交谈的连续性,特别是在谈话双方地位不平等或不很熟悉的情况下更是如此。因此,用有利于说话人自身的语言对已知事实加以复述,是限制对方话语模糊的一种很有效的语用手段和会话策略。

11.4.3 会话活动类型

会话活动类型这一语用学范畴最早是 Levinson 在 1979 年发表的一篇题为:"活动类型与语言"的论文中首先提出来的;在当时并未引起人们应有的关注,只是到了 90 年代又成了语用学研究的热点之一。Levinson 当时对会话活动类型作过如下定义:

... a fuzzy category whose focal members are goal-defined, socially constituted, bounded events with constraints on participants, setting, and so on, but above all on the kinds of allowable contributions. Paradigm examples would be teaching, a job interview, a jural interrogation, a football game, a task in a workshop, a dinner party and so on.

(1979:368)

(……这是一个模糊范畴,其核心成员包括那些带有一定目的,受社会约定俗成的规范制约的事件;这些事件所特有的强制因素限定了其参与者的类别和其可能发生的场合等,但首先是制约了参与者可能有的作为。典型的例子有教学、求职面试、法律讯问、足球赛、通过工作研讨要完成的一项任务、聚餐会等。)

从以上的定义可知,会话活动类型研究关注语境对语言使用的作用,那么这类研究跟社会语言学,特别是人种交际学家 Hymes(1962,1974)所倡导的对言语事件(speech events)的研究又有哪些差异呢? Thomas 认为:"言语事件这一描写语境的框架虽然也经常被一些语用学家所采用,但这并不意味着这样做是最合适的,因为它主要是用来对极为正式和高度仪式性的事件,如婚礼、葬礼、欢迎仪式的描写;而对那些正式程度较低或不可预见的事件,如'大学入学面试'、'看医生'等用这一框架就无法成功地描写,更无法将其运用于对随意性会话的描写"(1991,1995)。换言之,Hymes 的描写框架关注外部社会和语境因素对语言使用的制约作用,而会话活动类型研究更注重语言使用方式和策略对交际成败的决定作用,力图揭示会话活动参与者是如何策略地使用语言和非语言手段来实现自己的交际目的和意图的;揭示条件相当的参与者为什么在相同的会话活动,如求职面试活动中,有的成功了,而有的则失败了。因此可以说,言语事件研究主要是对语境的静态研究,属于社会语言学的研究范畴,其目的是揭示已知的语境特征对语言使用系统的强制性制约。言语事件的参与者一般对语言的使用没有太多的选择权利和周旋余地,极端的例子如英国女王的加冕典礼;在这一言语事件中,女王的言行都是精心准备好的,甚至连观众的每一次"喝彩声"也是事先经过精心设计的。而会话活动类型研究则是对语境的动态研究(cf. 何兆熊,蒋艳梅1997),属于语用学的研究范畴,其目的是揭示语境的动态特征和发话者如何通过使用语言对语境加以操纵以达到自己的目的,极端的例子如莎士比亚的历史剧《朱利叶斯·恺撒》中安东尼在城民集会上通过言语手段将城民由国王恺撒的支持者变成了国王的反对者;这类例子在日常会话活动类型中也是屡见不鲜的。

Thomas(op cit)认为对会话活动类型的语用研究至少应当包括以下六个方面的内容:

(1) 会话活动参与人的交际目标

跟 Hymes(的言语事件框架)注重描写言语事件的目标不同,会话活动类型注重参与者个人交际目标的描写和揭示;每一位参与者的交际目的均可能各不相同,甚至截然相反,例如,法庭审讯这一言语事件的目标是作出公正的裁决,而原告律师和被告辩护律师各自的交际目的则截然相反。参与者的交际目标在相互交往过程中也可能调整和改变。

(2) 会话活动参与人允许使用的语言和非语言手段

有些会话活动类型对参与人讲话的内容和范围有很多社会或法律上的制约和限制,例如,在法庭上,检察官一般不允许提及被告以前的犯罪事实,以免影响审判的客观性和公正性;同样,在西方的学术会议上,一般不允许人们发表有关个人私事方面的议论。当然,语用研究感兴趣的是会话活动参与人是如何巧妙地使用语言手段来突破上述限制以达到自身的交际目标,例如,英国首相邱吉尔在反击政敌时,为了突破不能直称对方为"说谎者"(a liar)这一限制,而指控对方犯了"用词不准确"的罪过('guilty of a termi-nological inexactitude'),从而达到了自己的交际目的,在竞争中占了优势。

(3) 会话参与人遵守、违反或中止遵守 Grice 会话合作准则的状况

根据 Grice 的会话合作原则,所有参与会话的人通常都必须遵循四个会话准则,以便使交际能顺利地进行下去。但是,对上述四项准则遵守、违反或中止的程度和侧重点既具有文化差异和文化相对性,又会因会话活动类型的不同而不同;例如,一般而言,在求职面试过程中,求职人为了达到目的总是尽力遵守关联准则,而对质量准则往往总是有保留地遵守,不会把自身的缺点全盘托出。而在职业咨询时,为了让职业顾问对自己适合何种职业提出准确和客观的建议,求职人一般都会全力遵守质量准则,向职业顾问提供关于自己尽可能全面、准确的信息,对方式和关联准则的遵守则不必过于苛求,特别在正式程度较低的职业咨询活动中更是如此。因此,对会话参与者违反或中止遵守会话合作原则的内在动机和终极原因只能在特定的会话活动类型中才能作出合理的阐释。

(4) 会话参与者遵守或违反礼貌原则及其准则情况

国内外的研究表明,对礼貌原则及其准则的遵守或违反不仅具有文化相对性,受制于不同文化的价值观念(cf. 第八章;何兆熊 1995),而且在不同的会话活动类型中对各条礼貌准则的重视

程度也呈现出很大的差异,受制于会话参与人的交际目标和意图。例如,谦虚准则在日本和中国比在英国更受到人们的重视;而在英美演艺界举行的颁奖仪式这一特定的场合,获奖的演员通常很重视遵守谦虚准则,极力淡化自己的成就,将成功归功于导演、制片人和其他演员。中西方人士在参加学术会议时对谦虚准则的实现方式也呈现出很大的差异。中国学者一般在正式发言时会先"自贬"一番,以此作为实施礼貌原则的手段;而西方人一般没有这一习惯。当然,在很多会话活动类型中,礼貌现象的文化差异并不明显。例如,在求职面试中,受制于交际目标,受试人总是极力强化自己的成绩和优点,并不太在意自己是否遵守了谦虚准则。这一点中西方并无太大的差异。因此,对礼貌现象的考察也只有结合具体的会话活动类型才会具有较强的解释力。

(5) 会话参与者对话轮和话题的控制情况

在不同的会话活动类型中交际双方如何决定谁先发话,什么时候可以替换话轮、打断话语及如何控制话轮、终止话轮和控制话语虽然有一定的规律可循(cf.本章 2 和 3 节);但在很多情况下会话参与者仍会使用各种会话和语用策略(cf.本章 4.1 和 4.2 节),偏离一般的话轮替换规则以控制话题、使会话活动朝着有利于自身的方向发展,最终实现自己的交际意图和目标。

(6) 会话参与者对语用参数操纵的情况

如前所述,会话活动类型研究实际上是一种对语境的动态研究,换言之,会话参与者为达到各自的交际目的,均会根据已知的语用参数,如交际双方或多方之间的社会距离、权势关系、各方的权利和义务及在特定文化中某一话语所具有的强加程度等方面的不同情况而策略地使用语言和非语言手段(cf.第八章)。例如,会话活动参与者往往会使用亲昵的称呼语或正式的称呼语来缩短或扩大彼此之间的社会距离,表明各自的身份、地位和享有的权利等;同样,在不同的会话活动类型中,参与者既会选择适切的语域,又有常常通过策略地变换语域的方式来增强或减弱交际场景的正式程度,以适合不同的交际目的和意图。因此,对会话活动类型语体特征的考察不仅有助于了解会话参与者相互之间的人际关系和权势关系,而且也有助于从另一个侧面把握会话参与者对语体选择的熟巧程度,进而了解其驾驭言语的能力、交际水平和性格特征。

会话活动类型研究是否就包括上述这六个方面的内容呢? 我们认为并非如此。只能说这些是会话活动类型研究中的一些主要内容。会话活动类型作为语用学的一个新的研究范畴,它的研究范围尚不十分明确,它的研究方法也没有形成一个严密的体系,仍是一个开放系统;例如,前面两节所谈的话语角色类型和语用模糊与会话策略完全可以归入到会话活动类型的研究框架中去,以丰富会话活动类型研究的内容、增强其系统性;同样,在具体会话活动类型中研究话语角色及其转换和语用模糊与会话策略也有助于深化对这两大范畴规律性的认识。下面我们通过对两个实例的简析,进一步论述言语事件与会话活动类型研究的差异,以此结束本节的讨论:

(60) A: That's right. But then, there's a difference between that and what your um / *mm* / ultimate sort of social / *mm* / if you like purpose / *mm* / or objective / *mm mm* / is in the encounter / *mm* /. Okay? Now, would there be ... would there be a further subdivision ... I mean that's a question, would there be a further subdivision between, as it were tactical goal-sharing and long-term goal-sharing and would the tactical goal-sharing be equivalent to what you're calling 'observance of the conventions of the language game'

or not? Because it did seem to me when I was reading this that I could see the difference you were drawing between linguistic cooperation and goal-sharing but I wondered whether there wasn't a further sub-division within goal-sharing between the tactical and the strategic?

B: Okay well/

A: /and that the 'tactical' might be … might be in harmony with 'observance of the conventions of the language game' / *mm* / but might not, actually.

B: Well um er um what I was trying to get at here was why so many otherwise intelligent people have completely and utterly rejected Grice / *mm hmm* / and they have / *sure* / and it seems to me that why they've done it is because they do not see man as a fundamentally cooperative animal / *that's right* /. Now …

(61) A: Oh,'e's back is 'e? From Columbia?

B: Mm and I snapped off his fl… you know how I fidget when I'm nervous and there was this 'orrible looking thing and I thought it was a a a spider on the end of a cobweb and I snapped it off and apparently he'd been nurturing it in his breast for about two years.

A: What was it?

B: I don't know. Some silly plant but he was obviously/

A：/our plants got nicked.

B：Really?

A：In the last week yeah we've had all our plants knocked off.

B：What where from?

A：Here.

B：Really?

A：Must've been stolen from here and the institute and the Literature Department.

B：How strange. Oh and a bird shat on my head and then/

A：/I thought that was good luck!

B：Yes. You wouldn't've if it had happened to you. And and I thought all that remains is for me drawers to fall down and my happiness is complete. Well the lecture went very well indeed and er there was him there was a man called somebody or other Charles or Charles somebody.

A：Charl ... No. I don't know him.

B：And he said he's got a good friend in Finland and apparently she heard this lecture I gave over there. She's doing her bloody PhD on it.

A：Is she?

B：Yeah. On pragmatic failure.

A：Oh well, I mean, it's a ... it's quite a likely phenomenon I would have thought.

B：Anyway

A：Anyway, it went all right?

上述两例均选自同一会话活动类型,即博士导师指导其博士生,说话人 A 为男性导师,说话人 B 为其女性学生,两人认识已有多年,既是师生,也是朋友;会话是在 A 的办公室里进行的,两次会话只间隔了几分钟。例中的符号/表示重叠的话语,斜体则表示某一位说话人的插话。显而易见,我们如使用 Hymes 描写语境、即言语事件这一框架就很难发现这两例的差异,因为这两例会话的场合,参与人等语境因素均无变化;但我们如使用本节介绍的会话活动类型这一框架分析后就会发现,上述两例的最大差异在于说话人使用语言方式的不同,两位说话人均使用了大量的语用策略以实现各自的交际目的,进而改变了会话活动类型的性质,特别是在例(61)中,在语言的各个层面(语音、词汇、句法)上我们均能发现交际双方如何有意识,带有动机地在发音、用词、话轮的替换方面作出适合交际目的的选择;换言之,(61)中交际双方使用的语用策略和语言手段的变化均受制于同一交际目标:即缩短双方的社会距离,强调彼此之间的共同点及共有的价值观。例如,在语音层面上,在例(60)中说话人 A 和 B 均清晰地发/h/这个音(harmony,here,have),但在(61)中俩人均省略了这个辅音:('e's back is'e 和 'orrible looking thing);在句法层,(60)的句子显然比(61)要复杂和正式得多,很少使用缩略形式,而在(61)中缩略形式出现的频率很高:wouldn't've,don't,we've,he's got,she's,it's;同样,(60)中主从复合句构成了 A 的第一个话轮;而在(61)中 A 和 B 基本上使用简单句或并列从句。在用词上,(60)中有大量正式程度很高的专业性词汇,而(61)中却以非正式、俚语和禁忌语词汇的使用为特点:drawers,nicked,knocked off,shat,bloody。在语用策略的使用上,(60)中 A 使用了许多礼貌性的模糊限制语:I wondered ... it did seem to me 等以照顾对方的积极性或消极性面子;此外,A 还使用了元语用评论语:I mean that's a question 以使对方更好地理解自己话语的语用意图,而在(61)中 B 则用直截了当的话语反驳对方的看法：You couldn't've if it had happened to you，表明了双方一种平等和随和的社会关系。在话轮的替换和话题的控制方面，(60)和(61)也呈现很大的差异：(60)中 A 不仅控制了话轮，而且也控制了话题，B 完全处在被动的位置；而在(61)中 A 和 B 占有数量大致相同的话轮，双方各自均有自己的话题，尤其 B 不再处于被动的地位，会话是以 B 的话题的完满展开、发展而结束的(cf. Thomas 1995：194)。

从以上的分析可以看出：言语事件和会话活动类型研究虽然分属社会语言学和语用学，前者主要是一种静态研究，即把语境看作是一组变量的组合，如交际的时间、地点、场合和交际者等，研究侧重于语境对语言形式的选择、话语构成方式的制约；而后者则是一种动态研究，即不仅看到语境是一组变量的静态组合，更看到在交际过程中语境的变化，不仅注意语境对语言形式的制约作用，更着重研究交际参与者如何操纵、调动某些语境因素以达到自己的交际目的；然而，我们也完全可以将 Hymes 描写言语事件的框架作为研究会话活动类型的出发点和界定会话活动类型的手段，即将静态研究和动态研究有机地结合起来，从而有助于全面、详尽地考察和把握会话活动类型的本质和规律。

or bad happened to
你，你哭了一夜，例不是却别的原因，这样解解的话把真的
真实信息为...(b)和(c)相联。实事求是大家。(b) (P，A (人)这

第十二章 语用学研究中的语料收集方法

12.1 语用学研究方法简述

语用学作为语言学一个独立的分支,历史不长,但其理论发展非常迅速,研究不断深入、扩大。语用学每一理论的提出都引起众多专家、学者的探讨和实证研究。近年来,由于研究人员采用的研究方法、对数据结果的解释以及对理论本身理解的不同,语用学文献中对同一问题的研究常常出现不一致、甚至是相左的结论。因此,人们开始注意到了研究方法的问题。研究方法对任何一门学科来说都是非常重要的,它是"有关人类交往研究的任何一门学科的最基本的问题,语言学习及恰当言语行为规则获得的研究也不例外"(Wolfson, 1986:689)。研究方法也因此成为语用学家近年来关注的一个问题。

根据不同的研究对象和目的,语言研究方法大致可分为三大类:逻辑方法、观察方法和实验方法(桂诗春,1993:1)。逻辑方法较多地用于研究语言系统。而观察方法则大多用于研究语言使用。语言使用有时也采用实验方法。语用学研究涉及的范围很广,不同的研究目的和研究对象要求采用不同的研究方法,有时研究者可能同时用两种方法(Hong & Thomas, forthcoming; Thomas & Hong, forthcoming)。语用学的研究可粗略地分为两大类:理论阐释和实证研究。所谓理论阐释主要是指语用学家对某种语用现象作出假设和阐释。比如,Grice (1975、1978)针对言语交际的双方都有相互合作、求得交际成功的愿望这一现象,提出了人们在日常言语交际

时,一般都遵循合作原则和诸如数量、质量、关联和方式等准则。又如,Leech (1983) 针对人们在日常交际中常常故意违反合作原则这一现象,提出了礼貌原则,解释了人们为何说话时有时声东击西、不愿坦率明言等等。理论阐释采用的就是以上提到的逻辑方法。而实证研究指的是通过语料的收集、分析,对人们或自己提出的理论、假设进行验证。其采用的方法就是观察方法和实验方法。

观察方法又可分为两大类:定性研究和定量研究(也叫描述研究)。其中定量研究与实验方法一样,都是从某一假设或问题出发来进行研究的,但定量研究是对自然语境下的语言现象进行客观的描述,不带任何主观成份,对自然语境中的各种变量不加控制。定量研究既可以是探索性的、也可以是演绎性的。比如研究人员既可以从某一现象的一般问题出发,了解更多的有关这一现象的信息,也可用于对先前的假设进行验证。而实验的方法则必须是分析性的,它一般只用于对先前的假设进行验证。实验方法的最大的特点是研究人员经过精心的设计,对他们感兴趣的现象中的各种变量加以控制和操纵,使某些要观察的现象集中地显示出来。其最简单的形式是改变一个变量——自变量,同时观察该变化对另一变量——应变量产生的影响。操纵和控制是实验方法中保证效度的重要方法。观察方法和实验方法相辅相成。观察方法用于考察现象,发现问题;实验方法则对发现的问题进行集中、系统的观察。

定性研究源于人类学和社会学的研究方法,目的是研究特定环境下的人类行为。许多学者采用这种方法描写他人群体的行为,但并非局限于对他人的群体的研究。近年来,越来越多的人类学家和社会学家对其母语的使用者及自己所处的群体中成员的行为进行研究。这一现象赋予观察方法以新的含义,因为研究者本身常常是被研究的群体成员之一,他们能在不引起被观察对象注意的情况下,观察他们的日常行为。一般来说,定性研究基于描述分析,它着力于描写自然情景中可以观察到的行为和活动,而不是选其中一部分来描写。定性研究在研究前不提出具体的研究问题或假设,不是一开始就检验假设,也不是事先决定只观察哪一变量,而是观察什么与研究的焦点有关。因此,定性研究是探索性的,而非演绎性的。它本质上是一个归纳的过程,即从特定的情景中归纳出一般性的结论。定性研究注重过程的影响,典型的定性研究方法是民族学研究(ethnographic studies)。定性研究比定量研究或实验研究更具灵活性,其设计模式或程序也不十分固定。但一般包括以下程序或步骤:确定要描写的现象;使用定性方法收集语料;从语料中寻找型式;回到数据中去或收集更多的数据以支持起初的结论及过程和数据的循环往复等等(Seliger & shohamy, 1989: 121—124)。

定量研究的根源是实证主义,它强调事实、关系和原因,以结果为导向。定量研究将"事实"与"价值"分开,认为"事实"独立于观察者或研究者而存在,强调客观性。典型的定量研究方法是用客观的手段和适当的统计分析,通过实验来检验假设。定量研究所要研究的问题可以是事先决定的,它的演绎成分多于定性研究的探索性成分。定量研究可分为个案研究和群体研究。个案研究是一种典型分析,既可以研究一个人在某一时刻的行为,也可以研究他在某一时期的行为,个案研究尤其适合作纵向研究。群体研究是对某一人群的行为进行调查研究。群体研究可收集更多的数据,使观察更可靠、更有效。定量研究至少包括以下几个部分:确定研究课题、提出假设;受调查人员的选择或抽样;确定语料收集方法、收集语料;组织、分析语料、得出结论等。

近年来,定性和定量这两种研究方法的区分变得越来越模糊了(Bryman, 1988)。Reichardt and Cook 认为定性研究与定量研究在许多方面已难以区别了,"研究人员无法在遵循一种研究方法的原则时,不考虑另一种方法及其价值"(1979:232)。尽管定性研究与定量研究在概念和方法上存在不同,但这种区别就研究的实施来说不是两分的,而是一个定性——定量研究的连续统一体。

　　无论是定性研究、定量研究还是实验方法都要收集语料。语料的收集极为重要,它对最终的结果起着决定性的作用。因为语料的收集先于语料分析;语料分析如果出了问题,发现后可以弥补,但因语料收集的方法不当而引起的问题却是无法弥补的,其研究结果的价值也是值得怀疑的。Wolfson 曾指出:"我们必须牢记:如果语料有问题,无论我们怎样做,总是有这样的危险,那就是,以这些语料为基础的研究得出的理论和结果是不可靠的。要弥补这一缺陷是不可能的"(1986:689)。因此,本章主要对一些最常见的语料收集方法作一介绍,并对这些方法作些分析和评论。

12.2　语料收集方法

　　收集供语言研究的语料方法很多,不同的方法对被调查者的控制程度,以及要求他们在研究过程中完成的任务各不相同。根据要求受调查者在研究过程中需要完成的不同任务,即是对言语进行理解,还是实施某一言语行为,语料收集的方法可分为言语理解/感知和言语表达这两大类。按对被调查者的控制程度、语境的自然程度,又可大致分为三类:直觉法、引发法和实录法。这些语料收集方法可以用以下连续体来说明:

理解/感知		表达	
等级划分 / 多项选择	话语完型 / 面谈 色色扮演 / 封闭性面谈	开放性角色扮演 / 开放性面谈	观察真实话语
完全控制	高度控制	略有控制	无控制
直觉法	引觉法		实录法
	监控语言	非监控语言	
非自然情景			自然情景

用于收集受调查者对言语行为的理解/感知的语料方法,具体包括配对比较(paired comparison)、卡片分类(card sorting)、等级划分(rating scales)、多项选择和面谈等等。使用这些方法时,被研究者完全由研究者控制。他们只能根据自己的直觉对所给的语言形式进行语用判断,这些方法我们统称为"直觉法"。

用于收集研究言语表达语料的方法,从左到右主要有话语完型(discourse completion tasks)、封闭性角色扮演(closed role play)和封闭性面谈(closed interview),使用这几种方法时,被研究者的言语行为受研究者的高度控制。上图再往右是开放性角色扮演(open role play)和开放性面谈(open interview)等,这些方法对被研究者的言语行为略有控制。以上这些方法都是研究者通过某种途径,引发受调查者产生特定言语行为的。因此,这些方法被称为"引发法(elicitation)"。

上图中最右边用于收集言语表达语料的方法,是对真实情景中使用的话语进行实录分析。这种方法也称"实录法"。

如上图所示,语料收集方法对被研究者的言语行为干预越大、控制越强,话语情景越不自然,被研究者说出的言语就越受监控(monitored)。如话语完型、封闭性角色扮演等对情景以及话语语境都加以严格的限制,被研究者对言语行为的选择没有多大的自由。而实录法收集的是真实语境,即自然语境中的话语。在自然语境中,研究人员对被调查者的言语行为未加干预,被调查者的言语行为不受控制。因此,被调查者实现言语行为自由度最大,被调查者此时的言语是非监控的言语。因此,用实录法收集到的语料是最自然的语料。

必须指出的是,研究方法并没有优劣之分,只有当与研究问题相联系时,它们才有价值。重要的是研究者所选的办法要适应其研究,应该是能达到其研究目的的最佳方法,也就是说,研究方法的选择应以研究课题为导向。下面我们分别对以上方法逐一进行介绍,并略加评论。

12.2.1 研究语用理解/感知的方法

语用理解/感知的研究始于 60 年代末、70 年代初,80 年代初较为盛行。由于当时 Goffman (1967), Lakoff (1972, 1973, 1976, 1977) 和 Brown 和 Levinson(1978) 等人的"礼貌"或"敬语"理论的提出,引起了人们对这些理论进行实证研究,尤其是跨文化的实证研究的兴趣。因此,这段时间的语用理解/感知的研究大多都与"礼貌"有关。其方法主要有等级划分、卡片分类和多项选择法。

12.2.1.1 等级划分/卡片分类

等级划分法是一种问卷法,一般每题都是用一段话,对话语出现的情景进行简单的描述,接着是一系列语言形式。它要求被调查者根据情景,对所给的语言形式按"礼貌"级别划分等级。如:

情景描述: Buying a pack of cigarettes at a newspaper-tobacco stand。 Most Appropriate Least Appropriate

语言形式:

1. Could you give me a pack of Marlboros? 7 6 5 4 3 2 1

2. Can you give me a pack of Marlboros? 7 6 5 4 3 2 1

3. Do you have a pack of Marlboros? 7 6 5 4 3 2 1

4. I'd like a pack of Marlboros. 7 6 5 4 3 2 1

5. I'll have a pack of Marlboros. 7 6 5 4 3 2 1

6. I want a pack of Marlboros. 7 6 5 4 3 2 1

7. Give me a pack of Marlboros. 7 6 5 4 3 2 1

8. A pack of Marlboros. 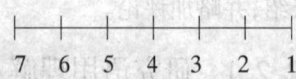　7　6　5　4　3　2　1

　　这种方法根据需要还可以有不同的变体。如 Carrell 和 Kon-
neker（1981）就采用卡片分类的方法来收集同样的资料。他们使
用了三套卡片，每套卡片共九张。每套的第一张描述一个情景，如
到鞋店里要买一双鞋；到烟、报摊买一包烟；到快餐店里买牛排、炸
薯条等等，另外八张卡片每张都含有一种表达"请求"这一言语功
能的语言形式。受调查者先读第一张，即描写情景的卡片，然后，
把另外八张卡片按"最礼貌"到"最不礼貌"的顺序排列。如果受调
查者认为有两种或更多表达"请求"的方法同样礼貌的话，那么，这
两张卡片就用回形针别在一起。一组做完后再做另一组。这种方
法因为使用卡片，所以也叫"卡片分类法"。

12.2.1.2　多项选择法

　　与以上方法相类似的还有多项选择法。这种方法一般采用问
卷的方式进行。问卷上每题都有一段简短的文字用于描述情景，
然后是一组话语供受调查者选择，这些话语选项三至六个不等，有
时更多。受调查者选择他认为最适合该情景的话语。我国学者在
八十年代末、九十年代初做的语用调查大多都采用这种形式，如何
自然（1986），王得杏
(1990)，洪岗（1991）等等。
有时，情景的描述不光是文
字，还配有图片。如：
It's raining heavily. You
want to borrow an umbrel-
la from Mr. Brown. He is
the owner of a grocery store and an old acquaintance of yours.

1) I want you to lend me an umbrella.

2) Would you lend me an umbrella?

3) Lend me an umbrella.

4) I would appreciate it if you could lend me an umbrella.

5) Can you lend me an umbrella?

6) Lend me an umbrella, will you?

(Tanaka and Kawade 1982:24)

多项选择法也可用于研究人们对某一话语功能的理解,如:

Bob comes up to Ann in the student center. Bob says: "Did you go to the movies last night?" Ann says: "I had to study last night".

a) Ann went to the movies last night.

b) Ann didn't go to the movies last night.

c) No idea whether a) or b).

(Carrell, 1979)

除了使用笔头问卷的形式外,还可以采用口头的办法进行,也就是说,研究者可以通过放录音或录像,或者自己朗读有关对话,受调查者根据录音、录像或朗读的对话,对话语进行判断。如Carrell (1981b) 的研究,其目的主要是研究成年人与小孩对表达"请求"话语的理解。在该研究中,Carrell 要求受调查者听四十个包含有"请求"的话语,这些话语都包含以下意思:把圆圈涂红或不要涂红。每听完一段录音,研究者都给被调查者看一个红圈或蓝圈,要求受调查者判断研究者是要他们把圈涂成红色还是蓝色,然后把答案写在答题纸上。Carrell(1981a)还用研究者朗读的办法重复了该实验。

另外,对语用理解/感知的研究,我们还可以根据需要,把录音和等级划分结合起来使用。也就是说,把原来问卷上的对话用录音的形式来展现,受调查者听完录音后,再判断某一话语的"礼貌"

程度如何或者该话语的"合适性"如何。Rintell(1984)使用这种方法对把英语作为外语的学习者对英语中情绪表达的理解能力进行了调查。她用录音制作了十一段对话,每段对话中都有一人谈论自己的一次经历,其中明显包含高兴、愤怒、失望、焦急、负罪及厌恶等六种情绪中的一种,但这一情绪并非直接表达出来。被调查者听完录音后,判断录音中表达的是什么情绪,以及这种情绪的强弱,被调查者同时要在一个标有九个档次的刻度表上标出该情绪的强弱。"一"表示情绪最弱,"九"表示情绪最强。答题纸上还留有空白,以便受调查者在听不懂对话无法作答时进行说明。

严格地说,用以上方法收集的是有关被调查者的相对稳定的语用知识,即被调查者根据直觉,对话语的语用合适性的判断能力。以上方法用的大多是问卷的形式,而不是通过对实际话语的理解来调查语用理解能力。因此,这些方法也都存在着语言研究中常提到的效度问题。这些方法最初用于研究语言学习者的语法能力,尤其是语法形式的正确与否的判断能力。当用于语法研究时,它们是比较有效的,因为操本族语的人对其语法形式的正确与否几乎是一致的。然而,这种方法用于对脱离语境的话语的语用理解或判断的研究,常常不能获得有效的结果。因为如果你问别人:"How would you ask someone to lend you a car?" 你无法期望得到一个"标准"的答案,被问的人在回答此问题时,要考虑许多因素,如:他何时何地需要车,需要车的情况是否紧急,他与车主的关系如何等等因素。因此,不同的人可能会采用不同的言语策略。通过这些方法获得的语料与通过内省法(introspection)获得的语料没有太大的区别,因为,它们都依靠被调查者的语言直觉。很显然,完全依赖直觉对脱离语境的话语作语用判断是不合适的。因此,值得注意的是,这种方法如果使用脱离语境的话语,那么,被调查者很可能会自己设想一个语境,而其判断会建立在自己设置的语境上。显然,不同的被调查者所设想的语境不尽相同,因此,也会影响他们对语境的礼貌级别、话语合适性的正确理解和判断。如果提供一定的语境,受调查者还会对已提供的情景做进一步的想象。因此,进行语用理解/感知或判断能力的调查时,我们能做的也只能通过放录音、录像等办法,尽可能给受调查者提供充足的语境,以便他们能作出合适的判断。

12.2.2 研究语言表达的方法

12.2.2.1 实录法

实录法指的是研究人员通过实地观察收集语料的方法。实录法收集的是自然语境中的语料,而自然语境中的会话,被普遍认为是语用学研究最为理想的语料。Mey 就语用分析的语料指出:"对语言使用功能的研究最好是在人们进行面对面的正常交际的情景下进行。这就使我们认为这样的情景是主要的信息来源,在研究语言的功能侧面时,日常生活会话又居于各种情景之首"(Mey,1993:48)。自然情景的会话给研究者提供了说话者如何以言行事的确切信息,而这一点引发法是做不到的。用不同方法收集到的语料在语体上有区别,我们可以把它们放在一个连续体上(见下图)。

个人语体　语体 2　语体 3　语体 4 …　精细语体

自然语境 ⟵⟶ 非自然语境

即席话语　非结构　结构性　开放性角　话语完型
　　　　　性面谈　面谈　色扮演 …

在连续体的一端是最不受监控的(least monitored)语体,或用 Labov 的术语叫"个人语体"(vernacular style)。这种语体出现在纯自然的语境中,说话者对其所说的话不加注意。这种语体是最自然的、也是最系统的。在连续体的另一端则是最受监控(most monitored)的语体或叫"精细语体"(careful style),这种语体在那种要求说话人注意其所说的话的情景中出现,如话语完型等。个人语体是最稳定的语料,而那些对说话人作限制的语料收集方法所收集到的语料则不能完全反映说话人的真实语言。Ellis(1985)曾指出其他语体,由于其语言的正常语序受到干扰,被调查者会使用一些真实语境中不会出现的策略。由于被调查者过分注重要求他完成的任务,常常会出现一些语用错误。

尽管真实语境的语料是最有效度的语料,而且近二十多年来,实录法已被许多语言学家用来研究会话的话语结构,但许多研究者认为这种方法很难用于语用学研究。因为,要控制那些影响人们选择某一特定语言形式的因素,如果说不是不可能的话,也是极其困难的。很显然,选择是否要实施某一言语行为,以及采用什么言语策略,受多种因素的影响。会话双方的相对地位、年龄、性别、说话的时间、地点等等都起着重要的作用。研究人员很难确定是何种因素在起作用,哪种因素作用更大。

如果要对言语行为的某一特征进行研究,要收集包括这一特征的足够的语料也是非常困难的,因为,自然语境中包含这一特征的语料也许出现得很少,而且其出现的时机也很难预测。因此,这种方法很"费时间,语料很难收集。收集到的语料不一定能提供研究者想要研究的语用特征,或不足以进行定量分析"(Ellis,1994:671)。即使收集到大量的语料并对其进行分析,也很难说得出的结论具有多大的普遍性。Beebe 和 Cummings 曾指出:"许多对自然话语进行的研究,未能给我们提供通过科学的方法收集的、能体现某一群体的话语典例。尽管情景是影响言语活动最重要的因素之一,但这些研究并未说明对情景的控制"(转引自 Ellis,1994:671)。人类的行为并非总是井然有序,影响人类交际的因素是复杂多变的。如果观察者不干预的话,那么就很难对某一因素进行控制。其次,用实录法进行语用研究往往缺乏可比性。因此,建立在真实语境语料基础之上的研究相对较少。但以上问题并非无法解决,以下以 PIXI(The Pragmatics of Italian/English Cross-Cultural Interaction)(Gavioli, L. &G. Mansfield,1990)研究为例,对真实语境语料收集的方法作一介绍,然后介绍一些解决这些问题的办法。

PIXI 是 80 年代中期,六所意大利大学的教师承担的一个研究项目。该项目主要是从应用语言学的角度,对英语和意大利语的公共服务场所的自然语境进行语用研究。当时,商店、办公室、银行、旅馆里的职员和顾客间的对话是许多教科书中的主要内容,但这些对话并非是以真实语料为基础的。因此,他们的目的是对语言使用者在话语过程中使用的言语策略进行描述,并通过语料分析,为外语教科书编写提供一些素材和原则。研究人员分别在英国和意大利的书店里录了 379 个对话,录音分别在英国南部和意大利北部书店语言部的问讯台进行的。另外,他们还在意大利其他地方的四家不同类型的书店收集了大约一百个对话的样板。

他们之所以选择服务性的场所是出于教学上的考虑。而把书店作为收集语料的场所,是出于以下因素的考虑。首先在书店中收集语料非常方便,收集的语料具有可比性和可解释性,因为在英国和意大利的文化中,书店是非常相似的。其次,书店这一场所就对话双方的相对权力而言是"中性的",对言语形式的选择没有什么特殊性。

收集真实语料涉及到的另一问题是 Labov 的观察者的矛盾(observer's paradox):说话者知道自己说话时被录音,常常会因此调整自己的话语风格。而书店这一场所在两个方面为研究者限制了观察者矛盾的影响。第一,录音时顾客不知道自己说的话被录音;第二,延长录音的时间,使营业员适应用话筒录音,不再注意话筒的存在。选择书店的另一原因是出于道义上的考虑。因为,书店中的对话很少会涉及个人的隐私。大城市书店里的顾客和营业员通常相互都不认识,书店中的服务方式也不是非常亲密的,因此,顾客和营业员之间的对话一般不涉及个人的隐私。研究人员保证在他们的研究成果中不直接提及书店名和人名。

以上提及的有关实录法的问题确实存在,但如果能进行语用语料库建设,即把用同样方法收集到的语料经过整理、加标签后存入计算机,研究人员又可以共享的话,他们就可根据自己研究的目的对语料进行分析。这样,就可省去大量收集和整理语料的时间了。当然,这不是一小部分人在很短的时间内就能完成的。目前,语料库的建设在许多国家已经受到高度重视,如英国的国家语料库(The British National Corpus)(Crowdy, 1995)就有1亿词的语料,其中口语材料就有1000万个词。又如:Lancaster大学的ACAMRIT语料库中也有300万词的口语语料。语料库在欧美其他国家也已建立了不少(Edward, 1993)。至于要收集到足够的含有某一语言特征的语料,这一问题在一定程度上也可得到解决。这主要取决于研究者如何操作以及选择怎样的情景进行研究了。通常研究人员可根据研究目的,找一个能够收集到足够语料的场所。以上介绍的PIXI项目就是一例。

12.2.2.2　引发法

如上所述,直觉法和观察法都有其优点,也有其不足之处。为了能使研究结果可信、有效,近年来许多语用学家采用了一种折中的办法,即引发法。也就是说研究者通过某种方法引发被调查者选择某一语言形式来完成某种言语行为。引发法主要包括话语完型法和角色扮演法。

12.2.2.2.1　话语完型法

话语完型法(Discourse Completion Tasks)常用于跨文化语用学研究,尤其是语际语语用学(Interlanguage Pragmatics)的研究。Levenston(1975)首先使用这种方法,当时他用这种方法来测试成年移民的口语能力,后来,他又和Blum(1978)把它用于语际语的词汇特征的研究。80年代开始,该方法用于语用研究。最早用于语用研究、影响最大的要算 Blum-Kulka(1984)等人做的"跨文化言语行为实现研究"(Cross-Cultural Speech Act Realization Project)。这一方法在语用学研究中广为使用,但同时也受到不少批评。下面就对这一方法作一简要介绍,并加以评论。

话语完型法是一种书面问卷法,每题都有一小段文字对情景进行简要的描述,其内容可根据研究的目的和需要而定。一般可包括物理情景(时间和地点)、会话双方的社会距离、相对地位、相对权势、权利等。然后是一段对话,其中缺一话轮(turn)或部分话轮,要求被调查者根据情景,选一语言形式来实现他要表达的言语行为,使对话完整。如:

At a students' apartment.

Larry, John's roommate, had a party the night before and left the kitchen in a mess.

John: Larry, Ellen and Tom are coming for dinner tonight and I'll have to start cooking soon; _____.

Larry: OK, I'll have to go at it right away.

(Blum-Kulka 1984:198)

话语完型法在近二十年的时间里之所以被广泛使用,是因为它有较多的优点,归纳起来有以下几条:

1. 比较容易收集到大量的语料,且较便捷;
2. 能有效地控制要研究的情景变量;
3. 能有效地比较不同语言中的言语策略;
4. 能有效地对母语使用者和外语学习者的言语策略进行对比;
5. 能给受调查者提供日常客套用语的信息;
6. 能给受调查者提供他们在实现言语行为时认为是重要的社会因素。

然而,语言学家对话语完型法的看法并不一致。Olshtain 用了该方法对"道歉"进行研究,在讨论了她收集的材料后说:"我们需要研究一种更好的收集跨文化语料的方法"(1989:171)。Beebe等人也认为,像话语完型法这样的问卷法是"有局限性的,而且其结果会有偏颇"(1990:67)。话语完型法的缺陷也是显而易见的,主要有以下这些:

1. 由于问卷上空间有限,受调查者的话语长度也受到限制;

2. 受调查者可能会根据自己对词汇的熟悉程度来选择其语言形式;

3. 由于话语完型法是书面调查,受调查者会潜意识地认为要用书面语言来完成;

4. 问卷法调查的是受调查的人在某一情景中会说什么,也就是说调查的还是其直觉,这不能反映他们在真实情景中实际使用的语言。

有关话语完型法的效度问题,许多人都作了研究(Beebe and Cummings,1985;Rintell and Mitchel 1989;Wolfson,Marmor and Jones,1989;Hardford-Harlig,1992,1993;Rose,1992,1994)。为了能有效地使用话语完型法,下面对其中较有代表性的研究作一介绍。

Rintell 和 Mitchell(1989)曾对话语完型法收集的语料与用口头角色扮演收集的语料作了对比研究。其研究结果显示用这两种方法收集的语料,除了用口头角色扮演收集的语料比用话语完型法收集的语料的话语更长外,其他方面都非常相似。但这里必须指出的是用口头角色扮演的办法与用话语完型法在形式上有一点不同,那就是前者省去了对话不全部分之后的话轮。

对于省去最后话轮会不会影响受调查者的言语行为这一问题,Rose(1992)曾作过研究。他用了两份话语完型问卷,一份给了对空缺部分作答的话语,另一份则没有,两份问卷其它地方完全相同,它们都是以 Blum-Kulka 等人(1989)的问卷为基础的。研究发现用这两份话语完型问卷收集到的语料没有本质的区别。以上研究都是以英语为语料进行研究的。

尽管以上研究显示话语完型法本身是否存在对空缺部分作答的话语不会带来本质的区别,话语完型法与口头角色扮演也没有本质的区别,但是,话语完型法与 Rintell 和 Mitchell 使用的方法尽管表面形式不同,一个是用口头形式,另一个是用书面形式,这两种方法并没有真正反映口、笔语的不同,这是因为话语完型法实际上只是书面形式的角色扮演。两种方法都要求被调查者在特定的情景中扮演他们的角色。另外,这两种方法都属于引发法,它们在本质上是相同的,因此,Rintell 和 Mitchell 的对比研究的结果基本相同,也就不足为奇了。他们的研究结果并不能完全说明问题。

Beebe 和 Cummings (1985) 通过录音收集了自然语境中的话语,并与用话语完型法收集的语料作对比后发现,用这两种方法收集的语料具有显著的差异。自然语境中的"拒绝"使用的语言形式更丰富多样,而且话语更长。她们指出:用话语完型法收集的语料不能反映自然语境下的言语行为。Beebe 和 Cummings 发现自然语境下收集语料与话语完型法收集的语料有以下不同点:

1. 在真实语境中的言语交际所用的词与话语完型法中使用的不同;
2. 采用的套语及策略的范围不同(如有人故意不采用任何言语行为);
3. 完成言语功能所用的话语的长度以及话轮的数量不同;
4. 情感的强弱影响语调、语义及语言形式的使用;
5. 话语中有重复和修饰解释的词语出现;
6. 言语行为出现的频率,如:某人是否会在描述的情景中愿意作"拒绝"这一言语行为。

(Beebe et al ,1985 转引自 Wolfson et al. 1989:183)

此外,在日常生活中,说话者总是可以故意采用沉默不语的方法(opting out)来达到本该通过言语行为来达到的目的;话语完型法则要求受调查者采用某一言语行为,而"在真实语境中他们可能会选择有意避免使用言语行为的方法来达到自己的目的"
(Bonikowska, 1988:170)。另外,受调查者常常被迫扮演他们并
不熟悉的角色,这也在一定程度上影响了话语完型法的信度和效
度。话语完型法与其他引发法一样,要求受调查者用一句话语来
完成某一言语行为,而在现实生活中人们可能无法通过一个话轮
来完成某一言语行为,或者说用一个话轮还不够,可能要通过几个
话轮才能较有效地完成某一言语行为。因此,用话语完型法收集
语料不能显示语用现象的累积效果。此外,使用话语完型法也很
难确定是性别因素、还是其他别的因素影响受调查者选择某一言
语行为。还有,会话双方的相对地位、社会距离等也会随着会话的
进行而变化,而话语完型法描述的这些因素是固定不变的。

12.2.2.2.2 角色扮演

角色扮演指的是"在模拟社会情景中扮演角色,这些模拟情景
的设立,旨在帮助研究者进一步了解能指导人们处理社会生活中真
实事件的典型情景"(Cohen & Manion 1994: 252)。角色扮演在社
会科学研究中具有悠久的历史,在最近的几十年里常常用于性格测
定、商业培训和心理疗法等研究。Hamilton(1976)把角色扮演看作
是一个主动——被动的连续体。这一连续体大致可分为三类:1)想
象——扮演连续体,即受调查者是想象一个情景,还是在规定的情
景中扮演某一角色;2)有底稿——即席连续体,角色扮演的话语是
预先写好的,还是即席发挥的;3)语言——行为连续体,即受调查者
的活动是用语言(用纸笔)还是用具体的行动来完成的。在语用研
究中,第一和第二种区分实际上是不存在的,因为所有的角色扮演
都是"表演"性的,而不是用书面的形式来完成的,用书面的形式来
完成的方法,我们已把它归为另一类,即话语完型法。

角色扮演自 1980 年 Fraser 等人用于语用研究以来,使用的
情况尽管不如话语完型法普遍,但也已成为语用研究的一个主要
方法。角色扮演通常被认为是一种处于直觉法和实录法之间的折

中的办法,因为它在很大程度上克服了直觉法和实录法的不足。用直觉法很难提供有效、可信的材料,而使用实录法却不太可能"提供足够的对言语行为语境因素加以控制的、能对某一特征作出满意推测的表达同一言语行为的例子,"(Fraser1980:81)。角色扮演可根据研究者对被调查者的控制程度分为两种:结构化的(structured)与非结构化的(non-structured)。角色扮演一般都是由研究者提供一系列情景,包括对话语情景,会话双方的性别、年龄、社会距离、相对权势等的描述,然后,要求被调查者根据研究者描述的情景,来完成某一言语行为。角色扮演一般都在被研究者和研究者之间进行,在结构化的角色扮演中更是如此。当然,也可以在被调查者之间进行。在结构化的角色扮演中,被调查者实现言语行为的自由度相对较小。正如我们前面所述,结构化的角色扮演实际上是话语完型法的一种口头形式。下面我们就从 Cohen & Olshtain 的研究中选一例来作说明:

Instructions

You will be asked to read eight brief situations calling for an apology. In each case, the person whom you owe the apology will speak first. I will role play this person. Respond as much as possible as you would in an actual situation. Your response will be tape-recorded. Indicate when you've finished reading.

Sample situations

You're at a meeting and you say something that one of the participants interprets as a personal insult to him.

He: "I feel that your last remark was directed at me and I

take offense."

You:

(Cohen and Olstain 1981:132)

非结构化角色扮演与结构化的角色扮演有所不同。非结构化的角色扮演只是说明扮演者的角色、起始情景、还有至少一个扮演者的交际目的,但它通常不说明会话的最终结果,也不说明结果是如何达到的。因此,在非结构化的角色扮演中,对话的结果是磋商性的。因此,非结构化的角色扮演中的交际更为"真实"。如:

Parking Meter Situation

You have just parked your car in front of the building where you have an appointment for a job interview in five minutes. You reach into your pocket for change for the parking meter and find you have only a dollar bill. A meter maid is fast approaching. An older woman dressed as a waitress gets out of the car in front of you. You approach her to ask for change. What do you say to her to get her to give you change?

(Fraser *et al*. 1980: 82)

在进行角色扮演之前,研究者必须向被调查者说明清楚,甚至可以先做示范。以下我们也仅举一例。

We are asking you to participate with us in a series of role playing exercises in which I will describe in some detail to you a situation and then ask you to tell me exactly what you would say or do. You should talk to me as if I were actually the person with whom you are speaking in the situation I will describe, even though I will not usually remember that person. Sometimes you will indicate that an answer is unnecessary, or that you would be unwilling to say anything at all. Other times, you might want to go on at some length in expressing your views. Some people like to move around during these exercises; please feel free to do so. It is important for you to understand that we are in no way giving you a "mark" on your responses. There are no right or wrong answers. Sometimes more than one answer might be appropriate; if you think this is the case, please feel free to offer the alternatives. Also, if you want to talk about the situations after you respond, or raise any other topics you might feel to be relevant, please do so.

(Fraser *et al*. 1980: 81)

与话语完型法相比,非结构化的角色扮演提供了更为丰富的语料。首先,它是口头交际,交际者说话时可根据对方的话作即时的决定,如怎么说、说什么。其次,话语的目的是磋商性的。非结构化的角色扮演使我们能观察到言语是如何组织的、什么话语选择会引起怎样的话语反应。这种反应又如何决定一个说话人的话语。所有这些都是真实话语的特征。角色扮演与话语完型法一样,都有可重复的优点。

然而,角色扮演的真实性与日常生活中的会话不尽相同。结构化的角色扮演就研究影响人们选择特定语言形式的因素而言是不真实的,因为被研究者只是说他们会怎么说,而这与真实情景中实际所说的常常不同。角色扮演中的言语行为也受一些人为因素的影响,比如说话人想完成该言语行为的欲望及其所作的努力,因为,在日常生活中人们总是会尽自己最大的努力选择某种最恰当的言语策略来达到自己的目的。角色扮演还常常强迫受调查者扮演他们并不熟悉的角色,或强迫他们在从来未遇到过的情景中扮演角色。角色扮演的另一缺点就是要把录音材料整理成文字材料,而录音整理则非常费时间。Kasper 等人指出:"整理一小时清晰可懂的录音,大约需要十小时"(1991:229)。其次,与其他受研究者控制的引发法,如话语完型法相比,对整理好的录音材料再进行编码分类也是非常困难的,因为,言外之力和会话标志(conversational markers) 的确切功能常常很难判断。

显而易见,角色扮演,尤其是非结构化的角色扮演比那些直觉法收集的语料更接近自然语料,同一言语行为的足够例子也更容易收集。然而,用角色扮演收集的语料不如自然语境中收集到的语料可信、有效,角色扮演比其他引发法更化时间,用该方法所费的时间有时甚至与实录法所化的时间相当。

12.3 几种方法结合的办法

以上介绍了近三十年来语用学研究中几种主要的语料收集方

法,并对其特点进行了简要的分析。以上方法适用于不同的情况,且各有利弊。因此,在实际研究中许多语用学家常常同时采用以上方法中的两种。有的采用多项选择、话语完型或角色扮演＋等级划分(Fraser, Rintell 和 Water, 1980);有的采用话语完型或角色扮演＋面谈(Eisenstein 和 Bodman, 1986; Takahashi 和 Du-Fon 1989);也有的采用角色扮演＋问卷调查 (Olshtain & Cohen, 1983);还有的采用多项选择＋等级划分(Rintell, 1984; Hill, Ide, Ikuta, Kawashi 和 Ogino, 1986)或话语完型＋等级划分(Bergman 和 Kasper, 1993)。采用多项选择、话语完型或角色扮演＋等级划分的方法,一般前者都是用于收集主要语料,而后者则用于收集被调查者对特定情景中可能使用的话语的合适性或礼貌程度进行分级。而采用话语完型或角色扮演＋面谈或问卷调查的方法,一般前者都是用于收集主要语料,而后者用于对被调查者的话语作进一步的了解,或者让被调查者对语境的理解作进一步的说明。

　　以上这些使用两种方法的研究中,有的的确能提高语料收集的信度,因为它们提供了那些影响人们选择特定语言形式因素的信息,但仅此而已。使用以上方法的研究者认为他们使用的方法本身是有效的,因为借助这些方法能收集到想要收集的语料。然而,对话语进行原语用判断(metapragmatic judgement)是不能从根本上改变用以上方法收集到的语料的不足的。比如,如果语料是用封闭性角色扮演的方法收集的,那么,被调查者对其话语进行元语用判断是无法改变结构化角色扮演的不自然语境这一缺陷的。

　　要增加语料收集的信度和效度,我们建议采用两种方法结合的办法,即研究者根据研究的目的和需要,把实录法与引发法中的某种方法相结合。这里的实录法指的是从自然语境中获得语料的办法。结合的方式有两种:理想的结合就是用实录法来收集主要语料,用引发法来弥补实录法中存在的不足。如前所述,在自然语境中要确定是哪一种因素促使说话人选择某一特定的言语行为,以及这一因素是如何影响的等等是非常困难的。因此,在这种情况下,根据研究者的需要,可以用引发法来弥补实录法的这一不足。但这还不够,用引发法收集到的语料,还应再放到真实语境中或用真实语境中收集的语料进行检验。

第二种结合的办法是用引发法收集主要语料,再用实录法来检验。值得强调的是,用实录法来检验非常重要,但在实际研究中往往被忽视,因为,研究者常常认为用引发法收集到的语料就是自然语料。这种方法最好是在无法收集到足够的自然语料时才使用,如在非目的语国家进行语际语的语用研究。

无论是收集主要语料还是次要语料,使用引发法时最好能对会话进行录音或录像,以便能为问卷调查提供更丰富的"真实语境"。在进行语用理解/感知研究时,最好也能把录音或录像与问卷调查结合起来用。因为,这样的对话能给调查对象提供更多的语言及情景信息,这对语言形式的理解和判断来说都是非常重要的。

无论是使用以上的哪种方法,对研究所涉及的情景因素(contextual factors)的元语用评估、判断,在跨文化语用研究中是非常重要的。这种调查可根据研究者的需要在语料收集之前或之后进行。它们总是能提高语料收集的效度。

参 考 书 目

英 文 部 分

Akmajian,A ., Demer, R. & Harnish, R.M. *Linguistics*, *An Introduction to Language And Communication*, Mass: The MIT Press, 1979

Austin, J. L. *How to Do Things with Words*? Oxford: The Clarendon Press, 1962.

—— Constatives and performatives. In Olshewsky, T.M. (ed.) *Problems in the Philosophy of Language*, New York: Holt, Rinehart and Winston, 1969

Back, K. & Harnish, R. M. *Linguistic Communication and Speech Acts*, Mass: The MIT Press, 1979

Bates, E. *Language and Context*: *the Acquisition of Pragmatics*, New York: Academic Press, 1976

Beebe, L. and Cummings, M. Speech act performance: a function of the data collection procedures? Paper *Presented at TESOL Convention*, New York, 1985

Beebe, L. M., Takahashi, T. and Ulliss-Weltz. R. Pragmatic transfer in ESL refusals. In Scarcella, R. C. Andersen, E. & Krashen, S. C. (eds.) *On the Development of Communicative Competence in a Second Language*. New York: Newbury House. 1990: 55 - 73

Bergman, M. and Kasper, G. Perception and performance in native and non-native apology. In Blum-Kulka, S. and Kasper, G. (eds.) *Interlanguage Pragmatics*. New York: Oxford University Press, 1993: 82 - 107

Blakemore, B. *Understanding Utterances, An Introduction to Pragmatics*. Oxford: Blackwell Publishers, 1992

Blum-Kulka, S. Learning how to say what you mean in a second language: A study of speech act performance of learners of Hebrew as a second language. *Applied Linguistics* 3, 1982: 29 - 59

—— You don't touch lettuce with your fingers: Parental politeness in family discourse. *Journal of Pragmatics* 14/2, 1990: 259 - 288.

Blum-Kulka, S. & Gherson, R. The language of requesting in Israeli society. In Forgas, J. (ed.). *Language and Social Situations*. New York: Springer-Verlag. 1985:113 - 139.

Blum-Kulka, S., House, J. and Kasper, G. (eds.). *Cross-Cultural Pragmatics: Requests and Apologies*. Norwood, N. J.: Alex,1989

Blum-Kulka, S & Olshtain, E. Requests and apologies: A cross-cultural study of speech act realisation patterns (CC-SARP). *Applied Linguistics 5*, 1984:196 - 213

Blum-Kulka, S. & Sheffer, H. The metapragmatics discourse of American-Israeli families at dinner. In G. Kasper & Blum-Kulka, S., (eds.) *Interlanguage Pragmatics*. New York: Oxford University Press, 1993: 196 - 223

Bonikowska, M. The choice of opting out. *Applied Linguistics 9*,1988: 169 - 81

Brown, G. & Yule, G. *Discourse Analysis*, Cambridge: Cambridge University Press, 1983

Bryman, A. *Quantity and Quality in Social Research*. London: Unwin Hyman, 1988

Brown, P. & Levinson, S. Universals in Language Usage: Politeness phenomena. In Goody, E. (ed.), *Questions And Politeness: Strategies in Social Interaction*, Cambridge: Cambridge University Press, 1978: 56 – 289

Brown, R. & Gilman, A. The pronouns of power and solidarity. In Giglioli, P. (ed.) *Language and Social Context*, Harmondsworth: Penguin, 1972

Carrell, P. L. Indirect speech acts in ESL: Indirect answers. In Yorio, C. A., Perkins, K. & Schachter, J. (eds), *On TESOL'79*, Washington, DC: TESOL. 1979: 297 – 307

—— Children's understanding of indirect requests: Comparing child and adult comprehension. *Journal of Child Language 8*, 1981a: 329 – 345

—— Relative difficulty of request forms in L1/L2 comprehension. In M. Hines & W. Rutherford (eds.) *On TESOL '81*, Washington, DC: TESOL. 1981b: 141 – 152

Carrell, P. L. and Konneker, B. H. Politeness: Comparing native and non-native judgements. *Language Learning 31*, 1981: 17 – 31

Cohen, L. and Manion, L. *Research Methods in Education*, London and New York: Routledge, 1994

Cohen, A. and Olshtain, E. Developing a measure of sociocultural competence: the case of apology. *Language Learning 31* / 1, 1981: 113 – 134

Cole, P. (ed.) *Radical Pragmatics*. New York: Academic Press, 1981

Coleman, L & Kay, P. Prototype semantics: the English word 'lie'. *Language* 57(1), 1981: 26 - 44

Comrie, B. *Tense*. Cambridge: Cambridge University Press, 1985

Cook, G. *Discourse*. Oxford: Oxford University Press, 1989

Coulthard, M. *An Introduction to Discourse Analysis*. Longman: London, 1977

Coulthard, M. (ed.) *Advances in Spoken Discourse Analysis*. London: Routledge, 1992

Criper, C. & Widdowson, H. G. Sociolinguistics and language teaching. In Allen, J. P. B. & Corder, S. P. (eds.) *The Edinburgh Course in Applied Linguistics*, *Vol. 2*, Oxford: Oxford University Press, 1975

Crowdy, S. The BNC Corpus. In. Leech, G. , Myers, G. and Thomas, J. (eds.). 1995. *Spoken English on Computer: Transcription, Mark-up and Application*. New York: Longman. 1955: 224 - 234

Cruse, D. A. *Lexical Semantics*, Cambridge: Cambridge University Press 1986

Dascal, M. *Pragmatics & Beyond IV: 1*, *Pragmatics and The Philosophy of Mind 1, Thought in Language*, Amsterdam: John Benjamins, 1983

Davis, S. *Pragmatics: A Reader*. Oxford: Oxford University Press 1991

Donnellan, K. S. " Reference and Definite Descriptions", *The Philosophical Review 75*, 1966: 281 - 304

Downes, W. *Language and Society*, London: Fontana, 1984

Duncans, S. Some signals and rules for taking speaking turns in conversation. In *Journal of Personality and Social Psychology*, *23/2*, 1972:283 – 292

—— Towards a grammar for dyadic conversation, In *Semiotica* *9/1*, 1973: 29 – 46

Edwards, J.A. Survey of electronic corpora and related resources for language researchers. In Edwards and Lampert (eds.) *Talking Data: Transcription and Coding in Discourse Research*. New Jersey: Lawrence Erlbaum Associates, Publishers. 1993: 263 – 310

Eisenstein, M. and Bodman, J. ' I very appreciate': expressions of gratitude by native and non-native speakers of American English. *Applied Linguistics* 7/2,1986: 167 – 185

Ellis, R. *Understanding Second Language Acquisition*, Oxford: Oxford University Press,1985

—— *The Study of Second Language Acquisition*. Oxford: Oxford University Press,1994

Ervin-Tripp, S. 'Is Sybil there?', the structure of some American directives, *Language in Society 5(1)*,1976: 25 – 65

Ervin-Tripp, S. , Strage, A. Lampert, M. , & Bell, N. Understanding requests, *Linguistics* 25, 1987: 107 – 143

Fillmore, C. Verbs of judging. In Fillmore, C. & Langendoen, T. (eds.) *Studies in Linguistic Semantics*, New York: Holt, Rinehart & Winston, 1971

Fraser, B. , Rintell, E. and Walters, J. An approach to conducting research on the acquisition of pragmatic competence in a second language. In D. Larsen-Freeman (ed.)

Discourse Analysis in Second Language Research. Rowley, MA: Newbury House. 1980: 75 – 91

Frege, G. *On sense and Reference*. Oxford: Blackwell, 1952

—— The thought: a logical inquiry. In Strawson, P. F. (ed.) *Philosophical Logic*, Oxford: Oxford University Press, 1967

Gavioli, L and Mansfield, G. (eds.) *The PIXI Corpora: Bookshop Encounters in English and Italian*. Bologna: Cooperativa Libraria Universitaria Editrice Bologna, 1990

Gazder, G. *Pragmatics: Implicature, Presupposition and Logical Form*, New York: Academic Press, 1979

Goffman, Erving, *Interaction Ritual: Essays on Face-to-face Behaviour*. New York: Garden City/Anchor Book, 1967

Gorovitz, S. et al. *Philosophical Analysis*. New York: McGraw-Hill, Inc., 1979

Green, G. *Pragmatics and Natural Language Understanding*. New Jersey: LEA Publishers, 1989

Greene, J. *Language Understanding: A Cognitive Approach*. Open University. Press, UK., 1986.

Grice, H. P. Meaning, *Philosophical Review 67*, 1957

—— Logic and conversation. In Cole, P. & Morgan, J. (eds.) *Syntax and Semantics*, Vol. 3: *Speech Acts*, New York: Academic Press, 1975

—— Further notes on logic and conversation. In Cole, P. *Syntax and Semantics 9: Pragmatics*. New York: Academic Press, 1978

—— "Presupposition and Conversational Implicature". In Cole (ed.) 1981: 183 – 198.

Grundy, P. *Doing Pragmatics*, London: Edward Arnold,1995

Gu, Yueguo, Politeness phenomena in modern Chinese, *Journal of Pragmatics 14*, 1990:237 – 257

Gudykunst, W, & Kim, Y. Y. *Communicating with Strangers: An approach to Inter-cultural Communication*. New York: Random House, 1984

Halliday, M.A.K. *Explorations in the Function of Language*, London: Edward Arnold, 1973

Halliday, M.A.K. & Hasan,R. *Cohesion in English*, London: Longman, 1976

Hamilton, V. L. Role play and deception: a re-examination of the controversy. *Journal for the Theory of Social Behaviour 6*,1976: 233 – 50

Hancher, M. The classification of cooperative illocutionary acts, *Language in Society 8*, 1979

Hartford, B. and Bardovi-Harlig, K. Experimental and observational data in the study of interlanguage pragmatics. In L. Bouton and Y. Kachru (eds.) *Pragmatics and Language Learning: Monograph Series Volume 3*. Urbana: Division of English as an International Language, University of Illinois at Urbana-Champaign. 1992: 33 – 52

—— Refining the DCT: Comparing open questionnaire and dialogue completion tests. In L. Bouton and Y. Kachru (eds.) *Pragmatics and Language Learning: Monograph Series Volume 4*. Urbana: Division of English as an International Language, University of Illinois at Urbana-Champaign. 1993: 143 – 165

Hatch, E. *Discourse and Language Education*. Cambridge:

Cambridge University Press, 1992

Hatim, B. & Mason, I. *Discourse and the Translator*. London: Longman. 1990

He, Zhaoxiong, *Cohesion in Some English Teaching-texts, Unpublished MEd. Thesis*, La Trobe Uni. Australia, 1982

—— Study of politeners in Chinese and English cultures, *Foreign Languages 5*, 1995:2－8

Henning, G. Quantitative methods in language acquisition research, *TESOL Quarterly 20*, 1986: 701－708

Hill, B. Ide, S. Ikuta, S. Kawasaki, A & Ogino, T. Universals of linguistic politeness: quantitative evidence from Japanese and American English. *Journal of Pragmatics 10*, 1986: 347－371

Holmes, J. Apologies in New Zealand English. *Language in Society 19*, 1990: 155－199

Hong, Gang, Methods in Cross-Cultural Politeness Phenomena Research. *Lancaster Papers in Linguistics 83*, August 1996.

Hong, Gang and Thomas, J. Methodologies in cross-cultural pragmatics: past practices. In Thomas, J. (ed.) *Applied Cross-Cultural Pragmatics: Studies in Spoken, Situated Interaction*. London: Longman, forthcoming.

Hurford, J. R & Heasley, B. *Semantics: A Coursebook*. Cambridge: Cambridge University Press, 1983

Ide, R. "'Sorry for your kindness': Japanese interactional ritual in public discourse", *Journal of Pragmatics 29*, 1998: 509－529

Jackendoff, R. *Semantic Interpretation in Generative Gram-*

mar, Mass: The MIT Press, 1972

Jefferson, G. Side sequences. In Sudnow, D. (ed.) *Studies In Social Interaction*, New York: The Free Press, 1972: 294 - 388

—— A case of precision timing in ordinary conversation: overlapped tag-positioned address terms in closing sequences, *Semiotica 9/1*, 1973: 47 - 96

—— Explanation of transcription notation. In Schenkein, J. (ed.) *Studies in the Organisation of Conversational Interaction*. New York: Academic Press. 1978: xiii-xvi

Kasper, G. *Pragmatische in der Interimsprache*. Tubingen: Nar. 1981

—— Pragmatic transfer. *Second Language Research 8/3*, 1992: 203 - 231

—— Introduction: Interlanguage pragmatics in SLA, *Studies in Second Language Acquisition 18*, 1996: 145 - 148

Kasper, G. and Dahl, M. Research methods in interlanguage pragmatics. *Studies in Second Language Acquisition 13* (1), 1991: 215 - 245

Kasper, G. & Blum-Kulka, S. (eds.) *Interlanguage Pragmatics*. Oxford: Oxford University Press, 1993

Kasper, G. & Schmidt, R. Developmental issues in interlanguage pragmatics, *Studies in Second Language Acquisition 18*, 1996: 149 - 169

Keenan, E. Two kinds of presupposition in natural language. In Fillmore, C. & Langendoen, T. (eds.) *Studies in Linguistic Semantics*, NewYork: Holt, Rinehart & Winston, 1971

—— The universality of conversational postulates. *Language in Society 57*(1), 1976: 26 – 44.

Kempson, R. M. *Presupposition and the Delimitation of Semantics*, Cambridge: Cambridge University Press, 1975

—— *Semantic Theory*. Cambridge: Cambridge University Press, 1977

Kendon, A. Some functions of gaze direction in social interaction, *Acts Psychology 26*, 1967:22 – 63

Kitao, K. A brief history of intercultural communication. In the United States, document from *ERIC*, U. S. , ED 278212, 1985

Kripke,S. *Naming and Necessity*. Dordrecht: D. Reidel, 1972

Labov, W. The study of language in its social context. In Giglioli, P. (ed.) *Language and Social Context*, Harmondsworth: Penguin, 1972

Labov, W. & Fanshell, D. *Therapeutic Discourse*. New York: Academic Press. 1977

Lakoff, R. Language in context. *Language 48*, 1972: 902 – 27

—— Logic of politeness: or minding your P's and Q's. *Papers from the Ninth Regional Meeting, Chicago Linguistics Society*, *1973*

—— Language and society. In Wardhaugh, R. and Brown, H. (eds.) 1976. // *A Survey of Applied Linguistics* Ann Arbor: The University of Michigan Press. 1976: 207 – 28

—— What you can do with words: politeness, pragmatics and performatives. In Rogers, A. , Wall, B. and Murphy, J. (eds.), *Proceedings of the Texas Conference on Performatives, Presuppositions, and Implicatures*, (pp. 79 – 105).

Arlington, Va: Centre for Applied Linguistics. (Reprinted from Fillmore, C. J., Lakoff, G. and Lakoff, R. (eds.), *Berkeley Studies in Syntax and Semantics*, Vol. I: XVI, (pp. 1－55). Institute of Human Learning, University of California-Berkeley, 1974.), 1977

—— The limits of politeness: Therapeutic and courtroom discourse. *Multilingua 8*(2/3). 1989: 101－129

Leech, G. *Semantics*, Harmondsworth: Penguin, 1981

—— *Principles* of *Pragmatics*, London: Longman, 1983

Levenston, E. Aspects of testing the oral proficiency of adult immigrants to Canada. In Palmer, L. & B. Spolsky, (eds.), *Papers on Language Testing 1967 - 1974*. Washington: TESOL, 1975

Levenston, E. and Blum, S. Discourse completion as a technique for studying lexical features of interlanguage. *Working Papers in Bilingualism 15*,1978: 13－21

Levinson, S. "Activity types and language", *Linguistics 17*:365 －399,1979

—— Speech act theory: the state of the art, Language Teaching and Linguistics: Abstracts,Vol.13,No.1, 1980.

—— *Pragmatics*. Cambridge: Cambridge University Press, 1983.

—— Pragmatics and the grammar of anaphora: a partial pragmatic reduction of binding and control phenomena", *Journal of Linguistics 23*,1987: 379－431,

—— Pragmatic Reduction of the Binding Conditions Revisited", *Journal of Linguistics 27*,1991: 107－161

Lyons, J. *Semantics*, *Vol.2*, Cambridge: Cambridge University Press, 1977

—— *Linguistic Semantics*. Cambridge: Cambridge University Press, 1995

Mao, L. M.R. Beyond politeness theory: " 'Face' revisited and renewed", *Journal of Pragmatics 21*. 1994

Marcondes de Souza Filho, *Pragmatics & Beyond V: 6, Language and Action*, Amsterdam: John Benjamins, 1984

McCarthy, M. *Discourse Analysis for Language Teachers*. Cambridge: Cambridge University Press, 1991

McCarthy, M. & Carter, R. *Language as Discourse*. London: Longman, 1994.

—— *Conversation: How Talk Is Organized*, London: Sage Publications, 1984

Mey, J. *Pragmatics: An Introduction*. Oxford: Blackwell Publishers, 1993

Morgan, J. L. Two types of convention in indirect speech acts. In Cole, P. (ed.) *Syntax and semantics Vol. 9, Pragmatics*, New York: Academic Press, 1978

Mulholland, J. *The Language of Negotiation*. London: Routledge, 1991

Nofsinger, R. *Everyday Conversation*. Thousand Oaks: SAGE Publications, 1991

Olshtain, E. Apologies across languages. In S. Blum-Kulka, J. House & G. Kasper (eds.) *Cross-Cultural Pragmatics: Requests and Apologies*. Norwood, N. J: Ablex. 1989: 155 – 173

Olshtain, E. and Cohen, A. Apology: A speech act set. In N. Wolfson & E. Judd (eds.). *Sociolinguistics and Second*

Language Acquisition, Rowley MA: Newbury House. 1983: 18 – 35

Palmer, F. R. *Semantics*. Cambridge: Cambridge University Press, 1981

Pavlidou, T. Contrasting German-Greek Politeness and Consequences, *Journal of Pragmatics 21*, 1994

Penman, R. Facework and politeness: Multiple goals in court-room discourse. *Journal of Language and Social Psychology 9 / 1 – 2*, 1990: 15 – 38

Prosser, M. *The Cultural Dialogue*. Boston: Houghton Mifflin, 1978

Reichardt, C. and Cook, T. Beyond qualitative versus quantitative methods. In Cook, T. and Reichardt, C. (eds.) *Qualitative and Quantitative Methods in Education Research*. Beverly Hills, CA: Sage Publishers, 1979

Rintell, E. But how did you feel about that? The learner's perception of emotion in speech. *Applied Linguistics 5*, 1984: 255 – 264

Rintell, E. and Mitchell, C. Studies of request and apologies: an inquiry into method. In Blum-Kulka, S. House, J. & Kasper, G. (eds.) *Cross-Cultural Pragmatics: Requests and Apologies*. Norwood, N. J: Ablex. 1989: 155 – 173

Roach, P. *English Phonetics and Phonology*. Cambridge: Cambridge University Press, 1983

Rose, K. Speech act research and written questionnaire: the effect of hearer response. *Journal of Pragmatics 17*, 1992: 49 – 62

—— On the validity of discourse completion tests in non-western contexts. *Applied Linguistics 15/1* : 1 – 14,1994

Ross, J. R. On declarative sentences, In Jacobs, R. & Rosenbaum, P. (eds.) *Readings in English Transformational Grammar*, Waltham: Ginn, 1970

Sadock, J. M. On testing for conversational implicature, In Cole, P. (ed.) *Syntax and semantics, Vol. 9:Pragmatics*, New York: Academic Press, 1978

Sacks, H. *Lectures on Conversation. Vols. 1 – 2*. Oxford: Basil Blackwell,1992

Sacks, H. , Schegloff, E. A. & Jefferson,G. A simplest systematics for the organization of turn-taking for conversation, *Language 50/4*, 1974:696 – 735

Saeed, J. I. *Semantics*. Oxford: Basil Blackwell, 1997

Scarcella, R. On speaking politely in a second language. In Yoio, C. Perkins, K. & Schachter, J. (eds.) *The Learner In Focus: the Issue of the Decade*. (*On TESOL 1979*) Washington D. C. : TESOL. 1980:275 – 287.

Schegloff, E. A. Sequencing in conversational openings. In Gumpers, J. & Hymes, D. (eds.) *Directions in Sociolinguistics*, New York: Holt, Rinehart & Winston, 1972

—— Notes on a conversational practice: formulating place, in Sudnow, D. (ed.) *Studies in Social Interactions*, New York: Free Press, 1972

Schegloff, E. A. & Sacks, H. Opening up closings, *Semiotica 8/4*, 1973:289 – 327

Schiffrin, D. *Approaches to Discourse*. Oxford: Basil Blackwell, 1994

Searle, J. *Speech Acts*. Cambridge: Cambridge University

Press, 1969

—— What is a speech act? In Giglioli, P (ed.) *Language and Social Context*, Harmondsworth: Penguin, 1972

—— Indirect speech acts. In Cole, P. & Morgan, J. (eds.) *Syntax and Semantics*, *Vol. 3: Speech Acts*, New York: Academic Press, 1975

—— A classification of illocutionary acts. *Language in society 5*, 1976: 1 – 24 *Expression and Meaning: Studies in the Theory of Speech Acts*, Cambridge: Cambridge University Press, 1979

Selinker, L. Interlanguage. *International Review of Applied Linguistics X*, 1972: 201 – 31.

—— Psycholinguistics Issues in Second Language Acquisition. In Beebe, L. M. (ed.) *Issues in Second Language Acquisition: Multiple Perspectives*. New York: Newbury House 1988: 17 – 40.

Seliger, H. W. & Shohamy, E. *Second Language Research Methods* Oxford: Oxford University Press

Sinclair, J. & Coulthard, M. *Towards an Analysis of Discourse*. Oxford: Oxford University Press, 1975

Spencer-Oatey, H. D. M. *Cross-Cultural Politeness: British and Chinese* —— *Conceptions of the Tutor-Student Relationship*. Unpublished Ph. D Thesis. Lancaster University, 1992

—— Conceptions of social relations and pragmatics research, *Journal of Pragmatics 20*: 27 – 47

Sperber, D & Wilson, D. *Relevance: Communication and Cognition*. Oxford: Basil Blackwell, 1986

—— "Inference and Implicature". In Davis, S. (ed.), *Pragmatics: A Reader*, Oxford: Oxford University Press. 1996 :377 - 393.

Stalnaker, R. G. Pragmatics, In Davison, D. & Harman, G. (eds.) *Semantics of Natural Language*, Holland: Reidel Publishing Company, 1972

Strawson, P. F. *Introduction to Logical Theory*. London: Methuen, 1952

Stubbs, M. *Discourse Analysis*, Oxford: Basil Blackwell, 1983

Takahashi, S and DuFon, P. *Cross-linguistic influence in indirectness: The case of English directive performed by native Japanese speakers*. Unpublished manuscript, University of Hawaii at Manoa, Honolulu, 1989

Tanaka, S. & Kawade, S. Politeness strategies and second Language acquisition. *Studies in Second Language Acquisition 5*, 1982: 18 - 33

Tannen, D. *Conversational Style*. New Jersey: Ablex Publishing Co. 1984

Thomas, J. "Cross-Cultural Pragmatic Failure". *Applied Linguistics*: 4/2, 1983.

—— *Pragmatics: Lecture Notes*. Lancaster University, 1991.

—— "The language of power: Towards a dynamic pragmatics". *Journal of Pragmatics 9/6*, 1985: 765 - 783.

—— *Effectiveness of communication within the Lancaster Cancer support system: final report*. 1994.

—— *Meaning in Interaction: An Introduction to Pragmatics*, London: Longman, 1995.

—— *Applied Cross-cultural Pragmatics: Studies in Spoken,*

Situated Interaction (*ed.*), *Forthcoming*.

—— *Dynamic Pragmatics*. London: Longman, Forthcoming

Thomas, J. and Hong, G. Methodologies in cross-cultural pragmatics research: future perspectives. In Thomas, J. (ed.) *Applied Cross-Cultural Pragmatics: Studies in Spoken, Situated Interaction*. London: Longman, forthcoming.

Thrane, T. *Referential semantic-analysis*. Cambridge: Cambridge University Press, 1980

Toolan, M. *Total Speech: An Integrational Linguistic Approach to Language*, Durhum and London: Duke University Press, 1996

Trosborg, A. Apology strategies in natives/non-natives. *Journal of Pragmatics 11*, 1987: 147–167

Tubbs, S. & Moss, S. *Human Communication* (6th edition), New York: McGraw-Hill, 1991

Verschueren, J. *Understanding Pragmatics*. London: Edward Arnold, 1998

Watts, R. J. Relevance and relational work: Linguistic politeness and politic behaviour. *Multilingua 8(2 – 3)*, 1989: 131–166

Widdowson, H. G. *Teaching Language as Communication*, Oxford: Oxford University Press, 1978

Wierzbicka, A. *Cross-Cultural Pragmatics: The Semantics of Human Interaction*. Berlin: Mouton de Gruyter, 1991

Wilson, D. & Sperber, D. On Grice's theory of conversation. In Werth, P. (ed.) *Conversation and Discourse*, London: Croom Helm, 1981

Wolfson, N. Research methodology and the question of

validity'. *TESOL Quarterly 20*, 689 – 699. New York:
Plenum,1986.

—— *Perspectives: Sociolinguistcs and TESOL*. New York:
Newbury House, 1989

Wolfson, N. , T. Marmor & S Jones. Problem in the comparison of speech acts across cultures. In S. Blum – Kulka, J.
House & G. Kasper (eds.) *Cross-Cultural Pragmatics:
Requests and Apologies*. Norwood, N. J: Ablex. 1989:
174 – 196

Wood, L. A. & Kroger, R. O. Politeness and forms of address. *Journal of Language and Social Psychology 10*(3),
1991:145 – 168

Yule, G. *Pragmatics*, London: Oxford: Oxford University
Press, 1996

中 文 部 分

毕继万　'礼貌'的文化特性研究,《世界汉语教学》第 1 期,第
　　　52—59 页,1996

程雨民　格赖斯的'会话含义'与有关的讨论,《国外语言学》第 1
　　　期,第 19—25 页,1983

——　词汇意义、逻辑推理和语用学,《现代外语》第 2 期,第
　　　1—7 页,1990

邓　军　句子及篇章的蕴涵意义,《外语学刊》第 5 期,第 16—22
　　　页,1993

顾曰国　礼貌、语用和文化,《外语教学与研究》第 4 期,第 10—17
　　　页, 1992

桂诗春　语言使用的研究方法,《现代外语》第 3 期,第 1—6 + 13
　　　页, 1993

关兰培等　《简明行为科学词典》,武汉大学出版社,1989

何恒幸　对方中心论,《外语学刊》第 3 期,第 6—10 页,1994

——　发话目的与会话含义,《四川外语学院学报》第 1 期,第
　　　59—68 页,1994

何兆熊　《语用学概要》,上海外语教育出版社,1989

——　汉英文化中的礼貌研究,《外国语》第 5 期,第 2—8 页,
　　　1995

——　90 年代看语用,《外国语》第 4 期, 第 1—4 页,1997

何兆熊,蒋艳梅　语境的动态研究,《外国语》第 6 期,第 16—22
　　　页,1997

何自然　中国学生在英语交际中的语用失误——汉英语用差异调
　　　查,《外语教学与研究》第 3 期,第 52—57 页,1986

—— 《语用学概论》,湖南教育出版社,1988

—— Grice 语用学说与关联理论,《外语教学与研究》第 4 期,第 23—27 页,1995

—— 什么是语际语用学,《国外语言学》第 1 期 1—6 页,1996。

—— 《语用学与英语学习》,上海外语教育出版社,1997

洪　岗　模糊语言的语用功能　《浙江师大学报》社科版。第 6 期,第 75—78 页,1997

—— 语用学研究中的意义:相互作用中的意义《外语教学与研究》第 2 期,第 70—74 页,1998

—— 英语语用能力调查及其对外语教学的启示,《外语教学与研究》第 4 期,第 56—60 页, 1991

—— 'Pragmatic Failure',《外语教学与研究论文集》第三辑,杭州大学出版社 1995a：112—121

—— 从语用失误谈语用能力的培养,《浙江省大学外语教学研究会论文集》,浙江大学出版社 1995 b：212—220

胡文仲　《跨文化交际与英语学习》,　上海译文出版社,1988

—— 《跨文化交际学选读》,　湖南教育出版社,1990

贾玉新　《跨文化交际学》,　上海外语教育出版社,1997

杰弗里·利奇著 李瑞华等译　《语义学》,上海外语教育出版社,1987

杰克·理查兹等编 刘润清等译　《朗曼语言学词典》,山西教育出版社,1993

李福印　模糊限制语的社会语言学探讨,《外语研究》第 2 期,第 9—12 页,1995

李绍山　论格赖斯的非自然意义理论,《现代外语》第 1 期,第 8—14 页,1990

廖秋忠　'语用学的原则'介绍,《国外语言学》第 4 期,第 155—158 页, 1986

林大津 《跨文化交际研究》 福建人民出版社,1996

刘润清 关于 Leech 的'礼貌原则',《外语教学与研究》第 2 期,第
42—46 页, 1987

刘绍忠 关联理论的交际观,《现代外语》第 2 期,第 13—19 页,
1997

苗兴伟 关联理论与认知语境,《外语学刊》第 4 期,第 7—11 页,
1997

戚雨村 现代语言学的特点和发展趋势 ,《上海外语教育出版
社》,1997

钱冠连 论构建语用推理模式的出发点,《现代外语》第 3 期,第
1—6 页,1994

—— 《汉语文化语用学》,清华大学出版社,1997

秋 月 关于礼貌策略的实例分析,《外语学刊》第 4 期,第 31—
35 页, 1993

曲卫国 也评'关联理论',《外语教学与研究》第 2 期,第 9—13
页, 1993

饶振辉 现代英语中的礼貌语言浅探,《外语教学》第 2 期,第
31—36 页, 1993

申 镇 话语的暗示意义及其辨识,《外语学刊》第 5 期,第 42—
46 页,1992

孙 玉 相关理论中的语用推理,《外国语》第 4 期,第 39—43 页,
1993

—— Grice 会话含义理论中的几个问题,《外语学刊》第 4 期,
第 8—11 页,1994

涂纪亮 《语言哲学名著选辑》, 北京三联书店出版社, 1988

—— 《英美语言哲学》,中国社会科学出版社, 1993

—— 《现代西方语言哲学比较研究》, 中国社会科学出版社,
1996

万茂林　情态语言形式与礼貌,《外语学刊》第 6 期,第 33—37 页,1994

王得杏　跨文化交际中的语用问题,《外语教学与研究》第 4 期,第 7—11 页,1990

王传经　论会话关联,《外语学刊》第 5 期,第 37—44 页,1994

王建华　语境层级与语义阐释,《四川外语学院学报》,第 2 期,第 47—48 页,1996

—— 情态动词与礼貌层级,《福建外语》,第 4 期,第 10—16 页,1997

—— 礼貌的相对性,《外国语》第 3 期,第 10—16 页,1998

王　寅　《简明语义学辞典》,山东人民出版社,1993

夏基松　《现代西方哲学教程》,上海人民出版社,1987

肖俊洪　从新格赖斯会话含义理论看英语礼貌语言,《外语研究》第 1 期,第 13—18 页,1995

徐烈炯　《语义学》,语文出版社,1995

徐盛桓　礼貌原则新拟,《外语学刊》第 2 期,第 1—7 页,1992

—— 《会话含义理论的新发展》,河南大学出版社,1994

俞东明　语用学定义与研究范畴新探,《浙江大学学报》第 4 期,第 1 页,1993

—— 话语角色类型及其在言语交际中的转换,《外国语》第 1 期,第 19—22 页,1996

—— 语法歧义和语用模糊对比研究,《外国语》第 6 期,第 29—35 页 1997

—— 言语交际中的语义:《语用学导论》评介,《国外语言学》第 4 期,第 42—45 页,1998a

—— 乔治·约尔的《语用学》简评,《外国语》第 1 期,第 78—79 页,1998b

—— 语用学的哲学基础说略,《浙江大学学报》第 2 期,1998c

——　会话活动类型的语用研究与跨文化交际,《外国语》第 3 期, 第 14—19 页,1999

张　韧　礼貌的概念及其它,《外语教学》第 1 期, 第 10—16 页, 1994

张亚非　关联理论述评,《外语教学与研究》第 3 期,第 9—16 页, 1992

——　关联原则及其话语解释作用,《现代外语》第 4 期,第 52—54 页, 1992

钟百超　论'特殊含义'与'一般含义'之间的关系,《外语学刊》第 5 期,第 45—48 页, 1994

祝畹瑾　《社会语言学概论》,湖南教育出版社, 1992

庄和诚　试论的礼貌表示法,《外语学刊》第 2 期,第 52—55 页, 1988

邹崇理　《逻辑、语言和蒙太格语法》,社会科学文献出版社, 1995